Das
zufriedene
Baby

Das zufriedene Baby

Entspannt durch das 1. Lebensjahr mit den Contented Little Baby-Routinen der **Gina Ford**

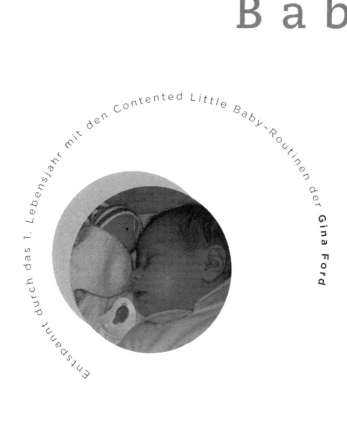

dielmann

übersetzt und herausgegeben
von **Samiera Toma**

© axel dielmann – verlag
Kommanditgesellschaft in Frankfurt am Main, 2010, 2014
Alle Rechte an der deutschen Ausgabe vorbehalten
www.dielmann-verlag.de

© Originalausgabe Gina Ford, 1999, 2002, 2006
Erstausgabe in England bei Vermilion, 1999
© Coverfotos axel dielmann – verlag
© Fotos Seite 16, 36, 71 und 85 Peter Loewy, Frankfurt am Main
© Übersetzung Samiera Toma, Frankfurt am Main
Seitengestaltung Urs van der Leyn, Basel
Covergestaltung Carla Thoen, Frankfurt am Main
Printed in Germany

ISBN 978 3 86638 129 2

Vorwort zur deutschen Ausgabe

Zwei Wochen nach der Geburt meiner ersten Tochter hatte ich – nach den ersten Tagen der überwältigenden Gefühle und des puren „Verliebtseins" – ein erstes Tief und war verzweifelt über meinen chaotischen Tagesablauf und das Gefühl, nie zu wissen, was mich als nächstes erwarten würde. Dazu kam die Unsicherheit darüber, was meine Tochter eigentlich gerade brauchte, wenn sie mal weinte. Nach den ersten Wochen des engelsgleichen Schlafens, Trinkens und Verdauens fing sie nun an, sich auch mal unzufriedener zu äußern ... Im Telefonat mit meiner Freundin in London brach ich in Tränen aus und berichtete von den neuen, ungewohnten Gefühlen. Prompt schickte sie mir ein Buch von Gina Ford – DER Babyratgeberin im angelsächsischen Raum, von der ich bis dahin, in meinem ehemals kinderlosen Leben, natürlich noch nie gehört hatte: *The Contented Little Baby Book*. Der Titel war so vielversprechend, dass ich das Buch innerhalb einer Nacht durchlas und am nächsten Morgen mit Ginas Routine anfing.

Meine Freundin hatte mich vorher gewarnt, die Ratschläge mit Vorsicht zu genießen, mich nicht unter Druck zu setzen, alles 1:1 umsetzen zu müssen und mir erzählt, dass durchaus einige Mütter im Bekanntenkreis schon daran verzweifelt seien ... Ich habe Ginas Routinen in der Tat mal mehr, mal weniger flexibel in mein Leben und das meiner Tochter integriert und ich kann im Nachhinein nur feststellen: Mein Kind erlebte das ausgeglichenste, zufriedenste erste Lebensjahr, das ich mir hätte erträumen können – und ich auch! Unsere schlaflosen Nächte können wir an einer Hand abzählen und sie sind ausschließlich auf die unvermeidbare Erkältung oder das ein oder andere wachsende Zähnchen zurück zu führen. Bei allen auch herausfordernden Ereignissen und Umstellungen im ersten Lebensjahr – dem Abstillen, dem Zufüttern und Gewöhnen an die feste Nahrung, den diversen Entwicklungssprüngen und nicht zuletzt dem Eintritt meiner Tochter in die Kita – musste ich mich doch immer wieder fragen, warum ich mir das Leben mit Baby so anstrengend vorgestellt hatte. Ich hatte ein entspanntes und glückliches erstes Jahr mit meinem Kind und möchte keine Minute dieser so wertvollen ersten Zeit missen.

Und als dann meine zweite Tochter zur Welt kam, fing ich von vorne mit den Routinen an und passte sie an unsere nun doch etwas komplexeren Bedürfnisse von Kleinkind, Säugling und Eltern an. Auch mein zweites Kind wurde ein zufriedenes Baby, es stellte sich schon nach kurzer Zeit unser geregelter Tagesablauf ein und ich konnte beiden Kindern die Zeit widmen, die sie benötigten (und noch ein wenig Zeit für mich finden!).

Den Routinen von Gina Ford ist zu verdanken, dass der Start mit meinem ersten Baby und genauso mit meinem zweiten Baby so gut verlief. Wie viele meiner Freundinnen und Bekannten litten unter und mit ihren schreienden Babys, erfuhren so viele Unsicherheiten und mussten sich noch dazu unendlich einschränken, weil sie rund um die Uhr zur Verfügung stehen mussten und schon der freie Abend auf dem Sofa eine Ausnahme darstellte. Und die gemeinsame Zeit von müdem, quengelndem Kind und gereizter Mama ist für beide keine Freude! Ja, man braucht viel Disziplin und Organisationstalent – aber es zahlt sich aus!

Samiera Toma, im Mai 2009

Vorwort von Gina Ford

The Contented Little Baby Book (veröffentlicht 1999) war mein erstes Buch und basiert auf meiner persönlichen Arbeit als Hebamme für mehr als 300 Babys und ihre Familien in vielen verschiedenen Teilen der Welt. Es wurde ein Bestseller und wird bis heute von hunderttausenden Familien in fünf Kontinenten als Ratgeber genutzt.

Der Erfolg meiner Ratschläge und die loyale Unterstützung meiner Leser belegen, dass Babys besonders gut gedeihen, wenn sie nach einer Routine, einem strukturierten Tagesablauf leben. Anders als der altmodische und starre vier-Stunden-Rhythmus basieren meine Routinen auf dem natürlichen Trink- und Schlafrhythmus des Babys. Sie stellen sicher, dass das Baby nicht aus Hunger oder Übermüdung schreien muss. Vor allem können die Routinen an die individuellen Bedürfnisse eines jeden Babys angepasst werden – und aus eigener, umfangreicher Erfahrung weiß ich, dass alle Babys unterschiedlich sind.

Seit der Veröffentlichung meines ersten Buches habe ich mit tausenden von Eltern über meine Beratungstätigkeit und die Contented Baby Website (www.contentedbaby.com) kommuniziert. Diese regelmäßigen und direkten Rückmeldungen der Eltern auf die Contented Little Baby (CLB) Routinen haben mich dazu veranlasst, das ursprüngliche Buch vollständig zu überarbeiten und zu aktualisieren. Die CLB Routinen und der Kern meiner Philosophie sind dieselben geblieben, aber meine Ratschläge sind aufgrund des wertvollen Feedbacks der Eltern umfangreicher und an die heutigen Gegebenheiten angepasst worden.

Ich bin zuversichtlich, dass dieses neue Buch Sie noch besser dabei unterstützen kann, den Unterschied zwischen Hunger und Müdigkeit zu erkennen, gute Ess- und Schlafgewohnheiten zu etablieren und den Bedürfnissen Ihres Babys gerecht zu werden. Mit Hilfe dieser völlig überarbeiteten Ausgabe, The New Contented Little Baby Book sollte das Elternwerden eine schöne und befriedigende Erfahrung für Sie und Ihr Baby werden. Die CLB Routinen haben sich für viele tausende Eltern und ihre zufriedenen Babys bewährt. Sie können auch für Sie funktionieren.

1. Auf die Geburt vorbereiten

Mit dem Stichwort Geburtsvorbereitung verbindet sich in erster Linie die pränatale Vorsorge und das Einrichten des Kinderzimmers. Beides ist für sich genommen wichtig. Die Geburtsvorsorge ist die Basis für eine gesunde Schwangerschaft und das Vorbereitet-sein auf die Geburt, und das Einrichten des Kinderzimmers erfüllt einen mit Vorfreude und macht schlichtweg Spaß. Und obwohl vielleicht einige Geburtsvorbereitungskurse ein wenig Einblick geben über das, was einen nach der Geburt erwarten wird, so wird diese Phase doch weitestgehend außer Acht gelassen und es fehlt gerade an praktischen Hinweisen, die – wenn früh genug vermittelt – den Eltern einiges an Zeit und Stress ersparen könnten, wenn ihr Kind dann auf der Welt ist.

Wenn Sie meine Routinen bei Ihrem Baby vom ersten Tag an anwenden, sollten Sie schon bald zu den glücklichen Eltern gehören, die ihr Kind als ausgesprochen zufrieden und ausgeglichen erleben. Aber – das wird anhand der aufgeführten Routinen und den Charts sichtbar – freie Zeit ist dabei extrem limitiert. Aber glauben Sie mir, Mütter ohne Routine haben sogar noch weniger freie Zeit. Diese wenige freie Zeit wird größtenteils ausgefüllt sein mit Kochen, Einkaufen und Wäsche waschen – es sei denn, Sie können zusätzliche Hilfe engagieren.

Indem Sie die folgenden Dinge schon vor der Geburt erledigen, gewinnen Sie zumindest ein wenig Zeit für die Phase unmittelbar nach der Geburt:
• Bestellen Sie die benötigten Kinderzimmermöbel frühzeitig. Die Lieferzeit für Bettchen kann bis zu 12 Wochen betragen, und es ist von Vorteil, von Anfang an ein großes Bettchen zu haben (s. Seite 14).
• Die Bettwäsche, Moltontücher usw. sollten gewaschen und sofort einsetzbar sein. Beziehen Sie das Bettchen, das Körbchen oder die Wiege, so dass alles nutzbar ist, wenn Sie aus dem Krankenhaus nach Hause kommen.
• Lagern Sie Vorräte aller Baby-Utensilien zu Hause: Babyöl,

Windeln, Reinigungstücher, Creme und Badeseife und -shampoo.

• Prüfen Sie elektrisches Gerät vorab und machen Sie sich schon mit dem Sterilisator und den Babyflaschen vertraut.

• Richten Sie bereits eine Stelle der Küchenarbeitsfläche ein, an der Sie künftig die Flaschen zubereiten und sterilisieren werden – im Idealfall ganz in der Nähe der Babynahrungsvorräte.

• Stocken Sie auch Ihren Vorrat an Waschmitteln, Reinigern, Küchen- und Toilettenpaper auf – am besten so, dass Sie sechs Wochen damit auskommen.

• Kochen Sie sich eine große Auswahl an gesunden Mahlzeiten und frieren Sie diese ein. Wenn Sie nach der Geburt stillen wollen, sollten Sie Fertiggerichte wegen der darin enthaltenen Konservierungsstoffe meiden.

• Stocken Sie auch Ihren Vorrat an Kaffee, Tee und Keksen auf – Sie werden in den ersten Wochen einige Besucher zu bewirten haben, und die Vorräte werden schnell schwinden.

• Kaufen Sie bereits jetzt Geschenke und Grußkarten für anstehende Geburtstage. Und legen Sie sich eine Auswahl an Dankeskarten bereit, um auf die vielen Geburtsgeschenke reagieren zu können.

• Überlegen Sie, ob vorab Haus- oder Gartenarbeiten zu beauftragen oder durchzuführen sind. Das Letzte, was Sie gebrauchen können, wenn das Baby da ist sind Handwerker im Haus.

• Wenn Sie vorhaben zu stillen, reservieren Sie sich sicherheitshalber eine elektrische Pumpe (zum Beispiel in Ihrer Apotheke) – sie sind meist stark nachgefragt!

Das Kinderzimmer

Wie die meisten Eltern werden Sie wahrscheinlich vorhaben, das Baby nachts in Ihrem Schlafzimmer schlafen zu lassen. Schlafen Sie jedoch nicht mit ihrem Baby in einem Bett: Es besteht die Gefahr, sich auf das Baby zu rollen und es zu ersticken. Und ich kann nicht stark genug betonen, wie wichtig es ist, das Kinderzimmer trotzdem fertig zu haben, sobald das Baby mit Ihnen nach Hause kommt. Oft genug rufen mich Mütter panisch an mit der Frage, wie sie ein drei Monate altes Baby an sein Zimmer gewöhnen sollen. Viele Tränen und Spannungen könnten erspart bleiben, wenn dem Baby sein Zimmer vom ersten Tag an vertraut gemacht würde. Stattdessen döst das Baby während seiner ersten Lebenswochen in kurzen Intervallen am frühen Abend im Autositz ein und wird dann ins Elternschlafzimmer gebracht, dort gefüttert und zum Schlafen gelegt. Es ist nicht verwunderlich, dass sich diese Babys einsam fühlen, wenn sie dann irgendwann alleine in ihrem fremden, dunklen Zimmer schlafen sollen.

Sie sollten von Anfang an im Kinderzimmer wickeln und das Kind auch dort seine Nickerchen machen lassen. Nach dem abendlichen Bad sollten Sie Ihr Baby ebenfalls dort füttern und ins Bett bringen für die Schlafzeit von 19 bis 22 Uhr. Dann kann es immer noch in Ihr Schlafzimmer gebracht werden, um das Füttern während der Nacht einfacher zu gestalten. Wenn sich Ihr Kind so von Anfang an an sein Zimmer gewöhnen kann, wird es bald gerne dort sein und es als seine friedvolle Oase empfinden und nicht als Gefängnis.

Wenn „meine" Babys noch sehr klein sind und einmal wieder übermüdet und überstimuliert sind, dann stelle ich immer wieder fest, wie sie sich beruhigen, wenn man sie in ihr Zimmer bringt. Und im Alter von sechs Wochen strahlen sie allmählich richtig, wenn sie für die Abendroutine in ihr Zimmer kommen.

Einrichtung

Es kommt nicht darauf an, ein Vermögen für die Deko und die Einrichtung des Kinderzimmers auszugeben. Ein mit Teddybär-Motiven übersähtes Zimmer wird schnell langweilig. Einfache Wände können leicht mit einem farbigen Fries dekoriert werden sowie mit eventuell passenden Vorhangleisten und Vorhängen. So kann der Raum mit dem älter werdenden Kind wachsen, ohne dass jedes Mal ganz neu eingerichtet und dekoriert werden muss. (Eine weitere, sehr kostengünstige und lustige Möglichkeit zum

Dekorieren des Raumes ist der Einsatz von Kinder-Geschenk-papier als Poster – es ist lebendig und farbenfroh und kann häufig ausgewechselt werden.)

Das Kinderbett

Die Empfehlung der meisten Babybücher lautet, dass ein Bettchen in den ersten Tagen noch nicht notwendig sei, da Babys sich in einem Körbchen oder in einer kleinen Wiege am wohlsten fühlen. Ich bin nicht davon überzeugt, dass sie dort glücklicher sind oder darin besser schlafen. Wie ich schon erwähnt habe, ziehe ich es vor, meine Babys vom ersten Tag an an ihr Bett zu gewöhnen. So haben diese Babys nie ein Problem gehabt, wenn sie aus ihrem Körbchen oder ihrer Krippe heraus wachsen und anfangen, die ganze Nacht in ihrem Bett im Kinderzimmer zu schlafen.

Beim Aussuchen des Bettes sollten Sie bedenken, dass es Ihrem Kind mindestens zwei oder drei Jahre lang dienen sollte und robust genug sein muss, um ein aktives Kleinkind auszuhalten. Sogar kleine Babys fangen irgendwann an, sich kraftvoll in ihrem Bettchen zu bewegen.

Wählen Sie ein Design mit flachen Gitterstäben, nicht mit runden, denn diese können schmerzhaft für das Baby sein, wenn es sein Köpfchen dagegen drückt. Ein Nestchen anzubringen ist auch nicht ratsam für Kinder, die unter einem Jahr alt sind, denn oft schlafen diese Kinder dann eng an dieses Nestchen gedrückt. Und da die Körperwärme sich über ihren Kopf entlädt und das Nestchen dies blockiert, wird hierdurch die Gefahr des plötzlichen Kindstodes erhöht. Weitere Hinweise sind zu beachten, wenn Sie das Bettchen aussuchen:

• Wählen Sie eins mit höhenverstellbarem Lattenrost (ca. zwei bis drei unterschiedliche Stufen) aus.

• Falls die Seitengitter heruntergelassen werden können, sollte dies einfach und ohne Geräuschentfaltung zu bewerkstelligen sein. Testen Sie dies mehrmals.

• Das Bett sollte groß genug für ein zweijähriges Kind sein (Standardmaß: 70 x 140 cm).

• Das Bett sollte den Empfehlungen des Normenausschusses EN1970 / DIN 32623 entsprechen. Die Gitterstäbe dürfen demnach nicht enger als 2,5 cm auseinander stehen und nicht weiter als 6 cm. In ihrer niedrigsten Position darf die Matratze keinen größeren Abstand als 65 cm zum oberen Rahmen des Gitters haben. Die Lücke um die Matratze herum sollte nicht größer sein als 4 cm.

• Kaufen Sie die hochwertigste Matratze, die Sie sich leisten können. Ich habe feststellen müssen, dass Schaumstoffmatratzen dazu neigen, schon nach wenigen Monaten in der Mitte durch zu hängen. Nach meiner Erfahrung bieten Matratzen mit einem Inneren aus natürlicher Baumwolle und Sprungfedern die beste Grundlage für heranwachsende Babys. Alle Matratzen müssen den Anforderungen der LGA-Zertifizierung genügen und GS-geprüft sein.

Bettwäsche

Die gesamte Bettwäsche sollte aus 100 % weißer Baumwolle hergestellt sein, so dass sie zusammen mit der Nacht- und Unterwäsche des Babys im Kochwaschgang gewaschen werden kann. Wegen der Gefahr der Überhitzung sind Bettdecken jeglicher Art nicht für Kinder unter einem Jahr geeignet. Wenn Sie eine hübsche Überdecke für das Bettchen haben möchten, dann achten Sie darauf, dass sie aus 100 % Baumwolle besteht und keine Nylonfüllung enthält. Eltern, die mit einer Nähmaschine umgehen können, können natürlich einiges an Kosten einsparen, indem sie die Laken für das Kinderbettchen selbst nähen aus bestehenden Laken ihres Doppelbettes.

Sie werden mindestens folgende Bettwäsche-Artikel benötigen:

• Drei Laken aus Stretch-Baumwolle. Wählen Sie die weiche Jersey-Qualität und nicht die Handtuch-Qualität, da diese schnell rau wird.

• Drei weiche Laken aus Baumwolle. Vermeiden Sie Materialien, die zu viele Flusen abgeben, denn sie können die Nase verstopfen und zu Atemschwierigkeiten bei den Kleinen führen.

• Drei eng gewebte Baumwolldecken sowie eine Wolldecke für sehr kalte Nächte.

• Sechs dünne, weiche Baumwollwindeln. Diese können Sie als Unterlage für das Kopfende des Bettes benutzen, so dass Sie nicht mitten in der Nacht das gesamte Bett neu beziehen müssen, falls Ihr Baby ein wenig spuckt.

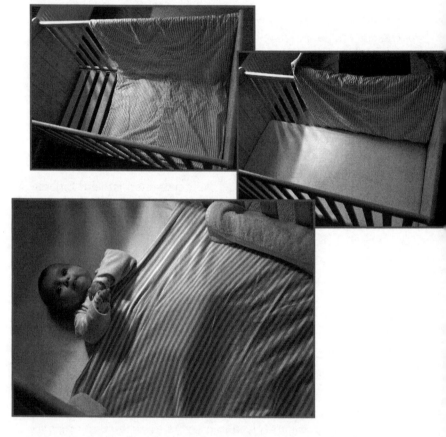

Zum Bettmachen entfernen Sie die Matratze und legen Sie das
• Laken quer auf die Unterseite des Bettes.

• Legen Sie die Matratze darauf und bedecken Sie sie mit dem Laken.

• Legen Sie das Laken über das Baby und falten Sie es mindestens 15 cm unter die andere Seite der Matratze.

- Stopfen Sie die Lücke zwischen der Matratze und den Gitterstäben an jeder Seite mit kleinen, zusammengerollten Handtüchern aus.

Wickelstation

Die beste Wickelkommode ist länglich und enthält Schubladen und einen Schrank. Die Auflagefläche ist lang genug für die Wickelauflage und bietet genug Platz für die Waschschüssel sowie alles weitere, was zum Wickeln gebraucht wird. In den Schubladen können Nacht- und Unterwäsche sowie Tücher und Waschlappen untergebracht werden und im Schrank die größeren Dinge wie Windelpackung und Waschschüssel.

Kleiderschrank

Eine sehr gute Investition ins Kinderzimmer ist ein Einbauschrank. So können Sie die Babykleidung ordentlich, sauber und knitterfrei aufbewahren und trotzdem bleibt Platz für die vielen anderen Einrichtungsgegenstände, die sich mit der Zeit ansammeln werden. Wenn ein Einbauschrank keine Option darstellt, dann kaufen Sie einen freistehenden Schrank.

Sessel

Egal wie klein Ihr Babyzimmer ist: Es ist sehr wichtig, dass Sie dort irgendwo einen Stuhl oder Sessel unterbringen. Eine gute Wahl ist auch ein kleines Sofa, auf dem Sie sitzend Ihr Kind füttern, aber auch bei Bedarf im Kinderzimmer schlafen können. Falls der Platz nicht ausreicht, kaufen Sie einen Stuhl mit gerader Rückenlehne, der ideal zum Stillen geeignet ist, groß genug für Sie und Ihr wachsendes Baby ist und Armlehnen hat zur Unterstützung beim Stillen. Attraktiv erscheint vielen Eltern oft der Schaukelstuhl, aber er kann gefährlich werden, wenn Ihr Kind mobil wird und versucht, sich am Stuhl hoch zu ziehen. In den ersten Wochen ist es auch verlockend, das Baby im Schaukelstuhl

in den Schlaf zu wiegen, aber genau das ist eine der Hauptursachen für schlechte Einschlafgewohnheiten bei Babys.

Vorhänge

Die Vorhänge, Rollos oder Rollläden sollten das Zimmer vollständig abdunkeln. Es ist also ganz wichtig, dass keine Lücken
vorhanden sind, durch die Licht herein kommt; selbst der kleinste Lichtstrahl kann ausreichen, um Ihr Baby vor morgens 7 Uhr
zu wecken. Sobald Ihr Baby älter wird, findet es nicht mehr so
schnell zurück in den Schlaf, wenn es um 5 Uhr morgens durch
das Sonnenlicht oder auch das Licht von Straßenlaternen geweckt wird.

Wenn das Licht im Kinderzimmer aus ist und die Vorhänge zugezogen beziehungsweise die Rollläden heruntergelassen, dann
sollte es so dunkel sein, dass Sie Ihren Partner am anderen Ende
des Raumes nicht sehen können. Die Forschung hat im übrigen
gezeigt, dass sich die Stoffe im Gehirn im Dunkeln verändern und
den Körper auf den Schlaf vorbereiten.

Teppich

Am besten ist ein komplett mit Teppich belegter Boden. Einzelne
Teppiche sind eine Stolpergefahr, wenn Sie sich im Dämmerlicht
um Ihr Baby kümmern. Wählen Sie einen Teppich aus, der zu reinigen ist und vermeiden Sie sehr dunkle oder sehr helle Farben,
da diese schneller schmutzig wirken.

Beleuchtung

Wenn das Deckenlicht des Kinderzimmers noch nicht mit einem
Dimmer versehen sein sollte, dann lohnt es sich, einen nachzu-
rüsten. In der ersten Zeit ist das gedämpfte Licht ein gutes Erken-
nungssignal für das Baby, wenn Sie es zu Bett bringen. Sollten Sie
ein limitiertes Budget haben, dann kaufen Sie ein Nachtlicht für
die Steckdose.

Baby-Ausrüstung

Körbchen oder Stubenwagen

Wie schon erwähnt, halte ich ein Körbchen nicht für notwendig. Selbst die günstigsten Körbchen kosten immer noch zu viel, wenn man bedenkt, dass es nach den ersten sechs Wochen bereits zu klein sein wird für Ihr Baby. Es könnte allerdings eine praktische Anschaffung sein, wenn Sie in einem sehr großen Haus wohnen oder vorhaben, innerhalb der ersten Wochen zu reisen. Bei limitiertem Budget schlage ich vor, ein Körbchen von Freunden zu leihen und nur eine neue Matratze zu kaufen.

Der Stubenwagen ist eine kleinere Variante des Babybettchens. Er ist sicherlich größer als ein Körbchen, aber nicht viel praktischer. Da wir die Babys heute auf dem Rücken zum Schlafen legen, sind die Stubenwagen oft zu eng. Die Babys wachen oft mehrmals in der Nacht auf, da sie im Stubenwagen nicht mit ausgestreckten Armen schlafen können und sich mit den Händen in den Gitterstäben verhaken.

Sollten Sie dennoch entscheiden, ein Körbchen oder einen Stubenwagen für die erste Zeit zu nutzen, benötigen Sie folgendes Bettzeug:

• Drei Spannbettlaken aus weicher Baumwolle
• Sechs Baumwolllaken
• Vier Decken
• Ein Dutzend Moltontücher

Kinderwagen

Bei der Auswahl des Kinderwagens sollten Sie sich nach Ihren Lebensgewohnheiten richten. Wenn Sie zum Beispiel stark auf das Auto angewiesen sind, dann macht es Sinn, einen Kinderwagen zu wählen, der besonders leicht zusammen- und aufzubauen ist und der nicht zu viel wiegt. Von diesen Modellen gibt es zunehmend mehr auf dem Markt. Wichtig ist immer, dass sie eine flache Liegefläche für das Neugeborene bieten sowie ein Verdeck und ausreichend Wetterschutz.

Eine weitere beliebte Option ist der Kinderwagen, der anfangs mit der für Neugeborene notwendigen Schale benutzt werden kann, die dann später von einem Buggy-ähnlichen Sitz abgelöst wird, wenn das Baby sitzen kann. Dieser Wagen bietet sich an, wenn Sie viel zu Fuß erledigen können. Und dann gibt es natürlich die klassischen, schwereren und etwas behäbigeren Kinderwagen mit einer Hartschale.

Wenn Sie viel mit dem Kinderwagen unterwegs sein werden und ihn auch durch Supermarktgänge und ähnliches fahren müssen, dann sind vertikal bewegliche Räder sehr viel wert. Sie machen den Wagen wendig und leicht manövrierbar.

Welchen Kinderwagen Sie auch auswählen – Sie sollten ihn im Laden mehrmals auseinander- und zusammenbauen und heben, um wirklich ein Gefühl für den späteren Gebrauch zu bekommen. Folgende Hinweise sollten Ihnen die Auswahl zudem ein wenig erleichtern:

• Der Wagen sollte mit Sicherheitsgurten für das Baby ausgestattet sein sowie mit einer benutzerfreundlichen Bremse.

• Stellen Sie sicher, dass ein Verdeck vorhanden ist.

• Kaufen Sie das angebotene Zubehör zusammen: Sonnenschirm, Regenschutz, Fußsack und Einkaufsnetz etc. Oft ändern sich die Modelle so schnell, dass Sie das passende Zubehör schon in der nächsten Saison nicht mehr nachkaufen können.

• Prüfen Sie im Laden, ob die Höhe des Handgriffes für Sie richtig ist und wie leicht Sie den Wagen manövrieren können.

Autositz

Sie werden vom ersten Tag an einen Autositz benötigen – zunächst, um Ihr Baby vom Krankenhaus nach Hause zu bringen. Der Sitz sollte immer benutzt werden, egal wie kurz die anstehende Fahrt sein soll. Seien Sie nicht versucht, Ihr Baby während der Autofahrt auf dem Schoß zu halten, denn im Falle eines Unfalls ist es Ihnen nicht möglich, ein Kind sicher festzuhalten. Auf dem vorderen Beifahrersitz darf der Kindersitz nur angebracht werden, wenn die Airbags vorher ausgeschaltet wurden. Mein grundsätzlicher Ratschlag lautet: Suchen Sie den besten Sitz innerhalb Ihres Budgets aus. Und achten Sie auf folgende Merkmale:

• Große Seitenkopfstützen, da diese mehr Sicherheit bieten.

• Leicht verstellbare Sitzgurte.

• Gut zu bedienender Schließmechanismus, der aber nicht leicht vom Kind selbst geöffnet werden kann.

• Angebotenes Zubehör, wie eine spezielle Kopfstütze für Neugeborene und erneuerbare Bezüge.

Badewanne

Die Badewanne gehört ebenfalls zu den weniger wichtigen Anschaffungen. Wie beim Babykörbchen oder Stubenwagen, wächst Ihr Kind auch aus der Babybadewanne sehr schnell heraus. Das Neugeborene kann anfangs auch im Waschbecken gewaschen werden oder in der großen Badewanne mit Hilfe einer kleineren Schüssel. Spezielle Babybadewannen lassen die Babys heute aufrecht im Wasser schwimmen und sind beliebt. Wenn Sie eine spezielle Babybadewanne anschaffen möchten, empfehle ich jedoch ein Modell, das sich über der großen Badewanne platzieren lässt. Dieses ist wesentlich praktischer mit Wasser zu füllen und wieder zu entleeren als die traditionellen Modelle mit eigenem Gestell, die umständlich mit Hilfe von Wassereimern zu füllen sind. Als extrem unpraktisch habe ich die in den Wickeltisch eingebauten Badewannen erlebt. Zum einen müssen Sie diese oft erst mit einem Deckel versehen, sobald Sie das Baby aus dem Wasser genommen haben, damit Sie es anschließend wickeln können, und zum anderen ist das Wasser nach dem Baden sehr schwer zu entleeren, ohne den gesamten Wickeltisch zum Abtropfen bewegen zu müssen. Zudem gehören diese Konstruktionen meistens zu den teureren Modellen und ich rate vom Kauf dieser Variante ab.

Wickelauflage

Es ist sinnvoll, zwei Wickelauflagen zu kaufen und diese austauschen zu können. Wählen Sie einfach zu reinigende Kunststoffoberflächen und achten Sie auf eine gute Polsterung. Anfangs ist es angenehmer für Ihr Baby, wenn Sie ein Handtuch auf die Wickelauflage legen, da die Oberfläche dann nicht so kalt und glatt ist.

Babyphon

Diese wichtige Anschaffung muss mit Sorgfalt ausgewählt werden. Es gibt grundsätzlich zwei Arten von Babyphonen: Zur dauerhaften Installation an der Steckdose oder als mobiles Gerät. Ich empfehle ganz klar die mobile Version, da Sie sich damit frei im Haus bewegen können – auch in Räumen, die keine Steckdosen für das festinstallierbare Gerät vorsehen. Achten Sie bei der Auswahl auf folgende Geräteeigenschaften:
• Eine visuelle Anzeige zusätzlich zum Lautsprecher, da Sie die Regungen Ihres Kindes dann auch beobachten können, wenn Sie die Lautstärke des Gerätes heruntergedreht haben.
• Verschiedene Kanäle, so dass Sie den Kanal wechseln können, wenn es Störungen mit einem der Kanäle gibt.
• Aufladbare Batterien.
• Warnanzeigen, wenn die Batterien leer sind oder wenn es sonstige Empfangsstörungen gibt, weil sich das Gerät außer Reichweite befindet und ähnliches.

Tragetuch

Viele Eltern schwören darauf, Ihr Kind im Tragetuch umher zu tragen. Ich selbst benutze diese Technik nie, da ich es als zu große Belastung für meinen Rücken empfinde, ein Baby längere Zeit so zu tragen. Sehr kleine Babys neigen obendrein dazu, in einen Tiefschlaf zu verfallen, sobald sie nah am Körper getragen werden – und so fällt es schwer, dem Baby deutlich abgegrenzte

Wach- und Schlafzeiten zu vermitteln. Mit steigendem Alter des Babys können Tragetücher aber eine durchaus praktische Ergänzung sein; vor allem wenn das Baby in der Lage ist, beim Tragen nach vorne zu schauen. Wenn Sie die Anschaffung eines Tragetuches für sinnvoll halten, können Sie folgende Hinweise bei der Auswahl beachten:

• Die Technik des Zusammenbindens muss so sicher sein, dass nichts aufgehen und das Kind nicht herausfallen kann.

• Kopf und Hals des Babys müssen ausreichend gestützt sein. Manche Modelle bieten einen später abnehmbaren Kopfschutz.

• Es sollte möglich sein, das Kind mit dem Gesicht zu Ihrem Körper oder aber auch nach vorne blicken zu lassen, und die Höhe sollte verstellbar sein.

• Das Tragetuch sollte aus einem robusten, waschbaren Textil sein und über bequeme, gepolsterte Schulterbügel verfügen.

Es ist ratsam, es im Laden auszuprobieren – am besten mit Ihrem eigenen Kind. Denn nicht jedes Modell passt zu jedem Kind!

Wippe

Während viele Eltern den Autositz auch dafür verwenden, das Baby tagsüber bei sich in der Wohnung sitzen zu lassen, ist es doch vorteilhaft, sich einen zweiten Sitz, eine richtige Wippe anzuschaffen. Diese gibt es in verschiedenen Ausführungen. Einige sind wie feststehende Stühle, die verstellbar sind und auch in die Wippenposition gebracht werden können. Andere fungieren immer als Wippe und bewegen sich, sobald das darin sitzende Baby sich bewegt. Dieses Modell ist sehr beliebt bei Kindern, die älter als circa zwei Monate sind, können aber kleineren Babys Angst machen. Welche Sorte Sie auch auswählen – stellen Sie sicher, dass Ihr Baby immer angeschnallt ist und nicht aus den Augen gelassen wird. Lassen Sie die Wippe mit Ihrem Baby auch immer auf dem Boden stehen, und lassen Sie sich nicht verleiten, die Wippe auf einem Tisch oder einer Arbeitsfläche abzustellen. Die Bewegungen Ihres Babys können die Wippe doch so bewegen, dass sie herunter fällt.

Einige weitere Hinweise:
• Rahmen und Gestell der Wippe sollten stabil und fest sein und mit einem guten Sicherheitsgurt ausgestattet sein.
• Der Bezug sollte abnehmbar und waschbar sein.
• Kaufen Sie als Zubehör eine Kopfstütze für besonders kleine Babys.

Laufstall

Laufställen wird von manchen nachgesagt, sie würden den natürlichen Entdeckungsdrang des Babys einschränken. Ich selbst denke, dass sie – wobei Ihr Baby nie zu lange am Stück im Laufstall bleiben sollte – eine durchaus sinnvolle Möglichkeit darstellen, Ihr Baby sicher zu wissen, während Sie zum Beispiel das Essen vorbereiten müssen. Wenn Sie sich für einen Laufstall entscheiden, empfehle ich Ihnen, Ihr Baby von klein auf daran zu gewöhnen. Ein Reisebettchen kann zwar auch als Laufstall dienen, aber wenn Sie den Platz haben, empfehle ich die quadratische Variante aus Holz, da sie größer ist und Ihrem Baby ermöglicht, sich hochzuziehen und zu bewegen. Stellen Sie in jedem Fall sicher, dass der Laufstall weit genug von Gefahrenzonen wie Heizkörpern oder Vorhängen aufgestellt ist. Hängen Sie Spielzeug nicht an Seilen oder Schnüren im Laufstall auf, da sich Ihr Kind darin gefährlich verfangen kann. Achten Sie außerdem auf folgendes:
• Stellen Sie sicher, dass der Boden des Laufstalls fixiert ist und das Baby ihn nicht bewegen kann.
• Prüfen Sie, dass es keine scharfen Metallschrauben oder sonstige Gegenstände gibt, an denen sich Ihr Baby verletzen könnte.
• Wenn Sie einen Laufstall mit einem Maschengewebe auswählen, stellen Sie sicher, dass die Maschen stabil genug sind, damit Ihr Baby keine Spielzeuge hindurch schieben und die Löcher so vergrößern kann, dass sich seine Händchen oder Finger darin verfangen können.

Ausstattung für das Stillen an der Brust

Still-BH

Still-BHs zeichnen sich dadurch aus, dass sich die Körbchen per Häkchen oder Reißverschluss öffnen lassen. Wichtig ist, dass der BH gut sitzt. Ein guter Still-BH sollte aus Baumwolle sein und breite, verstellbare Träger haben, die die Brust gut halten und er sollte nicht zu stark gegen die Brustwarzen drücken, da dies die Milchdrüsen beeinträchtigen kann. Ich empfehle, zwei Exemplare vor der Geburt zu kaufen. Wenn sich diese als bequem erweisen, auch nachdem Ihre Milch eingeschossen ist, dann können Sie weitere zwei Stück kaufen.

Stilleinlagen

In den ersten Tagen werden Sie viele Stilleinlagen benötigen, da sie jedes Mal gewechselt werden müssen, wenn Ihr Baby gestillt wurde. Viele Mütter bevorzugen die runden Exemplare, die sich der Form der Brust anpassen. Sie werden vielleicht mehrere Marken ausprobieren müssen; manchmal verfügen die teureren über eine besser Saugkraft, so dass sich deren Anschaffung langfristig lohnt.

Stillkissen

Diese Kissen passen sich um die Hüfte der Mutter an und bringen die kleinen Babys so auf die ideale Höhe zum Stillen. Sie können auch dafür verwendet werden, die Babys hinein zu legen oder ihren Rücken zu stützen, wenn sie das Sitzen lernen. Wenn Sie sich entscheiden, ein Stillkissen zu kaufen, achten Sie darauf, dass es einen abnehmbaren, waschbaren Bezug hat.

Brustwarzencreme und -sprays

Diese Cremes sollen die Brust pflegen und die durch das Stillen verursachten Schmerzen lindern. Die Hauptursache für solche

Schmerzen ist jedoch die falsche Positionierung des Babys beim Stillen. Wenn Sie während oder nach dem Stillen Schmerzen spüren, sollten Sie Ihren Arzt kontaktieren, bevor Sie sich eine solche Creme oder ein Spray zulegen. Ansonsten sind keine speziellen Cremes oder Seifen zu empfehlen, während Sie stillen. Waschen Sie Ihre Brust einfach zweimal am Tag mit Wasser und nach jeder Stillmahlzeit. Die Brustwarzen können Sie mit ein wenig Brustmilch einreiben und an der Luft trocknen lassen.

Elektrische Milchpumpe

Ich bin überzeugt davon, dass die Mehrheit der von mir beratenen Mütter deshalb so erfolgreich stillt, weil ich ihnen den Gebrauch einer elektrischen Milchpumpe empfehle. In den ersten Tagen, in denen Sie üblicherweise mehr Milch produzieren, als Ihr Baby (vor allem morgens) benötigt, können Sie diese überschüssige Milch gut mit einer diesem leistungsstarken Maschinchen abpumpen. Die abgepumpte Milch kann im Kühl- oder Gefrierschrank aufbewahrt werden und später am Tag hinzu gefüttert werden, wenn Sie müde werden und die Milchproduktion etwas abnimmt. Dies ist, glaube ich, einer der Hauptgründe, warum die Babys gegen Ende des Tages unruhiger werden und nach ihrem Bad am Abend nicht gut einschlafen wollen. Wenn Sie also stillen wollen und Ihr Kind schnell an eine Routine gewöhnen möchten, wird eine elektrische Milchpumpe von großem Wert für Sie sein. Lassen Sie sich nicht verleiten, eine der kleineren manuellen Pumpen zu kaufen, da diese so ineffizient sein können, dass sie Mütter schnell entmutigen, weiter abzupumpen.

Behälter für den Kühl- und Gefrierschrank

Die abgepumpte Milch kann 24 Stunden lang im Kühlschrank und bis zu einem Monat im Gefrierschrank aufbewahrt werden. Spezielle sterile Tüten und Behältnisse sind ideal zur Aufbewahrung abgepumpter Milch und in Apotheken und bei Babyausstattern erhältlich.

Milchflaschen

Die meisten Stillberater halten nichts davon, neugeborenen Babys die Flasche zu geben, sogar wenn sie mit Brustmilch gefüllt ist. Sie argumentieren, dass die Mischung von Brust und Flasche das Kind verwirrt und sein Bedürfnis, an der Brust zu trinken so beeinträchtigt, dass die Milchproduktion der Mutter wiederum reduziert wird und so die Mutter das Stillen insgesamt aufgibt. Meiner Ansicht nach geben aber die meisten Mütter das Stillen deshalb auf, weil sie völlig erschöpft sind vom „Stillen nach Bedarf", das oft mehrmals in der Nacht stattfindet. Ich empfehle, dem Baby ab der ersten Woche eine Flasche mit abgepumpter Brustmilch oder mit Pulvermilch zu geben und dies spätestens ab der vierten Woche einzuführen. Diese eine Flasche kann entweder als letzte Mahlzeit am Abend gegeben werden oder in der Nacht, von einer anderen Person als der Mutter – das ermöglicht es der Mutter, mehrere Stunden am Stück zu schlafen. Dieser Schlaf ist wiederum enorm wichtig für das erfolgreiche Stillen. Ich habe bisher noch nie erlebt, dass ein Baby die mütterliche Brust abgelehnt hat oder verwirrt war durch das Angebot von Brust *und* Flasche – das könnte höchstens dann passieren, wenn das Kind mehr als eine Flasche pro Tag erhält. Es gibt indes weitere gute Gründe dafür, Ihr Kind früh an die Flasche zu gewöhnen. Erstens gewinnen Sie mehr Flexibilität; zweitens entsteht kein Problem mit dem Abstillen, wenn Sie das nur die Brust gewöhnte Kind an die Flasche gewöhnen müssen; drittens gibt es dem Vater eine wundervolle Gelegenheit, sich einzubringen und eine enge Beziehung zum Baby aufzubauen.

Es sind viele verschiedene Flaschenmodelle erhältlich und alle werden als „die besten" vermarktet. Ich selbst bevorzuge aus meiner Praxis das Design von Avent. Der breite Flaschenhals ermöglicht ein einfaches Reinigen und Füllen der Flasche und ich unterstütze die Behauptung von Avent, dass die Form des Saugers verhindert, dass mit der Milch zusammen zuviel Luft in den Magen des Babys gerät. – Hinweise zur Sterilisation von Flaschen und Saugern erhalten Sie im nächsten Kapitel.

Ausstattung für das Füttern mit der Flasche

Milchflaschen

Aus den bereits aufgeführten Gründen empfehle ich, die oben beschriebenen breithalsigen Flaschen zu kaufen. Wenn Ihr Baby
seine gesamte Milchnahrung aus der Flasche erhält, ist es wichtig, das Risiko von Koliken und Blähungen auf einem Minimum
zu halten. Wenn ich um Hilfe gerufen werde zu einem Baby mit
Koliken, dann beobachte ich oft schon eine schnelle Verbesserung, sobald wir die breithalsigen Flaschen einsetzen. Der Sauger
ist weich und nachgiebig und erlaubt es dem Baby, genau so zu
saugen, wie es das an der mütterlichen Brust tun würde. Die
breithalsigen Flaschen können außerdem später – ergänzt durch
einen anderen Trinksauger und Handhalterungen – als erste
Trinkbecher verwendet werden. Wenn Ihr Baby ausschließlich
mit der Flasche gefüttert werden soll, empfehle ich, mit fünf
240 ml-Flaschen und drei 120 ml-Flaschen anzufangen.

Sauger

Die meisten Flaschen sind mit Saugern erhältlich, die die Milch
langsam fließen lassen und so den Bedürfnissen von Neugeborenen entsprechen. Im Alter von acht Wochen, so meine Erfahrung,
trinken die meisten Babys besser aus einem Sauger von mittlerer
Fließgeschwindigkeit – es lohnt sich daher, diese von Anfang an
im Hause zu haben.

Flaschenbürste

Die richtige und gründliche Reinigung der Trinkflaschen ist ele-
mentar. Wählen Sie daher eine Bürste mit einem besonders langen Plastikgriff aus, so dass sie mehr Druck anwenden können
bei der Reinigung der Flasche.

Saugerbürste

Die meisten Mütter empfinden die manuelle Reinigung der Sauger mit den bloßen Fingern als die beste und einfachste Methode. Wenn Sie aber besonders lange Fingernägel haben sollten, könnten Sie es als sinnvoll erachten, sich eine spezielle Saugerbürste anzuschaffen. Aber auch diese Bürste kann das Loch des Saugers beschädigen, und Sie müssen die Sauger öfter nachkaufen – kurze Fingernägel sind wahrscheinlich die beste Lösung!

Schüssel zum Abwaschen

Für die Organisation und den Überblick darüber, was bereits sterilisiert worden ist lohnt es sich, alle benutzten Flaschen gleichzeitig abzuwaschen und zu sterilisieren. Bevor sie sterilisiert werden können, müssen die abgespülten Flaschen und Sauger irgendwo gesammelt und aufbewahrt werden – hierfür eignet sich eine große Schüssel aus Edelstahl oder Plastik, am besten ausgestattet mit einem Deckel.

Sterilisator

Egal ob Sie stillen oder mit der Flasche füttern – es ist sehr wichtig, dass alle Flaschen und das Abpumpzubehör ordentlich sterilisiert werden. Das kann auf drei verschiedene Arten durchgeführt werden: die Utensilien für zehn Minuten in einem großen Kochtopf abkochen; sie für zwei Stunden in einer sterilisierenden Lösung einweichen lassen und anschließend mit Wasser abspülen; oder einen elektrischen Dampfsterilisator verwenden. Aus meiner Erfahrung ist die einfachste, schnellste und effizienteste Methode die Nutzung dieses Dampfsterilisator, und die Anschaffung lohnt sich allemal. Vorsicht ist jedoch geboten: Seien Sie nicht versucht, sich eine Ausführung für die Mikrowelle anzuschaffen. Nicht nur passen in dieses Behältnis weniger Flaschen hinein, sondern wird es sich auch als extrem lästig herausstellen, den Sterilisator jedes Mal aus der Mikrowelle entfernen zu müssen, wenn sie diese für andere Zwecke nutzen möchten.

Wasserkocher

Dieser ist ganz offensichtlich sehr wichtig für die Zubereitung der Mahlzeiten Ihres Babys. Wenn Sie sich entscheiden, von Anfang an mit Pulvermilch zu füttern, werden Sie im ersten Lebensjahr Ihres Babys viel Zeit damit zubringen, seine Milchmahlzeiten zuzubereiten. Vielleicht lohnt es sich also für Sie, sich einen weiteren Kocher anzuschaffen. Das Wasser für die Zubereitung der Pulvermilch muss frisch sein, nur einmal aufgekocht und dann abgekühlt worden sein, bevor das Pulver hinzugefügt wird. Sollte also jemand dazwischen kommen, der sich einen Tee machen möchte, müssen Sie mit der Zubereitung der Babymahlzeit noch einmal ganz von vorne anfangen. Es könnte daher eine gute Investition darstellen, einen Wasserkocher nur für die Zubereitung Ihrer Babymahlzeiten zu haben. Sollten Sie sogar Zwillinge erwarten, dann ist diese Anschaffung zwingend notwendig.

Elektrischer Flaschenwärmer

Ein Flaschenwärmer ist nicht dringend notwendig, da Sie die Pulvermilch erwärmen, indem Sie die Flasche in einen Topf mit kochendem Wasser stellen. Es kann natürlich trotzdem hilfreich sein, einen elektrischen Flaschenwärmer im Kinderzimmer stehen zu haben für die Abendmahlzeit um 18 / 18.30 Uhr, da Sie sich dann die Gänge von Küche zum Kinderzimmer sparen können. Es gibt Ausführungen dieser Flaschenwärmer, die das Aufsetzen eines Tellers oder Schälchens ermöglichen, so dass Sie damit auch Essen warm halten können, wenn Ihr Kind später anfängt, feste Nahrung zu sich zu nehmen.

Thermosbehälter

Es gibt Thermosbehälter, die speziell dafür gemacht sind, Ihre Flaschen mit abgekochtem Wasser warm zu halten. Diese können sehr hilfreich sein, wenn Sie auf Reisen sind oder wenn Sie Abendmahlzeiten besonders schnell zubereiten möchten. Ich empfehle eine kleine, in drei Teile eingeteilte Ausführung aus Kunststoff zu kaufen. In jeder dieser drei Sektionen können Sie die genaue Menge an Pulvermilch für drei verschiedene Mahlzeiten aufbewahren – so müssen Sie nicht die gesamte Tüte mit sich herumtragen, wenn Sie unterwegs sind.

Kleidung für das Neugeborene

Das Sortiment an Babybekleidung in den entsprechenden Läden ist einerseits wunderschön, andererseits eine Reizüberflutung. Obwohl es sehr viel Freude machen kann, Kleidung für Ihr Baby auszusuchen, rate ich Ihnen, dieses Thema mit Vorsicht anzugehen. Neugeborene wachsen wahnsinnig schnell und werden nach einem Monat schon nicht mehr in die erste Kleidergröße passen – es sei denn, sie waren bei der Geburt ganz besonders klein. Natürlich ist es wichtig, genug Bekleidung im Haus zu haben, um die Wäsche Ihres Babys häufig wechseln zu können – aber wenn Sie zuviel gekauft haben, wird vieles nie getragen werden können. Sie werden die Garderobe Ihres Kindes ohnehin rund dreimal innerhalb des ersten Lebensjahres erneuern müssen, und selbst wenn Sie günstige Kleidung einkaufen sollten, wird es insgesamt eine kostspielige Angelegenheit werden. Ich rate daher dazu, vor der Geburt Ihres Babys nur die Basics zu kaufen. Sie werden sicherlich auch Babykleidung zur Geburt geschenkt bekommen, und das erste Jahr wird Ihnen ohnehin noch viele Gelegenheiten zum Babybekleidungsshopping bieten.
Wenn Sie die Kleidung für den ersten Lebensmonat auswählen, lassen Sie sich nicht von farbenfroher Unter- und Nachtwäsche

verführen. Neugeborene neigen dazu, oben und unten Flecken zu produzieren, und es ist schier unmöglich, die Wäsche bei weniger als 60°C sauber zu waschen. Sehr farbenfrohe Kleidung wird schnell ihr schönes Aussehen verlieren, wenn sie zu oft bei dieser Temperatur gewaschen wird – bleiben Sie daher bei weißer Unter- und Nachtwäsche, und suchen Sie stattdessen farbige Kleidung zum Überziehen aus.

Grundsätzlich ist es sinnvoll, die Bekleidung im ersten Monat schlicht zu halten. Ihrem Baby kleine weiße Strampler und Jäckchen anzuziehen macht das Waschen so viel einfacher, weil Sie alles in dieselbe Waschladung stecken können. Wenn möglich, investieren Sie in einen Trockner: Die Anschaffung lohnt sich, da Sie sich nicht mit dem Bügeln herumplagen müssen, wenn Sie die Wäsche dem Trockner sofort entnehmen, sobald sie trocken ist. Unten aufgeführt finden Sie die Grundausstattung, die Sie für die ersten Monate Ihres Babys benötigen. Ich empfehle jedoch, die Etiketten vor der Geburt noch nicht zu entfernen, so dass Sie Kleidung umtauschen können, sollte Ihr Baby kleiner oder größer als erwartet sein.

6 – 8 Bodies
4 – 6 Schlafanzüge
4 – 6 Tagesoutfits
2 – 3 Strickjäckchen
1 Schneeanzug (für ein Winter-Baby)
2 – 3 Paar Strümpfe
2 Mützen
2 Paar Handschuhe
3 Decken
1 Jacke

Bodies

Das Neugeborene trägt üblicherweise im Winter wie im Sommer einen Body – es sei denn, es ist besonders heiß draußen. Das beste Material zum direkten Tragen auf der Haut ist die 100-prozentige Baumwolle und wenn Sie möchten, dass die hübsche Babykleidung ihre Form und ihr Aussehen auch nach unzähligen Wäschen behält, dann bleiben Sie bei weißer Bekleidung oder weiß mit blassen Farben und Mustern. Das beste Body-Design lässt sich an den Beinen öffnen und schließen, hat kurze Ärmel und einen Halsausschnitt in einer Art von Umschlaggestaltung, so dass es sich einfach an- und ausziehen lässt.

Nachtwäsche

Die am häufigsten verwendete Nachtwäsche ist der Ganzkörper-Strampelanzug. Er ist bequem und lässt sich einfach waschen, aber er kann umständlich sein, wenn Sie sich damit abmühen müssen, Ihrem bereits zu Bett gelegten Baby die Windel zu wechseln. Aus diesem Grund bevorzugen manche Mütter Nachthemden. Auch hier gilt: 100 % Baumwolle ist das beste Material, und je schlichter das Design, desto praktischer. Vermeiden Sie Bändchen und sonstige Verschlüsse am Hals sowie am Fußende, da sich auch hier die Füße Ihres Babys beim Umziehen verfangen können.

Outfits für den Tag

In den ersten Monaten ist es das einfachste, Ihrem Baby Strampler anzuziehen. Sie sollten möglichst welche aus reiner Baumwolle kaufen, die sich entweder am Rücken oder an der Beininnenseite öffnen und schließen lassen, damit Sie Ihr Kind nicht bei jedem Windelwechsel vollständig aus- und anziehen müssen. *Einzelne* Oberteile und Hosen sind auch sinnvoll, da die Hosen etwas länger getragen werden können, wenn Ihr Baby wächst und die Oberteile einzeln ausgetauscht werden können, wenn sie

Flecken bekommen haben. Wählen Sie lieber weiche Nicky-Materialien für Ihr ganz junges Baby aus als steifere Baumwolle oder Jeansmaterialien.

Strickjacken

Wenn Ihr Baby im Sommer zur Welt kommt, dann reichen Ihnen wahrscheinlich zwei Jäckchen, idealerweise aus Baumwolle. Für ein Winterbaby bietet es sich an, mindestens drei Jäckchen im Hause zu haben, am besten aus Wolle. Solange Ihr Baby Baumwolle direkt auf der Haut trägt, sollten Oberteile aus Wolle es nicht stören – und wieder gilt: Je schlichter das Design, desto besser.

Strümpfe

Schlichte Strümpfe aus Baumwolle oder Wolle sind am praktischsten für kleine Babys. Sehr aufwändige Designs mit Bändchen oder Schleifchen sollten Sie vermeiden, ebenso wie jegliche Art von Schuh – egal wie niedlich sie aussehen mögen. Sie könnten dem weichen Knochenbau Ihres Babys schaden.

Mützen

Im Sommer ist ein Hut aus Baumwolle mit einer breiten Krempe wichtig, um den Kopf und das Gesicht Ihres Babys vor der Sonne zu schützen. Im Idealfall sollte die Krempe rundherum gehen und auch den Nacken bedecken. Im Frühling und im Herbst sind Strick- oder Häkelmützen an kühlen Tagen angebracht. Im Winter und an sehr kalten Tagen halte ich eine Mütze aus Fleece oder Wolle für sinnvoll. Viele dieser Mützen sind mit einem Innenfutter aus Baumwolle versehen; falls nicht, können Sie ein dünnes Baumwollmützchen darunter ziehen, um die empfindliche Haut zu schützen.

Handschuhe

Kleine Babys mögen es gar nicht, wenn ihre Hände verdeckt oder eingepackt werden. Sie benutzen sie intensiv, um anzufassen, zu fühlen und alles in direkter Nähe zu erkunden. Sollte Ihr Kind jedoch scharfe Fingernägel haben oder dazu neigen, sich selbst zu kratzen, können Sie die feinen Baumwollhandschuhe ausprobieren, die speziell für diesen Zweck angeboten werden. In sehr kalter Witterung können Sie Handschuhe aus Wolle oder Fleece benutzen, aber auch hier sollten Sie welche aus Baumwolle darunter ziehen, wenn Ihr Kind empfindliche Haut hat.

Decken

Ich bin davon überzeugt, dass Babys in den ersten Wochen besser schlafen, wenn Sie in eine Decke eingewickelt sind. Die Wickeltechnik nennt sich *pucken*: Das Einwickeln in eine Decke beruhigt das Baby und vermittelt ihm Geborgenheit. Bei der Auswahl einer Decke oder eines Tuches für diesen Zweck sollten Sie darauf achten, dass es aus leichter, reiner Baumwolle sind und einen kleinen Stretchanteil haben. Um die Überhitzung Ihres Babys zu vermeiden, wickeln Sie es immer nur in eine Deckenschicht ein und wenn Ihr Baby eingewickelt schläft, dann reduzieren Sie die Anzahl der Zudecken im Bettchen. Es ist jedoch auch wichtig, dass Sie Ihr Baby im Alter von sechs Wochen daran gewöhnen, nur noch zur Hälfte eingewickelt zu schlafen – also bis unter die Arme. Die Rate an Todesfällen durch den plötzlichen Kindstod erreicht ihren Höhepunkt im Alter von zwei bis vier Monaten, und Überhitzung gilt als eine der Hauptursachen. Überprüfen Sie daher immer wieder, dass Sie nicht zu viele Deckenschichten benutzen und dass die Zimmertemperatur zwischen 16 und 20°C bleibt.

Pucken Sie ihr Kind in vier Schritten:
a) Legen Sie Ihr Baby auf eine Decke und greifen Sie eine Ecke, die auf Höhe des Hinterkopfes sein sollte.

b) Ziehen Sie die Ecke diagonal über die Schulter des Kindes.

c) Nehmen Sie die andere Deckenseite auf und ziehen Sie sie um das Kind.

d) Heben Sie Ihr Baby an und stecken Sie das Deckenende unter den Körper.

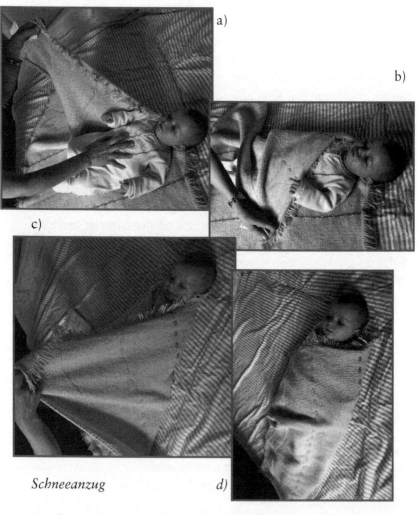

Schneeanzug

Kaufen Sie den Schneeanzug für Ihr Baby lieber zwei Nummern zu groß, damit der Anzug noch ein wenig mitwachsen kann. Vermeiden Sie ein aufwändiges Design mit Fellkapuzen oder hän-

genden Accessoires und entscheiden Sie sich lieber für pflege-
leichte, waschbare Textilien. Für sehr kleine Babys mögen Druck-
knöpfe besser sein als ein Reißverschluss, da dieser oft am Kinn
wehtut.

Jacke

Eine leichte Jacke bietet sich für jedes Baby an, unabhängig davon, in welcher Jahreszeit es geboren wird. Im Sommer können
Sie sie an kühlen Tagen anziehen und im Winter an milderen
Tagen. Wie beim Schneeanzug gilt auch hier: Wählen Sie ein
schlichtes Design aus waschbaren Materialien.

Wäsche waschen für Ihr Baby

Da Sie Zeit und Kosten auf die Garderobe Ihres Babys verwendet haben, ist es sinnvoll, auch die Pflege der Wäsche ernst zu
nehmen. Gerade weil kleine Babys so schnell aus ihrer Kleidung
heraus wachsen, sollte es – gute Pflege vorausgesetzt – möglich
sein, diese Kleidung an einen nachfolgenden Bruder oder eine
Schwester weiterzugeben. Diese Regeln sollten dazu beitragen,
die Wäsche Ihres Babys tiptop zu erhalten:
• Nur ähnliche Farben sollten zusammen gewaschen werden.
• Bettzeug, Spucktücher und ähnliches sollte bei sehr hoher Temperatur gewaschen werden, um Bakterien aus Milchflecken zu
töten sowie die Hausstaubmilbe, die bei sehr jungen Babys Allergien auslösen kann.
• Laden Sie die Waschmaschine nie mehr als zu zwei Dritteln
voll, damit die Wäsche gründlich ausgespült wird.
• Bearbeiten Sie Flecken vor dem Waschgang.

Weißwäsche: 60 – 90°C

Flecken sollten immer über Nacht in einer kalten Lösung mit
Fleckenentferner (z.B. Gallseife) eingeweicht und die Wäsche an-

schließend bei 60°C gewaschen werden. Die Wäsche sollte dabei aus reiner Baumwolle bestehen und farbige Elemente sollten vorher dahingehend überprüft werden, ob sie abfärben. Bettwäsche, Tücher, Bodies, Strümpfe und weiße Nacht- und Unterwäsche können auch bei 60°C gewaschen werden, sofern sie nicht sehr schmutzig sind. Wenn sie nicht eingeweicht wurden und eher stark verschmutzt sind, sollten sie bei 90°C gewaschen werden. Handtücher und Waschlappen sollten zusammen, aber getrennt von der sonstigen Wäsche gewaschen und getrocknet werden, um Flusenbildung zu vermeiden.

Helle Farben: 40°C

Die meisten Tagesoutfits benötigen nur eine kurze Wäsche im Woll- oder Feinwäschewaschgang. Mit Flecken versehene Wäsche sollte über Nacht in kaltem Wasser und Fleckenentferner eingeweicht und anschließend ausgespült werden, bevor sie in der Waschmaschine gewaschen wird.

Dunkle Farben: 30°C oder Handwäsche

Dunkle Kleidung sollte immer getrennt von den hellen Farben gewaschen werden – auch dann, wenn sie nicht mehr abfärbt. Wenn Sie beide Farben mischen, nimmt die hellere Wäsche unausweichlich einen leichten Graustich an. Kleidung mit Flecken sollte vorab über Nacht in kaltem Wasser und Fleckenentferner eingeweicht werden.

Wolle und Feinwäsche: Handwäsche

Auch wenn das Etikett die Maschinenwäsche zulässt, ist es besser, diese Wäsche per Hand mit einer kleinen Menge mildem Waschmittel in lauwarmem Wasser zu waschen. Drücken Sie die Wäsche immer sanft während des Waschens und Spülens aus; wringen Sie sie niemals aus und hängen Sie Feinwäsche oder Wollwäsche niemals auf. Spülen Sie die Wäsche unter kaltem, laufendem Wasser, drücken Sie überschüssiges Wasser sanft heraus und rollen Sie die Wäsche anschließend in ein sauberes, trockenes, weißes Handtuch und lassen Sie es so für ein paar Stunden. Schließlich können Sie es in Form ziehen und flach zum Trocknen hinlegen.

Nutzung des Trockners

Handtücher, sonstige Tücher, Spannbettlaken und Decken können im Trockner getrocknet werden, aber normale Bettlaken sollten so getrocknet werden, dass sie noch leicht feucht sind, um das anschließende Bügeln zu erleichtern. Vermeiden Sie es, Kleidung und Handtücher zusammen zu trocknen, da dies Flusenbildung verursacht. Entnehmen Sie die Kleidung nach dem Trockenvorgang sobald als möglich dem Trockner und legen Sie sie zusammen, um das Knittern zu vermeiden, und stellen Sie sicher, dass die Kleidung gut belüftet wird.

Cord und dunkle Kleidung

Um das Ausbleichen der Farbe und Schattenbildung zu vermeiden, trocknen Sie diese Kleidung nicht länger als 15 Minuten im kühlen Programm. Dann können Sie die Kleidung in Form ziehen und auf Bügeln zum weiteren Trocknen aufhängen – eventuell muss sie dann gar nicht mehr gebügelt werden.

Bügeln

Bettlaken sollten in leicht feuchtem Zustand gebügelt werden, dann werden sie ganz glatt. Helle, farbige Kleidung sollte mit Sprühwasser gebügelt werden, und dunkle Farben müssen mit dem Bügeleisen bei niedriger Temperatur, von innen nach außen gewendet, gebügelt werden. Wollenes sollte mit einem Tuch ausgepresst werden.

2. Warum einer Routine folgen?

Sechs Jahre sind vergangen, seitdem ich diese Frage erstmals in mein Buchmanuskript tippte. Damals hätte ich nicht geahnt, welche Kontroverse diesen vier Worten folgen würde. Und dennoch erkläre ich hier wieder, sechs Jahre später, warum ich denke, dass etwas wie eine „Routine" wichtig ist. Ich muss betonen, dass sich meine Ansichten kein bisschen verändert haben, seitdem ich mein erstes Buch geschrieben habe. Ich bin davon überzeugt, dass die meisten Babys glücklicher sind und besser gedeihen, wenn sie beim Aufwachsen eine Routine erleben. Trotzdem erkenne und akzeptiere ich, dass es nicht dem Bedürfnis aller Eltern entspricht, einer Routine zu folgen.

Es gibt bereits unzählige Ratgeber für das „Baby-geleitete Erziehen"; daher richten sich die Ratschläge meiner Bücher an diejenigen Eltern, die glauben, dass sie selbst und ihr Baby zufriedener mit einer Routine sein werden. Ich nehme an, dass Sie mein Buch aus dem Grund lesen, dass Sie bereits ein gewisses Maß an Struktur in Ihrem Alltag haben und dass Sie glauben, dass Sie besser mit Ihrem Baby zurecht kommen werden, wenn Sie irgendeiner Art von Routine folgen. Wenn das der Fall ist, dann versichere ich Ihnen, dass die im folgenden beschriebenen „Contented Little Baby Routinen" Ihnen und Ihrem Kind mit Sicherheit gut tun werden. Sie werden erfolgreich von hunderttausenden von Eltern auf der ganzen Welt angewandt. Folgen Sie Ihrem eigenen Instinkt als Mutter oder Vater, und entscheiden Sie selbst, was am besten für Sie und Ihr Baby funktioniert; benutzen Sie die Routinen und die Ratschläge dieses Buches als Hilfsmittel, um genau die Eltern zu werden, die Sie sein möchten.

Warum die CLB-Routinen anders sind

Während meiner Jahre als Hebamme habe ich Hunderte von Büchern über die Pflege von Kindern gelesen, aber ich hatte gleichzeitig das einzigartige Privileg, persönlich mit über 300

Familien in der ganzen Welt zu arbeiten. Dank dieser Eltern und ihren wunderbaren Kindern kann ich Ihnen nun so vieles von dem, was ich gelernt habe vermitteln und ich hoffe, dieses Wissen wird Ihnen wiederum helfen, die alltäglichen Widrigkeiten des Elternseins zu bestehen.

Als Hebamme besuchte ich die Familie in der Regel wenige Tage nach der Geburt des Kindes und lebte dann rund um die Uhr mit ihr für meist drei bis fünf Tage, aber bei Bedarf auch für mehrere Wochen bis zu sechs Monaten.

Während sich die Presse gern darüber auslässt, dass viele meiner Klienten reich und berühmt waren, kann ich Ihnen versichern, dass die meisten dies nicht waren. Viele meiner Klienten waren auf externe Hilfe angewiesen, weil sie gesundheitliche Probleme, einen Trauerfall in der Familie hatten, oder aus anderen persönlichen Gründen. Ob sie nun in einer Villa oder in einer Ein-Zimmer-Wohnung lebten, ein Rockstar oder Kinoheld waren oder gescheiterte Schauspieler, Top-Banker oder Lehrer – die Eltern hatten eins gemeinsam: Sie alle wollten sichergehen, dass Ihr Baby glücklich und zufrieden sein würde und dass sie seinen Bedürfnissen irgendwie gerecht werden würden, während gleichzeitig ihr Alltag mit seinen Herausforderungen zu meistern war.

Die führenden Ratgeber zu dieser Zeit empfahlen alle, sich vom Baby leiten zu lassen und erachteten es als unmöglich, ein Baby in einen Rhythmus zu zwingen. Die Annahme lautete, dass Eltern, die tatsächlich versuchen sollten, Ihrem Baby einen Rhythmus vorzugeben, der Gesundheit Ihres Babys ernsthaft schaden könnten.

Nachdem ich mehrere Jahre erfolgreich damit verbracht hatte, Eltern beizubringen, wie man Neugeborenen eine Routine vorgibt, so dass sie glücklich gedeihende, zufriedene Babys werden, konnte ich in meinem ersten Buch nur vermuten, dass die Autoren der anderen Ratgeber offensichtlich nicht persönlich mit genug Babys gearbeitet haben können um zu erkennen, dass es tatsächlich möglich ist. Die Tatsache, dass *The Contented Little Baby Book* solch ein Erfolg wurde – vor allem durch persönliche Empfehlungen von Eltern –, ist Beweis genug, dass die

Aussagen meiner ersten Ausgabe von 1999 sich bewahrheitet haben.

Eltern, die mein Buch gründlich gelesen und meine Routinen und Ratschläge ausprobiert haben, können bestätigen, dass die CLB-Routinen tatsächlich wirken. Anders als die altmodischen Theorien vom vier-stündigen Füttern zwingen sie ein Baby nicht dazu, erst zu schreien, bis endlich eine Mahlzeit kommt oder sich in den Schlaf zu weinen. Obwohl die Einführung einer Routine oft harte Arbeit bedeutet und den Eltern einiges abverlangt, werden Hunderttausende von Eltern auf der ganzen Welt bezeugen, dass es das wert ist, weil sie schnell lernen, den Bedürfnissen ihres Kindes gerecht zu werden und den Stress für Eltern und Kind auf einem Minimum zu halten.

Wie Ihr Baby profitiert

Die CLB-Routinen unterscheiden sich vor allem darin von den traditionellen vier-Stunden-Routinen, dass sie auf den natürlichen Schlaf- und Nahrungsbedürfnissen von gesunden, normalen Babys basieren. Sie berücksichtigen auch, dass manche Babys mehr Schlaf benötigen als andere und einige länger zwischen den Mahlzeiten aushalten als andere. Das Ziel der Routinen ist nicht, das Baby durch eine Nacht ohne Mahlzeiten zu zwingen, sondern sicherzustellen, dass die Struktur des Fütterns und Schlafens am Tage das nächtliche Wachsein Ihres Babys auf ein Minimum reduzieren hilft. Es wird dann kurz aufwachen, gefüttert werden und schnell wieder einschlafen. Die Routinen gewährleisten außerdem, dass Ihr Baby tatsächlich in der Nacht schläft – wenn es dann soweit ist, eine längere Zeit am Stück zu schlafen – und dass dies nicht am Tag geschieht. Die Grundlage für die Routinen hat sich über mehrere Jahre entwickelt, in denen ich die Babys in meiner Obhut beobachtete. Einige Babys entwickelten den Fütter-Rhythmus sehr schnell und ohne viele Vorgaben, bei anderen dauerte es mehrere schwierige Wochen, bevor sie regelmäßig gefüttert und zum Schlafen gelegt werden konnten. Bei den

Babys, die sich schnell in den Rhythmus fügten, ließ sich folgendes feststellen:

• Die Eltern hatten eine positive Einstellung, wollten eine Routine und versuchten, die ersten paar Wochen so ruhig wie möglich zu gestalten.

• Der Umgang von Besuchern mit dem Baby wurde auf einem Minimum gehalten, damit das Baby sich sicher und entspannt in seiner neuen Umgebung einleben konnte (besonders wichtig, wenn das Baby nach der Entbindung nach Hause kommt).

• Das Baby wurde zu regelmäßigen Schlafzeiten zwischen 19 und 7 Uhr an den gleichen Ort in einem abgedunkelten Raum oder seinem Kinderzimmer gelegt und hielt dort – soweit möglich – auch seine Schläfchen am Tag ab.

• Das Baby wurde im Anschluss an seine Tagsmahlzeiten für kurze Zeit wach gehalten.

• Wenn es wach war – nachdem es gefüttert und gewickelt worden war und aufgestoßen hatte – wurde es für kurze Zeiten stimuliert, indem mit ihm gespielt wurde.

• Vom ersten Tag an wurde ein abendliches Schlafritual eingeführt. Das Baby wurde jeden Tag zur gleichen Zeit gebadet, dann gefüttert und in einem abgedunkelten Raum zum Schlafen gelegt. Wenn das Baby nicht in den Schlaf finden wollte, dann stellten die Eltern eine ruhige Umgebung sicher und fuhren fort, das Baby im abgedunkelten Raum zu beruhigen, bis es schließlich eingeschlafen war.

Wie Sie profitieren

Eine der schlimmsten und nervenaufzehrendsten Erfahrungen für Eltern ist es, ihr Baby weinen zu hören – besonders dann, wenn das Weinen lange andauert und alle Versuche, das Kind zu beruhigen, fehlschlagen. Wenn Sie den CLB-Routinen folgen, werden Sie schnell die Signale für Hunger, Müdigkeit, Langeweile oder die vielen anderen Gründe, die Ihr Baby unglücklich machen können, erkennen lernen. Da Sie so in der Lage sein werden, seine Bedürfnisse schnell zu erkennen und ihnen gerecht zu werden, bleibt Ihnen und Ihrem Baby unnötiges Weinen erspart und Sie werden sich beide ruhig und sicher fühlen. Das häufige, unglückliche Zusammenspiel von unzufriedenem, aufgebrachtem Baby und panischen, hektischen Eltern kann also vermieden werden.

Der andere große Vorteil für Eltern, die meinen Routinen folgen ist die gemeinsame freie Zeit am Abend. Diese fehlt Eltern, die ihr Baby „nach Bedarf" füttern und schlafen lassen, da erfahrungsgemäß hier besonders der frühe Abend geprägt ist von Unruhe und die Eltern meist ihre Zeit mit Herumtragen und Wiegen des Babys verbringen, um es einigermaßen zu beruhigen.

Andere Ansätze

Die Routinen und Ratschläge dieses Buches sind über viele Jahre entstanden. Während meiner Jahre als Hebamme habe ich viele Methoden ausprobiert, um das Stillen und gesunde Schlafgewohnheiten einzuführen. Bevor ich also weiter ausführe, warum ich von meiner Methode so überzeugt bin, werde ich kurz die anderen Methoden aufzeigen, mit denen ich über die Jahre Erfahrungen sammeln konnte. Dies – so hoffe ich – wird Ihnen einen Einblick darüber geben, warum ich glaube, dass die CLB-Routinen so hilfreich für viele Eltern und ihre Babys sein können.

Das Füttern alle vier Stunden

Diese Routine hat ihren Ursprung in der Zeit, als vor mehreren Jahrzehnten die Entbindung im Krankenhaus die Hausgeburt ablöste und Frauen zehn bis 14 Tage in den Entbindungsstationen verbrachten. Ihre Babys wurden ihnen aus einem separaten Trakt alle vier Stunden gebracht und wurden dann strikte zehn bis 15 Minuten an jeder Brust gestillt, bevor sie wieder zurück in den Babysaal gebracht wurden. Obwohl diese Routinen eher mit der

Generation unserer Großmütter in Verbindung zu bringen sind, gibt es auch heute noch Eltern, die glauben, dass sie Babys aufgezwungen werden können. In meinen ersten Jahren als Hebamme habe ich mit Familien gearbeitet, die diese Routinen angewandt haben und bei manchen Babys verlief das sogar erfolgreich – besonders, wenn sie mit der Flasche und Pulvermilch gefüttert wurden.

Dennoch machte ich die Erfahrung, dass sich das Stillen mit dieser Methode, die das strikte zehn- bis 15-minütige Füttern an jeder Brust alle vier Stunden vorsah, bei der Mehrheit der Babys nicht erfolgreich etablieren ließ. Weil die Mütter glaubten, ihre Milchproduktion sei der Grund dafür, dass ihr Baby mit dem Zeitplan nicht zurecht kam, waren sie schnell geneigt, die Mahlzeiten mit Pulvermilch zu ergänzen, nur damit ihr Baby zu den durch die Routine vorgegebenen Mahlzeiten gefüttert werden konnte. Ich wäre bereits Multimillionärin, wenn ich ein Pfund für jede Großmutter bekommen hätte, die zu mir sagte: „Mein Milchfluss ließ nach, sobald ich das Krankenhaus verlassen hatte." Tatsächlich war es viel eher so, dass die Milchproduktion eben wegen der starren Routine und limitierten Mahlzeiten schon reduziert worden war, bevor die Mütter das Krankenhaus verließen. Der Trend zur Flaschennahrung verfestigte sich in den 50er und 60er Jahren, und viele Mütter fingen erst gar nicht mit dem Stillen an. Dieser Trend setzte sich bis weit in die 70er Jahre fort. Er kehrte sich dann um, als die Forschung immer mehr gesundheitliche Vorteile des Stillens zu Tage brachte. Müttern wurde nun empfohlen, die Mahlzeiten nicht zu limitieren und ihre Kinder so lange zu stillen, wie diese Hunger hatten.

Es ist wichtig, dass Sie verstehen, dass es sich bei den CLB-Routinen nicht um strenge vier-Stunden-Fütterungspläne handelt. Es kann mehrere Wochen dauern, bis ein vier-Stunden-Rhythmus entsteht, und ich empfehle Ihnen, sich nicht zu sehr unter Druck zu setzen, möglichst schnell in den Rhythmus zu finden – auch wenn es Ihnen sehr wichtig ist, eine Routine einzuführen. Die hauptsächlichen Gründe für das Scheitern eines vier-Stunden-Rhythmus sind:

• In den ersten Tagen sind sechs Mahlzeiten pro Tag in der Regel nicht ausreichend, um die notwendige Milchproduktion zu stimulieren.

• In den ersten Tagen benötigen Babys oft kleine und dafür häufige Mahlzeiten; die Reduktion auf sechs Mahlzeiten kann dazu führen, dass Ihr Baby seine notwendige Tagesration nicht erhält.

• Im Alter von einer bis sechs Wochen benötigen Babys in der Regel mindestens 30 Minuten, um die hintere Milch beim Trinken zu erreichen.

• Die hintere Milch enthält mindestens dreimal so viel Fett wie die vordere Milch und ist deswegen besonders wichtig, um den Hunger Ihres Babys zu stillen.

Füttern nach Bedarf

Obwohl ich mit einigen Babys zu tun hatte, die seit ihrer Geburt nach der vier-Stunden-Methode gefüttert wurden, wurde die Mehrheit der Babys, mit denen ich in der frühen Zeit meiner Tätigkeit zu tun hatte, nach Bedarf gefüttert.

Die Empfehlungen heute lauten genau wie damals. Die Mütter werden angehalten, sich von ihren Babys leiten zu lassen und sie so oft zu füttern, wie sie wollen und jeweils so lange, wie sie wollen. Diese Methode – ebenso wie die vier-Stunden-Methode – erwies sich als erfolgreich für einige Babys, aber für eine große Zahl von Babys, um die ich mich kümmern sollte, eignete sie sich überhaupt nicht. Zum einen musste ich ziemlich früh in meiner Laufbahn feststellen, dass manche Neugeborene schlichtweg nicht danach verlangen, gefüttert zu werden. Dies trifft vor allem auf Babys mit einem niedrigen Geburtsgewicht zu sowie auf Zwillinge. Das ist also mein Hauptargument gegen das Füttern „nach Bedarf". Jeder, der die Erfahrung hat machen müssen, neben dem Bett eines wenige Tage alten Babys zu sitzen, das um sein Leben kämpft, weil es nicht ausreichend gefüttert wurde und dehydriert ist, wird sicherlich genauso denken. Die Gefahr der Dehydrierung ist gravierend bei neugeborenen Babys und viele junge Eltern sind sich dessen heute bewusst.

Die Produktion von Brustmilch funktioniert gewissermaßen nach dem Nachfrage-Angebot-Prinzip, und so werden Babys, die tagsüber viele Stunden am Stück schlafen, nicht oft genug innerhalb der 24 Stunden an die Brust gelegt, um eine ausreichende Milchproduktion anzukurbeln. Die Mutter ist in einem falschen Gefühl der Sicherheit geneigt anzunehmen, dass ihr Baby einfach pflegeleicht ist und gut schläft.

Tatsächlich hat sie aber einfach ein schläfriges Kind das normalerweise, nach circa zwei bis drei Wochen, immer öfter aufwachen wird und nach mehr Milch verlangen wird als sie, die Mutter, dann wird produzieren können. So entsteht ganz schnell ein Rhythmus, wonach das Baby alle paar Stunden, Tag und Nacht trinken muss, um überhaupt an seine notwendige Nahrungsration zu gelangen.

Aktuell verlautet man hierzu gerne, dass dieser Rhythmus ganz normal sei und dass sich das von ganz allein regeln wird. Aber Müttern wird verheimlicht, dass dies Monate dauern kann! Manchmal entsteht in der Tat ein Rhythmus, nach dem das Baby es länger zwischen den Mahlzeiten aushält. Allerdings ist es dann oft so: das Baby trinkt während der Nacht so viel, dass wenn es dann tagsüber aufwacht, um zu trinken, diese Mahlzeiten recht kurz ausfallen und das Baby wenig zu sich nimmt. Dies führt in einen Teufelskreis, in dem das Kind nachts immer mehr trinken muss, um seine fehlende Tagesration zu erhalten. Das häufige nächtliche Füttern hingegen schlaucht die Mutter so sehr, dass folgende Probleme auftreten können:

• Müdigkeit und Stress hemmen die Milchproduktion, so dass das Baby wenig und häufig trinken muss.

• Babys, die auch nach ihrer ersten Lebenswoche noch zehn bis 12 Mal pro Tag trinken müssen, werden selbst so müde aufgrund des Schlafentzugs, dass ihre Mahlzeiten immer kürzer ausfallen.

• Müdigkeit der Mutter kann auch dazu führen, dass sie immer weniger in der Lage ist, das Baby für eine längere Zeit korrekt an der Brust anzulegen.

• Ein schlechtes Anlegen an der Brust ist einer der Hauptgründe für schmerzende, wunde und blutende Brustwarzen, was wiederum starken Einfluss darauf hat, wie gut das Baby an der Brust trinkt.

• Ein schläfriges Baby, das in den ersten Lebenstagen nur in großen Zeitabständen an die Brust angelegt wird, minimiert die Chance auf eine gute Milchproduktion bei der Mutter.

Ein weiterer Grund, weshalb ich so gegen den Begriff „Füttern nach Bedarf" bin, ist dass er oft zu wörtlich genommen wird. Jedes Mal, wenn das Baby schreit, wird es gefüttert, und Mütter werden kaum ermutigt, nach anderen Ursachen für das Schreien zu forschen – Überreizung oder Übermüdung, zum Beispiel.

Selbstverständlich muss jedes Baby gefüttert werden, wenn es hungrig ist. Kein Baby sollte vergeblich nach Nahrung schreien müssen und sich nach einem festen Zeitplan richten müssen, obwohl es schlicht und einfach hungrig ist. Aber meine Erfahrung zeigt mir – und die Forschung zu Schlafproblemen und -störungen unterstützt dies –, dass eine Vielzahl von Babys, die „nach Bedarf" gefüttert werden, eben nicht automatisch ihren gesunden Schlafrhythmus finden, auch nach vielen Monaten. Viele fahren fort, oft aufzuwachen und dann wenig zu trinken, auch wenn sie altersgemäß schon lange in der Lage wären, nachts eine längere Zeit am Stück zu schlafen. Ein weiteres Problem ist, dass Babys, die weiterhin häufige und kleine Mahlzeiten zu sich nehmen, unweigerlich irgendwann trinken, bis sie einschlafen. Das wiederum endet in einem neuen Problem der falschen Schlafassoziationen – das Baby kann bald nur noch an der Brust oder mit der Flasche einschlafen.

Egal ob sie Eltern eines Neugeborenen oder eines älteren Babys sind – ich würde Ihnen nicht empfehlen, mit den Routinen anzufangen, bevor Sie nicht die Kapitel 3 und 4 über das Essen und das Schlafen im ersten Lebensjahr gelesen und verstanden haben. Gerade weil die CLB-Routinen nicht wie die altmodische vier-Stunden-Routine funktionieren, geht es nicht darum, die Routinen in Kapitel 6 zu studieren und dann die Schlaf- und Mahlzeiten Ihres Babys in die Zeiten zu pressen, die ich vorschlage. Die CLB-Routinen ändern sich zehn Mal im ersten Jahr. Die für das Essen und Schlafen angegebenen Zeiten in jeder der

Routinen sind ungefähre Richtlinien für das Alter Ihres Babys, keine strikten Vorgaben. Sie müssen die zugrunde liegenden Prinzipien verinnerlicht haben, um kleine Anpassungen vornehmen zu können, die den individuellen Bedürfnissen *Ihres* Babys entsprechen.

Antworten auf Ihre Fragen

Frage: *Ich bin im sechsten Monat schwanger, und wie viele werdende Mütter fange ich an mir Gedanken darüber zu machen, wie ich die schlaflosen Nächte bewältigen werde. In meinem Geburtsvorbereitungskurs wird die Wichtigkeit des „Fütterns nach Bedarf" betont – dass Neugeborene immer gefüttert werden müssen, wenn sie es brauchen und dass ich keine Anstrengungen unternehmen sollte, in den ersten Wochen eine Routine einzuführen. Ich mache mir Sorgen, dass ich meinem Baby notwendige Nahrung verweigere, wenn ich Ihren Routinen folge.*

Antwort: Bei den CLB-Routinen geht es keinesfalls um die Verweigerung von Nahrung, die das Baby benötigt – ganz im Gegenteil. Mein Hauptanliegen hinsichtlich des „Fütterns nach Bedarf" lautet, dass Babys gerade in den ersten Tagen oftmals gar nicht anzeigen, wann sie gefüttert werden wollen. Das kann zu vielen verschiedenen Problemen führen, aber vor allem kann es die Milchproduktion der Brust beeinträchtigen, wenn das Baby nicht oft genug danach verlangt, gestillt zu werden. Dadurch kann die Situation entstehen, dass die Mutter rund drei bis vier Wochen nach der Geburt versucht, ihr Baby zu stillen, aber nicht genug Milch vorhanden ist. Dies führt zu einem Teufelskreis, in dem die Mutter das Baby alle ein bis zwei Stunden stillt – Tag und Nacht – um den Bedürfnissen des Babys gerecht zu werden, aber dass gleichzeitig bis dahin bereits eine völlige Erschöpfung eingetreten ist. Die wiederum führt zur weiteren Reduktion der Milchproduktion und dazu, dass Mütter meinen, sie müssten das Stillen einstellen oder hinzufüttern.

In den ersten Tagen rate ich Müttern, immer anzunehmen, dass Hunger die Ursache für das Weinen ihres Babys ist und es dann zu füttern. Ich halte sie aber auch dazu an, nach anderen Ursachen für das Weinen zu forschen, wenn ihr Baby unaufhörlich weinen oder unzufrieden sein sollte und die drei Stunden zwischen den Mahlzeiten nicht aushalten kann. Oft wurde das Baby nicht richtig an die Brust angelegt, und obwohl es den Anschein hat, als würde es stundenlang saugen, nimmt es tatsächlich nicht genügend Nahrung zu sich. Darum sollten Mütter, die stillen und deren Baby es nicht glücklich und zufrieden für zwei bis drei Stunden zwischen seinen Mahlzeiten aushält, unbedingt einen Arzt oder Stillberater aufsuchen. Jedes gesunde Baby, das bei der Geburt mindestens 2 700 g wog, sollte drei Stunden (von Beginn der ersten Mahlzeit bis zum Beginn der nächsten Mahlzeit) ohne Mahlzeit aushalten. Das geht nur, wenn das Baby mit einer Mahlzeit genügend Milch erhält.

Frage: ***Muss ich mein Neugeborenes wirklich aufwecken, um es zu füttern? Es möchte die ganze Zeit schlafen, und ich habe Hemmungen, es aufzuwecken.***
Antwort: Das verstehe ich. Es ist eine große Versuchung, den Schlaf, den man seit der Geburt so schmerzlich vermisst, am Tage nachzuholen, wenn das Baby schläft. Aber Ihr Baby wird nur für einige wenige Wochen so schläfrig sein; danach wird es zunehmend wach sein und mit Ihnen und anderen spielen wollen. Es wird aber den Unterschied zwischen Tag und Nacht nicht kennen und wenn Sie es nicht sanft in eine Routine bringen, dann ist es nicht unwahrscheinlich, dass Ihr Kind nachts um vier Uhr hellwach ist und mit Ihnen spielen möchte. Daher betone ich sehr wohl, wie wichtig es ist, bereits Ihr Neugeborenes alle zwei bis drei Stunden aufzuwecken um sicherzustellen, dass die Milchproduktion ausreichend angeregt wird. Noch dazu bewirkt das Wecken alle drei Stunden während des Tages, dass das Baby nachts höchst wahrscheinlich nur einmal zwischen 24 und 6 Uhr aufwacht. Eine ausgeruhte und entspannte Mutter hat die bessere Voraussetzung, ausreichend Milch zu produzieren als eine

müde und gestresste Mutter. Langfristig werden Sie und Ihr Baby also beide von der Einführung der Routine profitieren.

Frage: *Viele meiner Freunde und Verwandten meinen, dass es grausam sei, ein schlafendes Baby zu wecken und dass es schon von selbst wach werden würde, wenn es gefüttert werden will. Ich bin ein eher durchorganisierter Mensch und denke, dass es für mich und mein Baby am besten wäre, einer Routine zu folgen. Allerdings habe ich Angst, bei meinem Baby psychische oder physische Schäden anzurichten, wenn ich es regelmäßig wecke.*

Antwort: Offensichtlich haben sich die Menschen, die meinen, es sei grausam, ein schlafendes Baby zu wecken, damit es gefüttert werden kann, noch nie um ein zu früh geborenes oder krankes Baby kümmern müssen – so wie ich es bereits getan habe. Das regelmäßige Wecken dieser Babys war die einzige Möglichkeit, ihr Überleben zu sichern. Über die Jahre, während diese Babys zu Kindern heranwuchsen, habe ich keine psychischen oder physischen Schäden feststellen können. Ich bin überzeugt davon, dass dieses Risiko für Mutter und Kind viel größer ist, wenn eine Situation entsteht, in der das Baby jede Stunde gefüttert werden muss. In den ersten Tagen empfehle ich, dem Baby oft und wenig zu trinken zu geben, damit das Stillen etabliert werden kann. Manchmal beinhaltet das das Wecken des Babys, aber ich empfehle auch, das Baby ganz selbstverständlich auch dann zu füttern, wenn es in kürzeren Abständen als den vorgesehenen drei Stunden gefüttert werden will. Schnell wird sich ein Rhythmus für Sie und Ihr Baby herauskristallisieren, von dem Sie beide nur profitieren können.

Frage: *Momentan ist es ja angesagt, das Baby während der ersten sechs Lebensmonate im Schlafzimmer der Eltern schlafen zu lassen. Ich habe aber gehört, dass Sie raten, das Baby von Anfang an in seinem Zimmer schlafen zu legen. Ich mache mir jedoch Sorgen, ob mein Baby sich nicht allein und einsam fühlen wird, wenn es so viele Stunden im dunklen Raum gelassen wird.*

Antwort: Auf Seite 12 erwähne ich, dass die meisten Eltern, mit denen ich arbeite, ihr Baby nachts bei sich im Schlafzimmer schlafen lassen. Dennoch ist es gut, ihr Baby eher früh als spät an das Schlafen im eigenen Zimmer zu gewöhnen. Wir haben alle schon die Geschichten von Eltern gehört, die sich damit abmühen, ihr zwei Jahre altes Kind aus ihrem Bett zu „entfernen". Auch wenn Sie und Ihr Partner kein Problem damit haben, Ihr Schlafzimmer oder Ihr Bett mit Ihrem Baby zu teilen, sollten Sie sich doch fragen, ob Sie es zu Ihrem eigenen Wohl oder zum Wohle Ihres Babys machen. Sie können das Kinderzimmer zu einem friedlichen Paradies für Ihr Kind werden lassen, wenn Sie zum regelmäßigen Windelwechseln dorthin gehen und Ihr Baby auch seine Tagesschläfchen dort abhalten lassen. Wenn dann auch das Abendritual etabliert ist, wird Ihr Baby sich wohl fühlen, sobald es in sein Zimmer gebracht wird. Sie können es ja um 19 Uhr dort schlafen legen, dann um 22 Uhr noch einmal dort füttern und es dann mit in Ihr Schlafzimmer nehmen für das Füttern in der Nacht. Ich rate jungen Müttern immer, ihr Baby alle Schläfchen in einem dunklen, ruhigen Zimmer abhalten zu lassen – weg vom Trubel der restlichen Wohnung oder des Hauses. Dies dient dem Wohle des Kindes. Während einige Babys glücklich inmitten eines lebhaften Haushalts schlafen mögen, so mag es andere stören. Wie gut würden wir, die Erwachsenen, auf einem Stuhl mitten in einem lauten Raum schlafen? Auch Babys lässt der Mangel an gutem, tiefem Schlaf müde und gestresst werden. Außerdem werden Sie den Unterschied zwischen Schlafens- und Wachzeit besser etablieren, wenn Sie Ihr Baby nach einem friedvollen, ruhigen Schlaf aus seinem Zimmer in den Trubel der restlichen Wohnung bringen, um ein wenig zu spielen.

Frage: **Stimmt es, dass Sie empfehlen, man sollte mit dem Baby nicht kuscheln? Ich lese überall, wie wichtig es ist, dass ein Baby viel Körperkontakt und Liebe erhält, damit es sich sicher fühlt.**
Antwort: Ich habe schon immer auf die Wichtigkeit von Körperkontakt und Zuneigung für das Baby hingewiesen. Aber ich betone auch, dass Eltern hinsichtlich des Kuschelns mit ihrem

Baby zuallererst die Bedürfnisse ihres Babys im Sinn haben sollten und nicht ihre eigenen. Und es gibt außerdem einen Unterschied zwischen dem Kuscheln mit ihrem Baby und dem in-den-Schlaf-kuscheln. Wenn sich das Baby an letzteres gewöhnt, schaffen Sie damit eine Abhängigkeit, die Sie ihm irgendwann wieder werden abgewöhnen müssen. Und es ist wesentlich leichter, einem drei Wochen alten Baby beizubringen, alleine einzuschlafen als einem drei Monate oder sogar drei Jahre alten Kind.

Frage: *Obwohl ich mir eine Routine für die Zeit nach der Geburt wünsche, möchte ich mein Baby doch nicht längere Zeit am Stück schreien lassen.*

Antwort: Ich würde nie dazu raten, kleine Babys eine längere Zeit am Stück schreien zu lassen, damit sie einschlafen. Ich weise darauf hin, dass manche Babys regelrecht gegen den Schlaf ankämpfen und eventuell eine Schreiphase zum „Runterkommen" von fünf bis zehn Minuten benötigen. Aber sie sollten *nie* länger als diesen Zeitraum alleine gelassen werden, bevor Sie wieder zu ihnen gehen. Ich betone auch immer wieder, dass ein Baby nie auch nur für zwei bis drei Minuten schreiend alleine gelassen werden sollte, wenn der Verdacht besteht, dass es hungrig sein könnte oder aufstoßen muss.

Das „in-den-Schlaf-weinen" ist eine Methode, die ich für ältere Babys empfehle, die sechs Monate oder ein Jahr alt sind und die mehrmals in der Nacht aufwachen, weil sie die falschen Schlafassoziationen gelernt haben, die oftmals durch das „Füttern nach Bedarf" oder das Wiegen in den Schlaf vermittelt werden. In diesen Fällen empfehle ich eine Form des Schlaftrainings, das seit vielen Jahren von Kinderärzten und Experten angewandt wird. In meinem Buch *The Complete Sleep Guide for Contented Babys and Toddlers* betone ich, dass jegliche Form des Schlaftrainings die letzte Option darstellt, um ein älteres Baby dazu zu bringen, durchzuschlafen und dass Eltern es nur anwenden sollten, wenn sie ganz sicher sein können, dass ihr Baby nicht aus anderen Gründen aufwacht – zum Beispiel weil es hungrig ist. Ich empfehle auch, dass sie ihr Kind vom Kinderarzt durchchecken las-

sen, bevor sie mit einem Schlaftraining anfangen – um sicherzustellen, dass es keine medizinischen Probleme gibt.

Das große Ziel der CLB-Routinen ist es ja gerade, von Anfang an
sicherzustellen, dass die Bedürfnisse des Babys erfüllt werden,
damit es gar nicht erst für längere Phasen am Stück weinen muss.
Außerdem sollen die von mir gegebenen Richtlinien die Mütter
dabei unterstützen, die verschiedenen Gründe für das Schreien
ihres Babys kennenzulernen. Wenn ein Baby schon sehr früh an
eine Routine gewöhnt ist, kann die Mutter sehr bald seine Bedürfnisse erkennen und vorhersehen. Ich habe festgestellt, dass
diese Babys sehr selten weinen – nach meiner Erfahrung circa
fünf bis zehn Minuten pro Tag.

Frage: *Ich habe gelesen, dass nach Ihren Routinen ein Baby
nicht mehr mitten in der Nacht gefüttert werden sollte, wenn es
12 Wochen alt ist. Aber sicherlich sind doch alle Babys unterschiedlich und ein Baby dürfte nicht gezwungen werden, ohne
Nahrung zu bleiben, wenn es wirklich hungrig ist?*

Antwort: Manche Babys, vor allem solche, die gestillt werden,
müssen vielleicht noch in der Nacht gefüttert werden, bis sie fünf
oder sechs Monate alt sind. Die Mehrheit der Babys aber, für die
ich bisher verantwortlich war, haben mit rund acht bis 12 Wochen durchgeschlafen (d.h. von der letzten Mahlzeit um 23 Uhr
bis 6 oder 7 Uhr). Auch die vielen Rückmeldungen meiner Leser
implizieren, dass dies das Durchschnittsalter ist, in dem Babys
mit einer Routine anfangen durchzuschlafen. Jedes Baby ist jedoch ein Individuum, und falls Ihr Baby auch mit sieben Monaten noch nicht durchschläft, heißt das keineswegs, dass Sie oder
Ihr Baby „versagt" haben. Meine Routinen sollen dabei unterstützen, Ihre Tage und Nächte zu strukturieren, und Ihre Konsequenz und Ihr Durchhaltevermögen werden sich auszahlen,
wenn Ihr Baby bereit ist.

Wie schnell Ihr Baby durchschlafen wird ist zu einem großen Teil
von seinem Körpergewicht abhängig und davon, wie viel Milch
es bei jeder Tagesmahlzeit in der Lage ist, zu sich zu nehmen. Die
Babys, die zu jeder Mahlzeit nur kleinere Mengen an Milch zu

sich nehmen können, werden die nächtliche Mahlzeit ganz offensichtlich für eine längere Zeit benötigen als die Babys, die größere Mengen an Milch bei den Tagesmahlzeiten einnehmen. Sinn und Zweck der CLB-Routinen ist es nicht, das Baby so schnell wie möglich zum Durchschlafen zu zwingen oder ihm die nächtliche Mahlzeit zu verweigern, die es wahrhaftig benötigt. Vielmehr geht es darum sicherzustellen, dass das Baby den Hauptanteil seiner benötigten Nahrung am Tage erhält, so dass es automatisch durchschlafen wird, sobald es physisch und mental dazu in der Lage ist. Die Reaktionen meiner Klienten und Leser sowie meine eigene Erfahrung mit den vielen Babys, um die ich mich in den Jahren kümmern durfte, zeigen, dass mein Ansatz funktioniert.

Frage: *Ich habe die Nachricht einer Mutter in einem Internet-Chatroom gelesen, die darin berichtete wie einsam und deprimiert sie sei, da sie Ihren Routinen folgt und diese ihr keine Zeit lassen, auszugehen und sich mit andere Müttern zu treffen.*
Antwort: Ich habe immer betont, welch eine Herausforderung es für die Eltern darstellt, ihr Baby an eine Routine zu gewöhnen – besonders in den ersten Wochen. Allerdings wird sich in den meisten Fällen schon nach zwei bis drei Monaten ein Rhythmus eingestellt haben, wonach das Baby für längere Zeiten am Stück über den Tag wach ist und während der Nacht schläft. Nach meiner Erfahrung mit den Hunderten von Müttern, mit denen ich gearbeitet habe, waren die sozialen Kontakte in den ersten zwei bis drei Wochen sicherlich begrenzt. Aber ich kann mich nicht an viele Mütter erinnern, die es nach dieser Zeitspanne nicht geschafft hätten, ihre Freunde am Nachmittag zwischen 14 und 17 Uhr zu treffen oder am Vormittag zum Kaffee. Sobald Sie und Ihr Baby die Routine verinnerlicht haben, können Sie sie so anpassen, dass sie Ihnen passt. Die Mütter, mit denen ich gearbeitet habe, haben die harte Arbeit als lohnenswert empfunden, die sie in die Etablierung der Routine stecken mussten, denn sie hatten im Ergebnis ein zufriedenes, ausgeglichenes Baby, das nachts gut schläft und seine Wachzeiten am Tage genießen kann. Und

eine Mutter, die nachts zu einer guten Portion Schlaf kommt, kann ihre Tage ebenfalls besser genießen!

Ich rate Müttern grundsätzlich, auch in den ersten Tagen dafür zu sorgen, dass ihnen zumindest jeden zweiten Tag ein Freund oder Verwandter einen Besuch abstattet, so dass sie sich nicht einsam oder abgeschottet fühlen. Ich unterstreiche auch immer wieder die Wichtigkeit eines täglichen Spaziergangs mit dem Baby an der frischen Luft. Auch das können Sie gemeinsam mit Freunden machen – und bei Unterhaltungen im Park trifft man nicht selten neue Mütter.

Frage: *Mit Ihren Routinen schreiben Sie Müttern vor, wann sie essen und trinken sollen. Diese Rigorosität schreckt mich ab.*
Antwort: Sie können essen und trinken, wann immer Sie möchten! In den ersten Tagen sind Mütter zumeist übermüdet und stellen ihre eigenen Bedürfnisse ganz hinten an. Wenn Sie sich allein um Ihr Baby kümmern, kann es schnell passieren, dass Sie am Abend feststellen, bisher nur einen Toast und eine halbe Tasse Tee zu sich genommen zu haben. Als stillende Mutter müssen Sie jedoch genügend essen und trinken, um ausreichend Milch zu produzieren und auch Ihre eigenen Energiereserven aufzufüllen. Ich weiß, dass viele der Mütter, die meinen Routinen folgen, mehrmals am Tag im Buch nachschlagen – die darin vorgeschlagenen Zeiten, um Frühstück und Mittag zu essen oder ganz viel zu trinken, sind lediglich Erinnerungsfunktionen, damit Sie sich selbst nicht vernachlässigen. Und sie fügen sich in den Tagesablauf Ihres Babys ein, so dass es Ihnen leichter fällt, sich auch um sich selbst zu kümmern.

Frage: *Warum sind Ihre Routinen so rigide? Sicherlich macht doch eine halbe Stunde hier oder da keinen großen Unterschied?*
Antwort: Ich habe mehr als zehn verschiedene Routinen vorgeschlagen, die Sie von der ersten Lebenswoche Ihres Babys bis zum Ende seines ersten Lebensjahres begleiten. Sie sind ganz sorgfältig zusammengestellt und berücksichtigen, dass Ihr Baby im Laufe der Zeit älter wird und sich verändert. Während seiner ersten drei

Monate wird das Baby immer weniger Schlaf am Tage benötigen und es zunehmend genießen, wach zu sein und mit Ihnen zu spielen. Es braucht Stimulation und Spaß am Tage. Zu einem bestimmten Zeitpunkt benötigt es auch den Übergang zur festen Nahrung (aktuell wird empfohlen, sechs Monate lang ausschließlich zu stillen). Die Schlaf- und Nahrungsbedürfnisse verändern sich kontinuierlich während des ersten Lebensjahres Ihres Babys. Nach meiner Erfahrung ist es am besten, wenn Sie sich langsam und kontinuierlich an die sich verändernden Bedürfnisse Ihres Babys anpassen. Meine Routinen zielen spezifisch darauf ab, dass Sie diese graduellen Veränderungen vornehmen können. Sobald Ihr Baby 12 Stunden in der Nacht schläft, werden Sie eine große Erleichterung verspüren und Ihr Baby wird den langen, tiefen Schlaf bekommen, den es für seine gesunde Entwicklung benötigt. Meine Routinen basieren auf dem natürlichen Rhythmus Ihres Babys und sie funktionieren. Sie müssen sich nicht stur danach richten, aber eine halbe Stunde Verschiebung kann sich in der Tat so auswirken, dass der Rest des Tages durcheinander gerät und möglicherweise auch Ihre Nacht. Wenn zum Beispiel Ihr Tag morgens eher um 8 Uhr beginnt als gegen 7 Uhr, werden Sie feststellen, dass Ihr Baby seinen Mittagsschlaf erst ein wenig später macht. Wenn es nicht bis 15 Uhr wach wird, dann wird es wiederum schwierig, es um 19 Uhr zum Schlafen zu legen, da es noch nicht müde genug sein wird. Wenn die letzte Mahlzeit des Tages erst gegen 20 Uhr stattfindet, könnte es sein, dass Ihr Baby seine Mahlzeit um 22 Uhr nicht benötigt und stattdessen mitten in der Nacht aufwacht. Das bedeutet sicherlich keinen Weltuntergang, wenn es ab und zu vorkommt, aber über einen längeren Zeitraum und während die Nahrungsbedürfnisse Ihres Babys sich verändern, kann das kontinuierliche nächtliche Erwachen Sie sehr schlauchen, und Sie werden weniger in der Lage sein, Ihr Baby tagsüber zu genießen.

Frage: *Ich versuche seit vier Wochen, Ihren Routinen zu folgen, aber mein Baby fügt sich nicht einmal entfernt ein. Ich fühle mich wie eine Versagerin und überlege, ob ich nicht einfach auf-*

geben und mein Baby essen und schlafen lassen soll, wann immer es möchte.

Antwort: In der ersten Zeit kann es tatsächlich sehr schwierig sein, und viele Eltern denken verständlicherweise, dass es leichter wäre, dem Baby einfach keine Vorgaben zu machen. Bedenken Sie bitte, dass Sie sich von der Geburt erholen, und in diesem Zustand ist es eine harte Arbeit, sich um ein Baby zu kümmern – egal ob mit oder ohne Routine. Meine Routinen stellen nur sicher, dass diese harte Arbeit sich auf eine so kurze Zeit wie möglich beschränkt. Denken Sie darüber nach, wie hart es für Sie wäre, wenn Ihr Baby auch im Alter von neun Monaten noch nachts aufwachen würde. Ich kann Ihnen versichern, dass es sich lohnt durchzuhalten.

Erwarten Sie keine sofortige Besserung, aber die Etablierung der Routinen wird in einer zufriedeneren Baby- und Kleinkindzeit für Ihr Baby und Sie resultieren. Wenn Ihr Baby dann routiniert ist – und das wird es sehr bald sein –, werden Sie die mühevolle Arbeit nicht mehr bereuen, die Sie in den ersten Wochen in die Etablierung der Routinen gesteckt haben werden. Die Routinen sind dazu da, Sie und Ihr Baby in einen natürlichen Rhythmus des Babys zu begleiten. Denken Sie daran, dass Sie nicht „versagen", wenn Ihr Baby sich nicht einfügt – nehmen Sie einfach jeden Tag für sich. Wie alle erfahrenen Eltern und Großeltern Ihnen bestätigen werden: Die ersten paar Monate verfliegen ziemlich schnell.

Starten Sie jeden Tag um 7 Uhr, und versuchen Sie, der Routine des Tages zu folgen. Aber wenn mittags schon alles durcheinander ist, weil Ihr Baby zum Zeitpunkt seines Mittagsschlafes hellwach ist und stattdessen zu den Zeiten tief und fest schläft, die ich als Spielzeiten empfehle, dann verfallen Sie nicht in Panik. Wiederholen Sie einfach jeden Tag den selben Rhythmus von Schlaf- und Essenszeiten so gut Sie können, und Ihr Baby wird ihn schnell annehmen. Wenn Ihr Baby aus Hunger schreit, bevor laut der Routine Essenszeit sein sollte und Sie bereits erfolglos versucht haben, es abzulenken, dann müssen Sie es füttern – keine Frage. Wenn Sie es tatsächlich nicht aufwecken können, obwohl es an der Zeit wäre, dann lassen Sie es noch ein wenig schlafen und stressen Sie sich selbst oder Ihr Baby nicht zu sehr. Stehen Sie morgens wieder auf und versuchen Sie das ganze erneut – ohne daran zu denken, dass Sie oder Ihr Baby etwas „falsch" machen. Ich bewundere Mütter heutzutage, die sich tagsüber größtenteils ganz allein um ihre Kinder kümmern – ohne Großmütter oder Tanten um die Ecke. Das ist sehr harte Arbeit. Sie sind jedoch nicht allein mit dieser Erfahrung, und Sie sind ganz sicherlich keine Versagerin – es wird besser werden!

Frage: *Warum sind Sie so streng bezüglich des Augenkontaktes, der bei der Mahlzeit um 22.30 Uhr vermieden werden soll? Ich fühle mich sehr grausam dabei, wenn ich meinem Baby das Kuscheln und den engen Körperkontakt verweigere.*
Antwort: Bitte verweigern Sie Ihrem Baby keinen Körperkontakt! Nirgendwo stelle ich die Behauptung auf, dass Sie Ihr Baby nicht knuddeln sollen. Im Gegenteil: Ein Baby, das von seiner Mutter ganz eng gehalten wird – egal ob beim Stillen oder beim Füttern mit der Flasche –, wird seine Mahlzeit viel mehr genießen und friedvoller bereit sein, weiter zu schlafen, nachdem es aufstoßen konnte und ganz ruhig wieder zum Schlafen gelegt wurde. Ich empfehle, den Augenkontakt während der Mahlzeit um 22.30 Uhr und auch sonst beim nächtlichen Füttern zu vermeiden, um dem Kind deutlich zu vermitteln, dass jetzt nicht die Zeit zum Spielen ist. Sie können das Baby sehr eng an sich drücken, aber wenn Sie zu intensiv mit ihm kuscheln, kann es überstimuliert und wach werden und sich nicht mehr leicht beruhigen und zum Schlafen legen lassen. Ihr Baby braucht seinen Schlaf aber für seine mentale und physische Entwicklung, und ohne ausreichenden Schlaf kann Ihr Baby verdrießlich, irritierbar und unzufrieden werden. Ich denke, dass es besser ist mit Ihrem Baby zu spielen, ihm vorzusingen oder ihm interessante Spielzeuge und Bücher zu zeigen, wenn es hellwach ist und in der Lage, dies wirklich zu genießen. Beim Kuscheln muss es also auch um die Bedürfnisse Ihres Babys gehen und nicht um Ihre eigenen.

Frage: *Ihre Routinen sind so strikt. Wann kann ich mein Baby genießen, ohne mir darüber Gedanken machen zu müssen, was es als nächstes tun müsste?*

Antwort: Ich hoffe aufrichtig, dass alle Eltern Ihre Babys genießen – vom ersten spannenden Tag, wenn sie vom Krankenhaus nach Hause kommen durch die Babyzeit und das Kleinkindalter hindurch und immer weiter. Jeder Tag steckt voller Gelegenheiten, zu kuscheln, zu spielen, zu singen, zu lesen, mit dem Badewasser zu spritzen, während des Windelwechselns die Zehen zu kitzeln oder dem Baby etwas zu erzählen. Es steht außer Frage, dass ein zufriedenes Baby eher in der Lage ist, an diesen Beschäftigungen Spaß zu haben. Meine Routinen dienen dazu, eine Struktur für Ihren Tag zu finden, die in einem glücklichen, zufriedenen Baby resultiert. Sie sind jedoch nicht für jeden geeignet und wenn Sie das Folgen einer Routine eher stresst, dann hören Sie auf zu probieren. Meine Routinen können Ihnen helfen, langfristige Probleme zu vermeiden wie: Übermüdung aufgrund von Überreizung; Einschlafgewohnheiten, bei denen das Baby in den Schlaf gewiegt werden muss oder im Auto herumgefahren werden will; oder ständiges nächtliches Erwachen, das Sie auslaugt. Sollte eines der Probleme auftreten, können Sie sich immer noch auf mein Buch zurück besinnen und darin Hilfe suchen.

Das „Bonding", also die Bindungsentwicklung mit Ihrem Baby entsteht langsam im Laufe vieler Wochen, und für etliche Mütter ohne Hilfe und Unterstützung können sich in diesen Prozess – neben Gefühlen der Freude und der Liebe für ihr Baby – auch Gefühle der kompletten Ermüdung, des Versagens und der Frustration mischen. Schlaflose Nächte helfen dabei nicht gerade, und viele Mütter kontaktieren mich, weil sie sich schuldig fühlen, dass sie ihr Baby nicht ausreichend genießen oder wertschätzen. Wochen des Schlafentzugs aufgrund von nächtlichem Füttern können diese Bindungsentwicklung und die Freude an Ihrem Baby beeinträchtigen. Meine Routinen sollen Sie und Ihr Baby unterstützen und nicht Stress, Unruhe und Gefühle des Versagens verursachen. Eine positive Einstellung den Routinen gegenüber ist sehr hilfreich.

Frage: *Ich muss mich sowohl um ein Kleinkind als auch um ein neugeborenes Baby kümmern, und ich kriege Ihre Routinen nicht so hin, dass sie für beide funktionieren.*

Antwort: Das ist ein wichtiger Punkt, den ich auch in meinem Buch *The Contented Toddler Years* behandle. Viele Mütter empfinden die von mir vorgeschlagenen Mittagsschlafzeiten als nicht praktikabel, wenn sie ihr älteres Kind von der Schule oder dem Kindergarten abholen müssen. Wenn Sie meine Routinen bereits bei ihrem ersten Kind angewandt haben, dann wissen Sie zumindest, dass der Tagesbeginn um 7 Uhr und die Bettzeit um 19 Uhr fest in Ihrem Haushalt eingeführt sind. Ihr Kleinkind wird vielleicht immer noch einen Mittagsschlaf abhalten, wenn es unter drei Jahre alt ist, und das lässt sich wunderbar mit dem Mittagsschlaf Ihres Babys vereinbaren. Vielleicht bekommen Sie sogar eine Überlappung von einer halben Stunde hin, die Sie dann für sich selbst nutzen können! Ich empfehle, dass Sie sich an die von mir vorgeschlagene Länge des Tagesschlafes halten. Wenn Sie also den Tagesschlaf Ihres Babys um die Routine Ihres Kleinkindes herum gestalten müssen, dann achten Sie darauf, dass der Schlaf in seiner Gesamtmenge das vorgeschlagene Pensum nicht übersteigt. So ist die Bettzeit wenigstens garantiert, und Sie haben den Abend frei, um sich von der Pflege Ihrer zwei Kinder auszuruhen.

3. Das Milchfüttern im ersten Jahr

Die Milch ist unentbehrlich im ersten Lebensjahr Ihres Babys. Sie ist nicht nur die Basis für seine spätere Gesundheit, sondern entscheidet auch darüber, wie gut Ihr Baby schläft. Die Brustmilch ist ohne Zweifel die beste und natürliche Nahrung für Ihr Kind. Ich kann bei meinen Ratschlägen zum Stillen zwar nicht auf eigene Erfahrung zurück greifen, aber ich kann mit Stolz feststellen, dass die Mehrheit der Mütter, mit denen ich gearbeitet habe, ihre Kinder erfolgreich stillen können, bis sie zur festen Nahrung übergehen, und viele stillen noch darüber hinaus. Allerdings schafften es einige der Mütter, mit denen ich gearbeitet habe, auch nur einige wenige Wochen, und andere haben sich aus persönlichen Gründen von Anfang an gegen das Stillen entschieden. Ich hoffe, dass meine Ratschläge in diesem Buch Sie dabei unterstützen, erfolgreich mit dem Stillen anzufangen und dass sie Sie ermutigen – selbst wenn Ihnen das Stillen zunächst wenig attraktiv erscheint – es wenigstens einmal zu versuchen. Viele Mütter, für die ich gearbeitet habe, hassten das Stillen bei ihrem ersten Kind, weil es sie beim „Füttern nach Bedarf" so sehr auslaugte. Als sie den CLB-Routinen folgten, empfanden diese Mütter das Stillen jedoch als sehr angenehm.

Das Ziel meines Buches und aller Ratschläge darin ist es, Eltern und vor allem junge Mütter zu unterstützen. Sie stehen heutzutage unter einem enormen Druck, Ihrem Baby den besten Start ins Leben zu geben. Sicherlich ist die Brustmilch dafür am besten, aber wenn Pulvermilch keine geeignete Alternative darstellen würde, wäre sie schon lange von den Gesundheitsbehörden verbannt. Wenn Sie also bereits abgestillt haben oder entschieden haben, nicht zu stillen, lassen Sie sich bitte kein schlechtes Gewissen von Außenstehenden einreden. Ignorieren Sie alle Kommentare dahingehend, dass Sie keine so enge Bindung zu Ihrem Baby aufbauen würden, wenn Sie nicht stillen. Aus meiner eigenen Erfahrung – meine Mutter konnte mich nur circa die ersten zehn Tage stillen – kann ich bestätigen, dass keine Mutter und Tochter je eine engere Verbindung hätten haben können.

Und ich habe Freunde, die fast zwei Jahre lang gestillt wurden und die den Anblick ihrer eigenen Mutter kaum ertragen können!

Ich muss aber auch betonen – entgegen dem gut gemeinten Rat vieler Großmütter oder Tanten –, dass das Füttern mit der Flasche Ihnen kein zufriedenes Baby garantiert oder es einfacher macht, die Routine einzuführen. Ob Ihr Baby nun gestillt oder aber mit der Flasche gefüttert wird, die Einführung einer Routine braucht in jedem Fall Geduld und Ausdauer. Lassen Sie sich also bei Ihrer Entscheidung über die Art der Milchnahrung nicht von diesen Überlegungen leiten. Ein mit der Flasche gefüttertes Baby braucht genauso viel Anleitung und Unterstützung dabei, in eine Routine zu finden wie ein gestilltes Baby – mit dem Unterschied, dass in letzterem Fall die gesamte Verantwortung und Arbeit auf der stillenden Mutter lastet. Den Müttern, die trotzdem gerne stillen möchten, ermöglichen die CLB-Routinen ein erfolgreiches Stillen und bieten dem Vater die Gelegenheit, das Baby regelmäßig mit einer Flasche abgepumpter Milch zu füttern.

Warum das Stillen misslingen kann

Ziemlich früh in meiner Arbeit mit jungen Müttern wurde mir bewusst, dass das Stillen, obwohl es der natürlichste Weg sein mag, sein Baby zu ernähren, nicht jeder Frau leicht fällt. Direkt nach der Geburt werden sie von den Hebammen ermutigt, das Baby sofort anzulegen. Einige Babys nehmen die Brust gleich an, trinken gut und schlafen dann wieder ein bis zur nächsten Mahlzeit. Andere Babys zappeln herum, scheinen die Brust abzulehnen oder trinken nur ein paar Schluck, bevor sie wieder einschlafen. All diese Probleme sind in den ersten Tagen absolut üblich. Mütter gehen heutzutage oft bereits innerhalb von 48 Stunden nach der Entbindung nach Hause, und viele haben in dieser Zeit das Anlegen ihres Babys an die Brust noch nicht genügend heraus, um erfolgreich weiter stillen zu können.

Während meiner Arbeit als Hebamme kam ich oft zu Müttern

nach Hause, deren Brustwarzen so entzündet und blutig waren, dass sie jedes Mal den Tränen nahe waren, wenn sie ihr Baby zum Trinken anlegten. In dieser Situation erhält die Bindung einen ganz schlechten Start – für die Mutter und für das Baby. Nicht nur die physischen Schmerzen belasten die Mutter; auch mental leidet sie unter den Schuldgefühlen, als Mutter nicht „gut genug" zu sein, da sie ihr Kind nicht richtig anzulegen vermag. Das Baby ist auch gestresst und schreit viel, weil es Hunger hat und nicht genügend Milch erhält. All diese Probleme – und auch viele andere, die mit dem Stillen verknüpft sind – ließen sich vermeiden, wenn die Mutter in dieser Hinsicht in den allerersten Tagen mehr Zuwendung und Unterstützung erhalten würde. Ich bin verwundert über die Ratschläge, die junge Mütter bei uns heutzutage hinsichtlich des Fütterns ihres Neugeborenen erhalten. Wenige Stunden nach der Geburt werden sie angehalten, ihrem natürlichen Instinkt zu folgen und sich von ihrem Baby zeigen zu lassen, was es braucht. Ich hatte das Privileg, mit vielen Familien aus dem Fernen und Nahen Osten zu arbeiten, wo oft besser gewusst wird, was wirklich wichtig ist in den Tagen unmittelbar nach der Geburt – nämlich dass sowohl die Mutter wie auch das Baby soviel Hilfe und Anleitung wie möglich bekommen. Die Einstellung dieser Familien ist größtenteils eine ganz andere als unsere. Mutter und Baby verbringen die ersten Tage damit, möglichst viel zu schlafen und sich auszuruhen und die Mütter erhalten ganz gezielt die Nahrung, die es ihnen ermöglicht, ausreichend Milch zu produzieren. Die Babys werden nicht einfach an die Mutterbrust gelegt und allein gelassen, weil „Mutter und Baby dann schon machen werden, was natürlich ist …". Ob ein professioneller Dritter oder ein Familienmitglied – den Müttern, mit denen ich in diesen Regionen der Welt gearbeitet habe, stand immer jemand zur Seite, um ihnen anfangs mit dem Anlegen und den Stillpositionen zu helfen. Ich glaube fest daran, dass mehr Mütter erfolgreich stillen könnten und würden, wenn sie in den ersten Tagen mehr Hilfe erhalten würden. Auch wenn das Stillen bei vielen Müttern ganz natürlich klappt, so ist das doch nicht bei allen der Fall und dies sollten wir in Betracht ziehen, wenn wir Ratschläge erteilen.

Wenn Sie wissen, wie die Brustmilch produziert wird und sich zusammensetzt, werden Sie noch besser nachvollziehen können, wie die CLB-Fütterroutinen mit dem Stillen zusammen wirken – vorausgesetzt, dass Sie dem Rat folgen, die Routinen dem größeren Nahrungsbedarf in Wachstumsphasen anzupassen oder wenn Ihr Baby keine ganze Mahlzeit zu sich genommen hat. Die folgende kurze Zusammenfassung gibt Ihnen einen Überblick darüber, wie Brustmilch produziert wird. Für weiterführende Informationen empfehle ich die Lektüre von *What To Expect When You're Breastfeeding ... And What If You Can't?* von Clare Byam-Cook.

Milchproduktion

Der Milchfluss-Reflex

Die während Ihrer Schwangerschaft produzierten Hormone bereiten Ihre Brust auf die Milchproduktion vor. Wenn Ihr Baby nach der Geburt an Ihre Brust gelegt wird und saugt, wird das Hormon Oxytocin von der Hirnanhangdrüse ausgeschüttet, was das Milchfluss-Signal an Ihre Brust weitergibt. Die Muskeln um die Milchdrüsen herum ziehen sich zusammen und die Milch wird aus den 15 oder 20 Milchgängen gedrückt, während das Baby saugt. Viele Frauen spüren ein leichtes Kitzelgefühl in ihren Brüsten und wie sich ihre Gebärmutter zusammenzieht, wenn die Milch fließt. Dieses Gefühl tritt meistens nach ein bis zwei Wochen nicht mehr auf. Es kann auch vorkommen, dass Ihre Milch heraustritt, wenn Sie Ihr Baby weinen hören oder an es denken, während Sie von ihm getrennt sind. In einem sehr angespannten oder gestressten Zustand wird das Hormon Oxytocin nicht ausgeschüttet, was den Milchfluss erheblich erschwert. Es ist daher außerordentlich wichtig für ein erfolgreiches Stillen, dass Sie sich ruhig und entspannt fühlen. Unterstützend wirkt dabei, wenn Sie das Füttern so gut wie möglich vorbereiten.

Stellen Sie sicher, dass Sie bequem und mit aufrechtem Rücken sitzen und das Baby gut gestützt wird. Nehmen Sie sich die Zeit, das Baby korrekt an der Brust anzulegen. Von einer falschen Positionierung verursachte Schmerzen haben auch Einfluss auf die Ausschüttung von Oxytocin, was wiederum den Milchfluss beeinträchtigt.

Die Zusammensetzung der Milch

Die erste Milch, die Ihre Brust produzieren wird, nennt sich Colostrum. Sie hat einen höheren Gehalt an Protein und Vitaminen und weniger Kohlenhydrate und Fett als jene Muttermilch, die zwischen dem dritten und fünften Tag einschießt. Das Colostrum enthält auch einige Ihrer Antikörper, so dass Ihr Baby geschützt ist gegen Infektionen, die Sie möglicherweise hatten oder haben. Verglichen mit der späteren Milch, die bald folgt, ist das Colostrum viel dickflüssiger und sieht gelblicher aus. Ab dem zweiten oder dritten Tag produziert Ihre Brust eine Mischung aus Colostrum und normaler Milch. Irgendwann zwischen dem dritten und fünften Tag werden Ihre Brüste dann anschwellen, sich ziemlich hart anfühlen, empfindlich werden und können bei Berührung sogar schmerzen. Dies ist ein Zeichen, dass die normale Muttermilch da ist. Die Schmerzen werden nicht nur von der einschießenden Milch verursacht, sondern auch durch die Vergrößerung der Milchdrüsen in der Brust und die verstärkte Blutzufuhr in die Brust. Wenn die Milch, einschießt ist es wichtig, Ihr Baby oft anzulegen und ihm jedes Mal kleine Mengen zu geben. Das stimuliert nicht nur die Milchproduktion, sondern lindert auch die Schmerzen der Schwellung. In dieser Zeit kann es schwierig sein, Ihr Baby an die Brust anzulegen und es könnte notwendig werden, vor dem Füttern zunächst ein wenig Milch abzupumpen. Das können Sie machen, indem Sie warme, feuchte Waschlappen auf die Brust legen und die Milch per Hand herausdrücken. Viele Mütter empfinden es auch als Linderung, zwischen den Stillmahlzeiten gekühlte Kohlkopfblätter in den BH zu legen.
Die normale Muttermilch sieht ganz anders aus als das Colostrum. Sie ist flüssiger und leicht bläulich gefärbt und ihre Zu-

sammensetzung verändert sich während des Fütterns. Zu Beginn der Mahlzeit erhält Ihr Baby die Vordermilch, die ein hohes Volumen hat, aber wenig Fett enthält. Während Ihr Baby trinkt, werden Sie feststellen, dass das Saugen langsamer wird und Ihr Baby kleinere Pausen einlegt. Das deutet darauf hin, dass es die Hintermilch erreicht hat. Obwohl es nur eine kleine Menge davon erhält, ist es ganz wichtig, dass es lange genug an der Brust gelassen wird, damit es diese Milch erreichen kann. Es ist nämlich diese Hintermilch, die es Ihrem Baby möglich macht, längere Zeiten zwischen den Mahlzeiten ohne Nahrung auszukommen. Wenn Sie Ihr Baby an die zweite Brust anlegen, bevor es die erste Brust komplett leer getrunken hat, dann erhält es zwei Portionen der Vordermilch. Das hat Konsequenzen: Ihr Baby wird innerhalb weniger Stunden wieder hungrig sein. Eine weitere Mahlzeit der Vordermilch allerdings kann dann schnell zu sogenannten Koliken führen. Obwohl viele Babys in der Tat von einer Brust allein nicht satt werden und an die zweite angelegt werden müssen, stellen Sie doch immer sicher, dass Ihr Baby die erste Brust komplett leer getrunken hat, bevor Sie es an die zweite Brust anlegen (siehe Seite 68).

Ich stelle immer wieder fest, dass Babys schon am Ende ihrer ersten Lebenswoche die richtige Mischung aus Vorder- und Hintermilch erhalten, wenn sie mindestens 25 Minuten an der ersten Brust gelassen werden und ihnen dann die zweite Brust für rund fünf bis 15 Minuten angeboten wird. So können sie dann auch drei bis vier Stunden zwischen den Mahlzeiten aushalten, bevor sie die nächste Mahlzeit verlangen. – Falls Ihr Baby immer aus beiden Brüsten trinkt, dann stellen Sie bei der folgenden Mahlzeit immer sicher, dass es an der Brust anfängt zu trinken, an der es bei der vorherigen Mahlzeit aufgehört hatte. So können Sie sichergehen, dass jede Brust bei jeder zweiten Mahlzeit komplett geleert wird.

Um einen schnellen und leichten Milcheinschuss zu ermöglichen und um sicher zu stellen, dass Ihr Baby die richtige Mischung aus Vorder- und Hintermilch erhält, sollten Sie folgende Richtlinien beachten:

• Ruhen Sie sich zwischen den Mahlzeiten so viel wie möglich aus und lassen Sie keine zu großen Pausen zwischen Ihren eigenen Mahlzeiten entstehen. Nehmen Sie kleine, gesunde Snacks zwischen den Mahlzeiten zu sich.

• Bereiten Sie alles vor, bevor Sie mit dem Stillen anfangen: einen bequemen Stuhl oder Sessel mit Armlehnen und einer geraden Rückenlehne und einem Fußhocker. Kissen, die sowohl Sie als auch das Baby stützen, ein Getränk für Sie und entspannende Musik tragen zu einer ruhigen und schönen Atmosphäre beim Füttern bei.

• Es ist wichtig, dass Sie sich die Zeit nehmen, das Baby richtig an der Brust zu positionieren. Eine schlechte Positionierung kann schmerzende, wunde und blutende Brustwarzen verursachen, was wiederum Ihren Milcheinschuss behindert.

• Stellen Sie immer sicher, dass Ihr Baby die erste Brust komplett ausgetrunken hat, bevor Sie es an der zweiten Brust anlegen. Es ist gerade die kleine Menge an fettreicher Hintermilch zum Schluss des Fütterns, die Ihr Baby so satt macht, dass es längere Phasen zwischen den Mahlzeiten aushält.

• Nicht alle Babys brauchen in den ersten Tagen schon die zweite Brust. Wenn Ihr Baby die erste Brust komplett geleert hat, lassen Sie es sein Bäuerchen machen, wechseln Sie seine Windel, und bieten Sie ihm dann die zweite Brust an. Wenn es dann noch mehr trinken möchte, wird es das tun. Wenn nicht, legen Sie es zu Beginn der nächsten Mahlzeit an dieser Brust an.

• Wenn Ihr Baby tatsächlich auch noch aus der zweiten Brust trinkt, dann beginnen Sie die nächste Mahlzeit trotzdem wieder mit dieser Brust.

• Wenn die Milch erst einmal eingeschossen ist und Sie langsam die Dauer vergrößert haben, die Ihr Baby an der Brust trinkt, ist es wichtig, dass Ihr Baby lange genug an einer Brust bleibt, um sie komplett leer zu trinken und an die Hintermilch zu kommen. Manche Babys benötigen bis zu einer halben Stunde, um die Brust zu leeren. Indem Sie Ihre Brustwarze vorsichtig zusammendrücken, können Sie prüfen, ob noch Milch in der Brust vorhanden ist.

• Erlauben Sie Ihrem Baby niemals, an der leeren Brust weiter zu saugen – das führt zu nichts außer schmerzenden Brustwarzen.

Meine Methoden für das erfolgreiche Stillen

Der Schlüssel zum erfolgreichen Stillen ist ein guter Start. Und – wie Sie bereits haben lesen können – „oft und wenig" füttern ist ganz wichtig, um in den ersten Tagen nach der Geburt eine gute Milchproduktion anzuregen. Aber das bloße Anlegen Ihres Babys wird Ihnen keine ausreichende Milchproduktion garantieren, wenn das Baby beim Anlegen nicht korrekt positioniert wird. Während Ihres Krankenhausaufenthalts werden die Hebammen und Krankenschwestern Sie in dieser Hinsicht sicher anleiten. Aber da Sie das Krankenhaus höchstwahrscheinlich binnen weniger Tage nach der Geburt verlassen werden, rate ich Ihnen dringend, für die Zeit nach der Geburt einen professionellen Stillberater zu engagieren. Üblicherweise übernimmt Ihre nachsorgende Hebamme diese Funktion – mögliche Kontaktadressen sollten Sie während der Schwangerschaft von Ihrem Gynäkologen erhalten. Diese Hebamme wird Sie oft genug zu Hause besuchen, um Ihnen bei Problemen weiter zu helfen, die in den ersten Wochen auftauchen könnten. Außerdem empfehle ich die ausgezeichnete DVD von einer der führenden Stillberaterinnen Groß-Britanniens, Clare Byam-Cook, Autorin von *What To Expect When You're Breastfeeding ...* Sie macht das Stillen anschaulich.

Ich rate den Müttern, mit denen ich arbeite, dem Baby die Brust am ersten Tag alle drei Stunden für fünf Minuten anzubieten und diese Zeit jeden Tag etwas zu verlängern, bis die Milch einschießt. Die drei Stunden berechnen sich vom Anfang einer Mahlzeit bis zum Anfang der nächsten Mahlzeit. Irgendwann zwischen dem dritten und fünften Tag wird Ihre Milch da sein und Sie sollten die Dauer, die Ihr Baby an der Brust saugt, auf 15 bis 20 Minuten erhöht haben. Viele Babys erhalten nun genug Milch von der ersten Brust und warten zufrieden rund drei Stunden lang bis zur nächsten Mahlzeit.

Wenn Sie allerdings feststellen, dass Ihr Baby hungrig wird, lange bevor die drei Stunden vergangen sind, sollten Sie es selbstverständlich füttern und ihm beide Brüste zu einer Mahlzeit anbieten, wenn es nach einer Brust immer noch unruhig und hungrig wirkt. Sobald Ihre Milch eingeschossen ist, sollten Sie sicherstellen, dass Ihr Baby die erste Brust komplett leer getrunken hat, bevor Sie es an der zweiten Brust anlegen. Nach meiner Erfahrung füttern die Mütter, die die Brust zu schnell wechseln, ihr Baby mit zu viel Vordermilch, wodurch der Hunger des Babys nie gestillt zu sein scheint und das Baby unter Koliken leidet. Ein schläfriges Baby mag 20 bis 25 Minuten brauchen, um die sehr wichtige Hintermilch (die mindestens dreimal so viel Fett enthält wie die Vordermilch) zu erreichen und die Brust zu leeren. Andere Babys können die Hintermilch wesentlich schneller erreichen. Lassen Sie sich von Ihrem Baby leiten hinsichtlich der Zeit, die es braucht, um eine gute Mahlzeit zu sich zu nehmen. Wenn Ihr Baby gut in den von mir vorgeschlagenen Intervallen trinkt, zwischen den Mahlzeiten glücklich und zufrieden wirkt und Sie viele nasse Windeln wechseln können, dann erhält es ganz offensichtlich ausreichend Milch, während Sie es anlegen.

Während der ersten Tage sollten Sie Ihr Baby von 6 Uhr morgens bis Mitternacht alle drei Stunden wecken, um es für kurze Zeit anzulegen. Damit stellen Sie sicher, dass das Stillen unmittelbar gut anfängt, wenn die Milch einschießt. Das dreistündliche Füttern wird Ihre Milchproduktion schneller ankurbeln, und wenn Ihr Baby tagsüber genügend Milch erhält, wird es nachts viel eher längere Phasen am Stück schlafen können. Diese Art des Fütterns verhindert auch, dass die Mutter völlig übermüdet, was – wie ich bereits erwähnt habe – ein weiterer wichtiger Grund ist, wenn das Stillen mißlingt. Wie bei allem anderen im Leben stellt sich der Erfolg nur ein, wenn eine gute Basis geschaffen worden ist. Alle Mütter, für die ich arbeite und die bereits im Krankenhaus den drei-Stunden-Rhythmus etablieren, stellen fest, dass sich zum Ende der ersten Lebenswoche ein Schema herausgebildet hat. Sie können dann das Fütterbedürfnis Ihres Babys sehr schnell an meine erste Routine anpassen.

Die Positionierung des Babys an der Brust

Die erste Routine für das Stillen (ab Seite 141) unterstützt nicht nur eine gute Milchproduktion, sondern ermöglicht es Ihnen auch, die unterschiedlichen Bedürfnisse Ihres Baby zu identifizieren: Hunger, Müdigkeit, Langeweile und Überreizung. Meine Stillmethode ist aus verschiedenen Gründen so erfolgreich:

• Wenn Sie Ihr Baby in den ersten Tagen alle drei Stunden zum Stillen wecken, können sich Ihre Brustwarzen langsam an das Saugen gewöhnen. So lassen sich schmerzende oder, schlimmer noch, aufgerissene oder blutige Brustwarzen vermeiden. Außerdem grenzt dies den Schmerz ein, der wenig später durch den Milcheinschuss entstehen kann.

• Indem Sie Ihr Baby häufig, aber für jeweils kurze Dauer anlegen, verhindern Sie, dass es stundenlang an einer leeren Brust saugen muss in dem Versuch, seinen Hunger zu stillen. Das passiert oft, wenn das Füttern in der ersten Woche in längeren Intervallen als drei Stunden erfolgt.

• Der Magen eines Neugeborenen ist winzig, und sein Bedürfnis nach Nahrung kann besonders gut gestillt werden, wenn man es oft für kurze Zeit füttert. Wenn Sie Ihr Baby alle drei Stunden zwischen 6 Uhr morgens und Mitternacht füttern, dann dürften Sie nie die Erfahrung des „allnächtlichen Fütterns" machen müssen. Selbst wenn Ihr sehr kleines Baby in der Lage sein sollte, eine längere Zeit ohne Nahrung auszuhalten, so stellt mein empfohlenes Intervall sicher, dass Ihnen dies nachts zugute kommt und nicht tagsüber.

• Erfolgreiches Stillen ist nur möglich, wenn die Mutter entspannt und gelassen ist. Das ist aber unmöglich, wenn Sie – direkt nach der Geburt – völlig ausgelaugt werden vom nächtlichen Stillen.

• Neugeborene Babys kennen den Unterschied zwischen Tag und Nacht noch nicht. Ihr Baby wird diesen Unterschied viel schneller lernen, wenn Sie differenzieren zwischen den Fütterintervallen am Tag und denen in der Nacht und es Ihrem Baby zwischen 7 und 19 Uhr nicht erlauben, längere Phasen am Stück zu schlafen.

Abpumpen

Ich glaube, dass das Abpumpen von Milch in den ersten Tagen entscheidend dafür ist, wie erfolgreich eine Mutter weiter stillen wird, während sie der Routine folgt. Ich bin überzeugt davon, dass die meisten „meiner" Mütter so erfolgreich stillen, weil ich sie ermutige, in den ersten Tagen schon eine elektrische Milchpumpe zu verwenden.

Der Grund dafür ist ganz einfach: Die Milchproduktion erfolgt auf einer Angebot-Nachfrage-Basis. Während der ersten Tage werden die meisten Babys die erste Brust leer trinken und einige werden im Anschluss auch ein wenig aus der zweiten Brust trinken. Sehr wenige Babys werden zu diesem Zeitpunkt beide Brüste leer trinken. Bis zum Ende der zweiten Lebenswoche wird sich die Milchproduktion stabilisiert haben und die meisten Mütter werden genau so viel Milch produzieren, wie ihr Baby verlangt. Irgendwann während der dritten und vierten Woche wird das Baby einen Wachstumsschub machen und nach mehr Milch verlangen. Hier entsteht dann oft ein Problem, wenn Sie versuchen, Ihr Baby in eine Routine zu bringen und dem aktuellen Rat gefolgt sind, nicht vor der sechsten Woche abzupumpen. Um nun dem Bedarf nach mehr Nahrung nachzukommen, müssen Sie wieder zurück gehen zum zwei- bis dreistündlichen Füttern und oftmals zweimal pro Nacht. Dieses Schema wird dann bei jedem Wachstumsschub wiederholt, was oft dazu führt, dass das Baby direkt vor dem Schlafengehen gestillt wird, was wiederum das Lernen falscher Einschlafassoziationen zur Folge hat. Das alles macht es umso schwerer, wieder in die gewohnte Routine zurück zu finden.

Mütter, die von Anfang an abpumpen, werden immer ein wenig mehr Milch produzieren, als ihr Baby benötigt. Wenn ihr Baby dann einen Wachstumsschub durchmacht, bleibt die Routine intakt: Indem sie einfach weniger Milch der Morgenmahlzeit abpumpen, können sie den zusätzlichen Appetit ihres Babys befriedigen.

Außerdem vermeiden diese Mütter das Problem der mangelnden Milchproduktion, indem sie von Anfang an abpumpen. Sollte Ihr Baby allerdings älter als ein Monat sein und Sie bereits eine zu geringe Milchproduktion bei sich feststellen, sollte Ihnen mein Plan zur Erhöhung der Milchproduktion (Seite 259) eine Verbesserung innerhalb von sechs Tagen bringen. Für Babys, die jünger als einen Monat sind, sollten die regulär in den Routinen aufgeführten Zeiten zum Abpumpen ausreichen, um die Milchproduktion zu steigern.

Sollten Sie sich während der ersten bis vierten Lebenswoche Ihres Babys dazu entschließen, eine Flasche abgepumpter Milch oder Pulvermilch für die Mahlzeit um 22.30 Uhr einzuführen, dann können Sie die Verantwortung für dieses Füttern an jemanden abtreten. Das bedeutet, dass Sie früher ins Bett gehen können, wenn Sie erschöpft sind vom nächtlichen Füttern. In meinen Routinen empfehle ich, dass Sie um diese Uhrzeit entweder abpumpen oder das Baby füttern. Wenn Ihr Baby die

Flasche annimmt, dann können Sie zwischen 21.30 und 22 Uhr abpumpen und danach ins Bett gehen. Um diese Zeit abzupumpen ist wichtig, damit die Milchproduktion aufrecht erhalten bleibt und Sie genug Milch für die nächtliche Mahlzeit produzieren.

Sollten Sie schon einmal Schwierigkeiten mit dem Abpumpen gehabt haben, seien Sie nicht entmutigt. Zusammen mit den folgenden Richtlinien sollten die in meinen Routinen oder im Kapitel über häufig auftretende Probleme aufgeführten Zeiten das Abpumpen leichter machen:

• Morgens ist die beste Zeit zum Abpumpen, da die Brust dann üblicherweise prall gefüllt ist. Zudem lässt sich zu Beginn einer Mahlzeit am besten abpumpen. Pumpen Sie an einer Brust ab, bevor Sie Ihr Baby stillen, oder stillen Sie Ihr Baby an einer Brust und pumpen Sie dann von der zweiten Brust ab, bevor Sie ihm an dieser Brust den Rest seiner Mahlzeit anbieten. Manche Mütter empfinden es sogar als einfacher, wenn sie von einer Brust abpumpen, während sie ihr Baby an der anderen stillen. Zu beachten ist aber auch, dass es nach dem Abpumpen zu Beginn einer Mahlzeit etwas länger dauert, bis die Brust wieder ausreichend Milch für die nächste Mahlzeit produziert hat. – In meinen Routinen empfehle ich der Mutter, um 6.45 Uhr abzupumpen. Sollten Sie aber sehr viel Milch produzieren und ist Ihnen das zu früh, dann können Sie stattdessen die zweite Brust gegen 7.30 Uhr abpumpen, nachdem Ihr Baby an der ersten Brust gestillt wurde. Eine Mutter, die sich um die Milchproduktion sorgt oder die dem Plan zur Steigerung der Milchproduktion (Seite 259) folgt, sollte sich allerdings an die empfohlenen Zeiten halten.

• In den ersten Tagen sollten Sie mit mindestens 15 Minuten rechnen, um 60 bis 90 ml von den Morgenmahlzeiten abzupumpen und bis zu 30 Minuten, um am Abend abzupumpen. Versuchen Sie, auch das Abpumpen in einer ruhigen und entspannten Atmosphäre durchzuführen. Je mehr Sie üben, desto leichter wird es Ihnen von der Hand gehen. Ich stelle fest, dass die meisten „meiner" Mütter am Ende des ersten Monats bereits mit Leichtigkeit 60 bis 90 ml innerhalb von zehn Minuten mit einem Doppelpumpgerät abpumpen können.

• Eine elektrische, starke Pumpe – die Sorte, die in den Krankenhäusern verwendet wird – ist mit Abstand die beste Methode, um in den ersten Tagen abzupumpen. Der Saugmechanismus dieser Maschinen ahmt das Saugen des Babys nach und stimuliert so die Milchproduktion. Wenn Sie beide Brüste um 22 Uhr abpumpen, dann lohnt es sich, in einen Zusatz zu investieren, der das gleichzeitige Abpumpen beider Brüste ermöglicht und Ihnen so kostbare Zeit erspart.

• Manchmal ist der Milchfluss am Abend langsamer, wenn sowieso weniger Milch produziert wird; ein entspannendes Bad oder eine Dusche kann den Milchfluss erleichtern. Außerdem hilft es, die Brust vor und während des Abpumpens leicht zu massieren.

• Manche Mütter finden es hilfreich, ein Bild ihres Babys beim Abpumpen anzuschauen, andere sehen dabei lieber fern oder unterhalten sich mit ihrem Partner oder Ehemann. Probieren Sie verschiedene Dinge aus und finden Sie heraus, was für Sie am besten funktioniert.

Wenn Sie immer weiter durch die Routinen fortschreiten, finden Sie meine Empfehlungen dazu, wann Sie welche Abpumpzeiten einstellen sollten. Je mehr sich Ihre Milchproduktion etabliert, desto mehr fahren Sie das Abpumpen zurück. Nach drei Monaten werden Sie nur noch zur Mahlzeit um 22 Uhr abpumpen, und zwischen dem vierten und sechsten Monat können Sie auch mit diesem Abpumpen aufhören. Wenn Ihre Milchproduktion einmal fest etabliert ist und dem Bedarf Ihres Babys entspricht, können Sie immer flexibler mit dem Abpumpen um 22 Uhr umgehen. Sollten Sie es an einigen Abenden nicht tun, ist das kein Problem mehr. Ich empfehle, bis in den vierten und fünften Monat hinein abzupumpen, damit Sie zusätzliche Milch vorrätig haben wenn Ihr Baby anzeigt, dass es bereit ist für das Zufüttern. Sollten Sie bereits vor dem sechsten Monat zufüttern wollen (nach Konsultation Ihres Arztes), können Sie sofort mit dem Abpumpen aufhören.

Stillen und die Rückkehr in den Job

Sollten Sie vorhaben, in Ihren Job zurück zu kehren und trotzdem mit dem Stillen fortzufahren, dann ist es wichtig, dass Sie eine gute Milchproduktion etabliert haben – besonders wenn Ihr Baby tagsüber abgepumpte Milch erhalten soll. Ein drei Monate altes Baby benötigt zwei Mahlzeiten von jeweils etwa 210 bis 240ml abgepumpter Milch, wenn Sie von 9 bis 17 Uhr außer Haus sein sollten. Da Ihr Baby höchstwahrscheinlich beide Brüste zu den Mahlzeiten um 7 Uhr und um 18 Uhr leer trinken wird, werden Sie für die Mahlzeiten, die Ihr Baby während Ihrer Abwesenheit erhalten soll, während Ihres Arbeitstages oder zwischen 21 und 22 Uhr abpumpen müssen.

Sie sollten zwei Runden des Abpumpens einplanen: gegen 10 Uhr und gegen 14.30 Uhr. Wenn Sie später als zu diesen empfohlenen Zeiten abpumpen, könnte es passieren, dass Ihre Brust nicht genügend Milch für die Mahlzeit um 18 Uhr produziert; vor allem wenn Sie in Eile sind, nach Hause zu kommen.

Die folgenden Richtlinien vermitteln Ihnen eine Vorstellung davon, wie Sie Arbeiten und Stillen vereinbaren können:

• Je länger Sie die erste Zeit zu Hause verbringen und die Milchproduktion etablieren können, desto einfacher wird es sein, diese zu halten, wenn Sie zur Arbeit zurück kehren. Die meisten Stillberater empfehlen eine Periode von 16 Wochen.

• Wenn Sie zu Beginn der zweiten Lebenswoche mit dem Abpumpen zu den angegebenen Zeiten anfangen, werden Sie einen ausreichenden Vorrat an tiefgefrorener Milch aufbauen können.

• Die Einführung der Flasche mit abgepumpter Milch zur Mahlzeit um 22 Uhr stellt sicher, dass Ihr Baby kein Problem mit der Akzeptanz der Flasche haben wird, wenn Sie wieder anfangen werden, zu arbeiten.

• Klären Sie früh genug vor der Rückkehr an Ihren Arbeitsplatz, dass Sie dort in Ruhe werden abpumpen können. Stellen Sie auch sicher, dass Sie die abgepumpte Milch im Kühlschrank werden lagern können.

• Wenn Sie mit der starken, elektrischen Pumpe eine gute Routine des Abpumpens etabliert haben, sollten Sie anfangen, mit einer Batterie-betriebenen Pumpe zu üben. Bei Verwendung einer einfachen Pumpe könnte es den Milchfluss unterstützen, wenn Sie während des Abpumpens immer wieder die Seiten wechseln. Es könnte sich auch lohnen, eine kleine elektrische Pumpe anzuschaffen, die es Ihnen ermöglicht, beide Brüste gleichzeitig abzupumpen.

• Stellen Sie sicher, dass die Kindertagesstätte oder Ihre Kinderfrau vertraut sind mit der Handhabung abgepumpter Milch, zum Beispiel dem Auftauen.

• Führen Sie die kombinierte Füttermethode Ihres Babys mindestens zwei Wochen vor Ihrer Rückkehr zur Arbeit ein, damit Sie ausreichend Zeit haben, eventuell auftretende Probleme noch aus dem Weg zu räumen.

• Wenn Sie einmal zurück im Job sind, ist es ganz wichtig, dass Sie auf eine ausgewogene Ernährung achten und sich am Abend genügend ausruhen. Es ist weiterhin empfehlenswert, um 22 Uhr abzupumpen, damit Sie eine gute Milchproduktion aufrecht halten können. Halten Sie sich außerdem einen Vorrat an Stilleinlagen an Ihrem Arbeitsplatz, ebenso wie ein Oberteil zum wechseln!

Der Übergang von der Brust zur Flasche

Egal wie lange Sie gestillt haben werden – es ist wichtig, den Übergang von der Brust zur Flasche richtig zu planen. Wenn Sie dabei sind sich zu überlegen, wie lange Sie Ihr Baby stillen möchten, sollten Sie berücksichtigen, dass Sie – nachdem Sie über längere Zeit eine gute Milchproduktion aufgebaut haben – rund eine Woche benötigen werden, um jeweils eine tägliche Stillmahlzeit einzustellen. Es kann zum Beispiel rund sechs Wochen dauern, bis Sie eine gute Milchproduktion etabliert haben und wenn Sie dann entscheiden, mit dem Stillen aufzuhören, sollten Sie mit rund fünf weiteren Wochen rechnen, um alle Mahlzeiten einzustellen und das Füttern mit der Flasche einzuführen. Diese Information ist besonders relevant für Mütter, die ihren Wiedereinstieg in den Job planen. Auch wenn Sie mit dem Stillen aufhören wollen, bevor Sie die Milchproduktion richtig etabliert haben, sollten Sie genügend Zeit einplanen, damit sich Ihr Baby an die Flasche gewöhnen kann. Einigen Babys kann es schwer zu schaffen machen, auf einmal von der Brust entwöhnt zu werden.

Müttern, die weniger als einen Monat gestillt haben, empfehle ich üblicherweise einen Abstand von drei bis vier Tagen, um jeweils eine Mahlzeit einzustellen. Eine Mutter, die länger als einen Monat gestillt hat, sollte die Mahlzeiten jeweils innerhalb von fünf bis sieben Tagen einstellen. Wenn das Baby seine Mahlzeit um 22.30 Uhr bereits aus der Flasche erhält, dann sollte als nächstes die Stillmahlzeit um 11 Uhr eingestellt werden. Das geht am besten, indem man die Dauer, die das Baby an der Brust trinkt, jeden Tag um fünf Minuten reduziert und den Rest mit Pulvermilch aus der Flasche ergänzt. Sobald Ihr Baby dann seine gesamte Mahlzeit aus der Flasche trinkt, kann die Stillmahlzeit eingestellt werden. Wenn Sie den Übergang von der Brust zur Flasche also genau planen, kann Ihr Baby sich gut daran gewöhnen, und Sie vermeiden die Gefahr von Mastitis – einer Brustentzündung, die durch die Blockierung der Milchgänge, verursacht durch das abrupte Einstellen des Stillens, auftreten kann.

Ich empfehle, auch während der gesamten Übergangszeit weiterhin um 22 Uhr abzupumpen. Die abgepumpte Menge zeigt Ihnen an, wie schnell Ihre Milchproduktion zurückgeht.

Manche Mütter machen die Erfahrung, dass ihre Milchproduktion rapide zurückgeht, sobald sie bei zwei Stillmahlzeiten pro Tag angekommen sind. Sie sollten darauf achten, ob Ihr Baby sehr irritiert und unzufrieden erscheint, nachdem Sie es gestillt haben oder ob es nach einer Mahlzeit verlangt, lange bevor es normalerweise soweit wäre. Sollte Ihr Baby eine dieser Verhaltensweisen an den Tag legen, sollten Sie sofort nach der Stillmahlzeit eine Portion von 30 bis 60 ml abgepumpter Milch oder Pulvermilch zufüttern. So stellen Sie sicher, dass sein Schlafrhythmus nicht durch das Hungergefühl durcheinander gebracht wird.

Die folgende Auflistung dient als Richtlinie, in welcher Reihenfolge die Mahlzeiten eingestellt werden sollten. Jede Stufe steht für ein Intervall, in dem eine Mahlzeit eingestellt wird – entweder die genannten drei bis vier Tage oder eben fünf bis sieben Tage; je nachdem, wie lange Sie bereits gestillt haben.

Mahlzeit

	7.00	11.00	14.30	18.30	22.30
Stufe 1	Brust	Pulvermilch	Brust	Brust	Abpumpen *
Stufe 2	Brust	Pulvermilch	Pulverm.	Brust	Abpumpen
Stufe 3	Brust	Pulvermilch	Pulverm.	Pulverm.	Abpumpen
Stufe 4	Brust	Pulvermilch	Pulverm.	Pulverm.	
Stufe 5	Pulverm.	Pulvermilch	Pulverm.	Pulverm.	

* Ich empfehle Müttern, zur Mahlzeit um 22.30 Uhr abzupumpen (vorausgesetzt, der Vater oder eine dritte Person gibt dem Baby die Flasche), bis das Baby drei bis vier Monate alt ist. Das gewährleistet eine gute Milchproduktion und dient als Indikator für die Milchmenge. Ich habe festgestellt, dass eine Mutter über Nacht ungefähr die doppelte Menge der Milch produziert, die sie am Abend abgepumpt hat. Mit Stufe 3 des Übergangs sollten Sie das Abpumpen um 22 Uhr dann langsam einstellen, indem Sie die Dauer des Abpumpens jeden Abend um drei Minuten reduzieren. Wenn Sie nur noch 60 ml abpumpen und sich die ganze Nacht über wohl fühlen, kann das Abpumpen komplett eingestellt werden. Sobald die letzte Stillmahlzeit eingestellt wurde, sollten Sie darauf achten, dass die Brust nicht zur Milchproduktion angeregt wird. Ein warmes Bad, das die Brust komplett in Wasser hüllt, kann dabei helfen, den letzten Milchrest los zu werden, ohne die Brust dazu anzuregen, weitere Milch zu produzieren.

Das Füttern mit der Flasche

Wenn Sie sich entschieden haben, mit der Flasche zu füttern, sollten Sie denselben Routinen folgen, die für das Stillen aufgestellt wurden. Sie werden möglicherweise als einzigen Unterschied feststellen, dass Ihr Baby es länger als drei Stunden nach der Mahlzeit um 7 Uhr aushält, aber ansonsten sollte der Zeitplan genau gleich sein. Wenn eine Mahlzeit aufgeteilt wird – sprich: eine Brust soll vor dem Baden gegeben werden und die andere danach – gilt das genauso für die Flaschenmahlzeit. Ich würde hierfür zwei kleinere Flaschenportionen vorbereiten.

Wie viel und wie oft?

Mediziner empfehlen, Babys im Alter unter vier Monaten sollten 70 ml Milch für jedes Pfund Körpergewicht erhalten. Ein Baby mit einem Gewicht von 3 200 g benötigt demnach rund 510 ml Milch pro Tag. Das ist jedoch nur eine Richtlinie; hungrigere Babys können zu einigen Mahlzeiten auch mehr vertragen. Sollte Ihr Baby zu den hungrigeren gehören, stellen Sie sicher, dass es seine größeren Mahlzeiten zu den richtigen Zeiten erhält – also um 7, 10.30 oder 22.30 Uhr. Wenn Sie ihm seine größere Mahlzeit hingegen mitten in der Nacht geben, kann das zur Folge haben, dass Ihr Baby bei der Morgenmahlzeit nicht mehr so hungrig ist. So entsteht ein Teufelskreis, wonach das Baby immer nachts gefüttert werden muss, weil es tagsüber nicht genug zu sich nimmt.

Hier treffen also dieselben Richtlinien zu wie für das Stillen: Streben Sie an, dass Ihr Baby den größten Teil seiner benötigten Nahrung tagsüber einnimmt, zwischen 7 und 23 Uhr. So wird es nachts nur eine kleine Mahlzeit brauchen und diese dann irgendwann völlig einstellen.

Die unten aufgeführte Tabelle zeigt beispielhaft das Fütterschema eines „meiner" Babys während seines ersten Monats. Es wog 3 200 g bei seiner Geburt und nahm dann wöchentlich 180 bis 240 g zu, so dass es im Alter von einem Monat knapp über 4 kg wog. Aufgrund des strukturierten Fütterns (die großen Mahlzeiten zu den richtigen Uhrzeiten) war es bereits dabei, seine nächtliche Mahlzeit aufzugeben, und im Alter von sechs Wochen schlief es durch bis 6.30 Uhr.

Zeit	7.00	10.00–10.30	14.00–14.30	17.00
Woche 1	90 ml	90 ml	90 ml	60 ml
Woche 2	90 ml	120 ml	90 ml	90 ml
Woche 3	120 ml	120 ml	90 ml	90 ml
Woche 4	150 ml	120 ml	120 ml	90 ml

Zeit	18.15	22.00–23.00	2.00–3.00	Total
Woche 1	60 ml	90 ml	90 ml	570 ml
Woche 2	60 ml	120 ml	90 ml	660 ml
Woche 3	90 ml	120 ml	90 ml	720 ml
Woche 4	90 ml	150 ml	60 ml	780 ml

Bitte beachten: Diese täglichen Milchrationen entsprechen dem Nahrungsbedarf dieses speziellen Babys. Denken Sie also daran, die Menge nach dem Bedürfnis Ihres Babys auszurichten, aber folgen Sie dennoch den angegebenen Zeiten. Stellen Sie während der Wachstumsphasen sicher, dass zuerst die Mahlzeiten um 7, 10.30 und 22–23 Uhr erhöht werden.

Das Füttern mit der Flasche etablieren

Nach der Geburt Ihres Babys stellt Ihnen das Krankenhaus möglicherweise Pulvermilch zur Verfügung. Eventuell haben Sie die Wahl zwischen zwei verschiedenen Sorten; alle werden von den Gesundheitsbehörden genehmigt sein, und es gibt nur minimale Unterschiede in der Zusammensetzung der jeweiligen Milchsorte. Die Flaschen mit der Pulvermilch enthalten verpackte, sterilisierte Sauger, die einmal benutzt und dann entsorgt werden.

Wenn die Gläser nicht gerade im Kühlschrank gelagert wurden, müssen sie nicht aufgewärmt werden, sondern können bei Zimmertemperatur verabreicht werden. Sollten Sie die Milch jedoch aufwärmen wollen, dann tun Sie das entweder mit einem elektrischen Flaschenwärmer oder indem Sie die Flasche in einen Topf mit kochendem Wasser stellen.

Erhitzen Sie die Pulvermilch niemals in der Mikrowelle, da diese die Hitze oftmals nicht gleichmäßig verteilt und Sie Gefahr laufen, Ihrem Baby den Mund zu verbrennen. Auf welche Art und Weise auch immer Sie die Milch erhitzt haben – probieren Sie immer erst die Temperatur, bevor Sie Ihr Baby damit füttern. Das geht zum Beispiel, indem Sie einige Tropfen der Milch auf Ihr Handgelenk träufeln – sie sollte sich dann lauwarm anfühlen, niemals heiß. Wenn die Milch einmal erhitzt wurde, sollte sie niemals noch ein weiteres Mal aufgewärmt werden, da sich Bakterien so ganz schnell ausbreiten können – eine der Hauptursachen für Bauchschmerzen bei Babys, die mit Pulvermilch gefüttert werden.

Die im Krankenhaus empfohlene Richtlinie für Mütter, die mit der Flasche füttern wollen ist im Übrigen die gleiche wie für stillende Mütter: „Füttern Sie bei Bedarf, wann immer das Baby es möchte und soviel es verlangt." Obwohl Sie zwar nicht das Problem haben, zunächst einmal eine Milchproduktion aufzubauen, so ist es doch wahrscheinlich, dass viele der anderen genannten Probleme auftreten werden. Ein mit der Flasche gefüttertes Baby mit einem Geburtsgewicht von mindestens 3 200 g könnte zum Beispiel direkt mit der Routine für das Alter von zwei bis vier Wochen anfangen. Ein kleineres Baby würde es vielleicht nicht ganz so lange zwischen den Mahlzeiten aushalten und müsste ungefähr im Drei-Stunden-Rhythmus gefüttert werden.

Die bereits fertige, flüssige Milch ist sehr teuer und die meisten Eltern verwenden sie nur, wenn sie unterwegs sind oder in Notfällen. Sorgen Sie dafür, dass Ihnen jemand mindestens zwei große Packungen von genau der Pulvermilch besorgt, an die Ihr Baby im Krankenhaus bereits gewöhnt wurde. Stellen Sie sicher, dass sie für Neugeborene geeignet ist.

Wenn Sie dann zu Hause sind, werden Sie sich daran gewöhnen, die Mahlzeiten für die nächsten 24 Stunden im Voraus zuzubereiten. Wählen Sie für die Zubereitung einen ruhigen Zeitpunkt, wenn Sie nicht zu müde sind, und folgen Sie der Anleitung ganz genau. Alle Reste der Mahlzeiten sollten Sie grundsätzlich entsorgen. Sobald Sie eine Flaschenmahlzeit erwärmt haben, sollte diese innerhalb von einer Stunde verbraucht werden; was danach noch übrig bleibt, sollten Sie entsorgen und bei weiterem Bedarf wieder eine frische Mahlzeit erhitzen. In den ersten Tagen ist es hilfreich, eine Flasche mit abgekochtem Wasser im Kühlschrank aufzubewahren, damit Sie auf Notfälle vorbereitet sind. Auch bei Zimmertemperatur aufbewahrtes, abgekochtes Wasser sollte in Ordnung sein, sofern es innerhalb einiger Stunden verbraucht wird. Bei heißem Wetter würde ich das abgekochte Wasser allerdings nicht zu lange außerhalb des Kühlschranks stehen lassen.

Hygiene und Sterilisierung

Ganz besonders wichtig ist die Hygiene und damit das Sterilisieren all der Gerätschaften, die Sie zur Zubereitung und Verabreichung der Mahlzeiten Ihres Babys verwenden.
Die Stelle, an der Sie sterilisieren und die Mahlzeiten zubereiten, sollte blitzeblank sauber gehalten werden. Jeden Morgen sollten Sie die entsprechende Arbeitsfläche gründlich mit heißem Seifenwasser reinigen, den Lappen dann mit heißem Wasser ausspülen und einmal damit nachwischen, um alle Seifenreste von der Arbeitsplatte zu entfernen. Nach diesem Vorgang sollten Sie abschließend mit einem Küchentuch und desinfizierendem Spray nachwischen.
Durch Befolgen dieser Richtlinien können Sie die Verbreitung von Bakterien verhindern, die so oft die Ursache von Bauchschmerzen bei sehr jungen Babys sind:
• Arbeitsflächen sollten jeden Tag wie oben beschrieben gereinigt werden.

• Nach jeder Mahlzeit sollten die Flasche und der Sauger gründlich mit kaltem Wasser gespült und dann in einen Behälter gelegt werden zur Reinigung und Sterilisierung.

• Gewöhnen Sie sich an, die Sterilisierung und Zubereitung der Mahlzeiten jeden Tag um die gleiche Zeit vorzunehmen. Sie sollten um diese Zeit nicht zu müde sein und sich gut konzentrieren können. Die meisten „meiner" Mütter empfinden 12 Uhr mittags, nachdem das Baby für seinen längeren Mittagsschlaf hingelegt wurde, als eine gut geeignete Zeit hierfür.

• Ihre Hände sollten Sie immer mit antibakterieller Seife und warmem, fließendem Wasser waschen und mit einem Tuch von der Küchenrolle abtrocknen anstatt eines Handtuchs, das nämlich den idealen Nährboden für Bakterien darstellt.

• Ein gesonderter Wasserkocher kann zum Abkochen des Wassers für die Babynahrung dienen; so verhindern Sie, dass das Wasser noch einmal zum Kochen gebracht wird, wenn jemand im Haushalt sich beispielsweise einen Tee machen möchte.

• Entleeren und reinigen Sie den Wasserkocher täglich. Das Wasser sollte einige Minuten aus dem Wasserhahn fließen, bevor Sie den Wasserkocher damit füllen.

• Kochen Sie das Wasser zuerst, damit es abkühlen kann, während Sie die Flaschen reinigen und sterilisieren.

• Entsorgen Sie jegliche Mahlzeit aus dem Kühlschrank, die länger als 24 Stunden dort aufbewahrt wurde.

• Füllen Sie die Schale, in der Sie die benutzten Flaschen gelagert haben, mit heißem Seifenwasser. Putzen Sie die Flaschen dann mit einer länglichen Flaschenbürste und achten Sie dabei ganz besonders auf die Reinigung der Flaschenhälse und Gewinde. Spülen Sie alles gründlich mit heißem, fließendem Wasser ab. Waschen und spülen Sie die Schale gründlich und legen Sie alles dann wieder hinein und halten Sie die Schale unter das fließende Wasser. So können Sie prüfen, ob alles gründlich ausgespült wurde – das Wasser sollte jetzt klar und seifenfrei sein.

• Der Sterilisator sollte jeden Tag gereinigt werden, die beweglichen Teile sollten überprüft werden und, falls notwendig, gereinigt und gespült werden. Die Flaschen und Sauger sollten entsprechend der Bedienungsanleitung in den Sterilisator gepackt werden.

• Sobald sich das Wasser im Wasserkocher abgekühlt hat und die Flaschen sterilisiert sind, folgen Sie der Anleitung zur Zubereitung der Pulvermilch, und bereiten Sie die Mahlzeiten für die kommenden 24 Stunden vor.

Das Füttern

Bereiten Sie alles gut vor: Stuhl oder Sessel, Kissen und Tücher. Genau wie beim Stillen ist es wichtig, dass Sie bequem sitzen (siehe Seite 17), und für die ersten Tage empfehle ich, den Arm, auf dem das Baby liegt, mit einem Kissen zu stützen, damit das Baby leicht erhöht und mit geradem Rücken liegen kann. Wenn Sie Ihr Baby so halten wie in Abbildung A gezeigt, verringern Sie die Wahrscheinlichkeit, dass Ihr Baby zu viel Luft schluckt. Die Gefahr ist deutlich erhöht, wenn Sie Ihr Baby so halten wie in Abbildung B.

Die Positionierung Ihres Babys beim Füttern mit der Flasche

Falsche Haltung (B)

Korrekte Haltung (A)

Bevor Sie mit dem Füttern anfangen, lockern Sie den Sauger und schrauben Sie ihn wieder auf die Flasche; er sollte ganz leicht zu lösen sein. Wenn der Sauger zu stark auf die Flasche gedreht ist, kommt keine Luft in die Flasche und Ihr Baby könnte saugen, ohne Milch heraus zu bekommen.

Prüfen Sie auch, dass die Milch nicht zu heiß ist; sie sollte lauwarm sein. Wenn Sie Ihr Baby an sehr warme Milch gewöhnen, werden Sie feststellen, dass mit Fortschreiten der Mahlzeit und je kühler die Milch wird, Ihr Baby anfängt, diese abzulehnen. Da es gefährlich ist, diese Milch dann wieder zu erwärmen oder zu lange im heißen Wasser stehen zu lassen, würden Sie dazu übergehen müssen, für jede Mahlzeit zwei vorbereitete Flaschen aufzuwärmen.

Während des Fütterns sollten Sie sicherstellen, dass die Flasche soweit gekippt ist, dass der Sauger immer mit Milch gefüllt ist, damit Ihr Baby nicht zu viel Luft schluckt. Erlauben Sie Ihrem Baby, soviel zu trinken, wie es möchte, bevor Sie es für sein Bäuerchen auf den Arm nehmen. Wenn Sie es zu früh aufstoßen lassen wollen, wird es nur unzufrieden und unruhig.

Einige Babys nehmen den Großteil ihrer Mahlzeit ein, machen dann ihr Bäuerchen und legen eine Pause von zehn bis 15 Minuten ein, um danach den Rest ihrer Mahlzeit zu sich zu nehmen. In den ersten Tagen kann es daher bis zu 40 Minuten dauern, Ihrem Baby die Flasche zu geben, wenn Sie mit einer Pause während der Einnahme rechnen. Wenn Ihr Baby dann sechs bis acht Wochen alt ist, wird es seine Flasche höchstwahrscheinlich innerhalb von rund 20 Minuten austrinken.

Wenn Sie feststellen, dass Ihr Baby sehr lange braucht, um seine Flasche zu trinken oder zwischendurch immer wieder einschläft, dann könnte es sein, dass das Loch im Sauger zu klein ist. Ich mache immer wieder die Erfahrung, dass viele „meiner" Babys direkt mit einem Sauger von mittlerer Lochgröße starten müssen, da die kleine Lochgröße doch zu eng ist.

Ab und zu gibt es auch Babys, die eine ganze Mahlzeit in zehn bis 15 Minuten trinken und nach mehr verlangen. Sie werden dann oft als „hungrigere Babys" bezeichnet; tatsächlich sind das aber oftmals Babys, die sehr stark saugen und die nicht wirklich mehr Hunger haben. Weil sie so stark saugen, können sie ihre Flasche in so kurzer Zeit leer trinken. Das Saugen dient ja dem Baby nicht nur zur Nahrungsaufnahme, sondern – vor allem in der ersten Zeit – ist es eins seiner natürlichen Bedürfnisse. Sollte Ihr Baby also die vorgegebene Menge zu jeder Mahlzeit schnell trinken und dann nach mehr verlangen, könnten Sie einen Sauger mit kleineren Löchern ausprobieren. Ihm nach der Mahlzeit den Schnuller anzubieten, könnte auch zunächst sein Saugbedürfnis stillen.

Babys, die mit der Flasche gefüttert werden, laufen sehr schnell Gefahr, zu viel an Gewicht zuzunehmen, wenn Ihnen mehr Nahrung zugeführt wird, als üblicherweise für ihr Körpergewicht empfohlen ist. Während einige Milliliter pro Tag noch kein Problem darstellen, kann ein Baby aber, das regelmäßig wesentlich mehr Nahrung erhält und mehr als 240 g pro Woche zunimmt, schnell zu dick werden und ein Stadium erreichen, in dem die Milch nicht mehr ausreicht, um seinen Hunger zu stillen. Wenn das passiert, bevor es wirklich alt genug ist, um auf feste Nahrung umzusteigen, dann haben Sie ein ernstes Problem. Für die Einführung des erfolgreichen Flasche-Fütterns sollten Sie die folgenden Richtlinien beachten:

• Bevor Sie mit dem Füttern anfangen, prüfen Sie, dass der Verbindungsring zwischen Sauger und Flasche leicht locker sitzt; wenn er zu fest zugeschraubt ist, wird der Milchfluss behindert.

• Prüfen Sie die Temperatur der Milch – sie sollte lauwarm und nicht warm sein.

• Um Ihr Baby vor Blähungen zu bewahren – was ein häufiges Problem flaschengefütterter Babys ist – stellen Sie sicher, dass Sie bequem sitzen und Ihr Baby richtig halten, bevor Sie mit dem Füttern anfangen.

• Einige sehr junge Babys brauchen eine Pause innerhalb einer Mahlzeit. Erlauben Sie sich und Ihrem Baby bis zu 40 Minuten für eine ganze Mahlzeit.

• Wenn Sie feststellen, dass Sie Ihr Baby jedes Mal für die Mahlzeit um 7 Uhr aufwecken müssen und es dann noch nicht einmal besonders hungrig erscheint, dann reduzieren Sie die nächtliche Mahlzeit um 30 ml.

• Folgen Sie vor allem während der Wachstumssprünge Ihres Babys den im nächsten Abschnitt genannten Richtlinien. So verhindern Sie, dass Ihr Baby die falschen Mahlzeiten zuerst reduziert oder sogar ganz ausfallen lässt.

Pulvermilch: Das Überfüttern

Anders als beim gestillten Baby ist das häufigste Problem der ersten Tage bei den mit Pulvermilch gefütterten Babys das Überfüttern. Der Grund hierfür ist meiner Meinung nach, dass einige Babys ihre Flasche mit Pulvermilch so schnell austrinken, dass ihr natürliches Saugbedürfnis noch nicht befriedigt ist und sie schreien, sobald Ihnen die Flasche weggenommen wird. Viele Mütter interpretieren dieses Schreien dann als Zeichen weiteren Hungers und geben dem Baby noch eine Flasche. So kann schnell ein Schema des Überfütterns entstehen und eine enorme wöchentliche Gewichtszunahme beim Baby. Wenn dieses Schema sich fortsetzt, erreicht das Baby ein Stadium, in dem ihm die Milch nicht mehr ausreicht, aber es noch zu jung ist (unter sechs Monaten), um festere Nahrung zu sich zu nehmen. Es ist durchaus normal für viele Babys, zu manchen Mahlzeiten weitere 30 ml als die angegebenen Mengen zu brauchen. Achtsam sollten Sie aber werden, wenn Ihr Baby täglich rund 150 ml mehr zu sich nimmt als die für sein Alter üblichen Mengen und kontinuierlich mehr als 240 g pro Woche zunimmt. Wenn „meine" mit Pulvermilch gefütterten Babys nach den Mahlzeiten nur ungern das Saugen aufgeben wollten, habe ich gute Erfahrungen damit gemacht, ihnen zwischen den Milchmahlzeiten Wasser anzubieten und nach den Mahlzeiten einen Schnuller. Sollten Sie den Eindruck bekommen, dass Ihr Baby zuviel zu sich nimmt, ist es wichtig, dass Sie dies mit Ihrem Arzt oder Ihrer nachsorgenden Hebamme besprechen.

Antworten auf Ihre Fragen

Frage: *Ich habe einen sehr kleinen Busen und mache mir Sorgen, dass ich nicht in der Lage sein werde, ausreichend Milch für mein Baby zu produzieren.*

Antwort: Bezogen auf die Milchproduktion ist die Größe der Brust völlig irrelevant. Unabhängig von ihrer Größe hat jede Brust 15 bis 20 Milchgänge und jeder Gang hat seine eigene Anhäufung von Milch produzierenden Zellen. Die in diesen Zellen produzierte Milch wird beim Saugen des Babys die Milchgänge heruntergedrückt.

Legen Sie Ihr Baby in den ersten Tagen oft an. Die meisten Babys benötigen ein Minimum von acht Mahlzeiten am Tag, um die Brust zu stimulieren und eine gute Milchproduktion zu etablieren. Gehen Sie immer sicher, dass Ihr Baby die erste Brust komplett geleert hat, bevor Sie es an der zweiten Brust anlegen. Das signalisiert der Brust, mehr Milch zu produzieren und stellt außerdem sicher, dass Ihr Baby die wichtige Hintermilch erhält.

Frage: *Meine Freundin hat unter enormen Schmerzen gelitten, als ihre Milch einschoss. Was kann ich tun, damit ich nicht ähnliche Schmerzen durchmachen muss?*

Antwort: Legen Sie Ihr Baby oft an und lassen Sie die Abstände zwischen den Stillmahlzeiten am Tag nicht größer als drei Stunden und in der Nacht nicht länger als vier bis fünf Stunden werden.

Ein warmes Bad oder das Auflegen warmer, feuchter Waschlappen auf die Brust können den Milchfluss unterstützen. Falls nötig, hilft es auch, zunächst ein wenig Milch von Hand aus der Brust zu drücken, damit das Baby leichter saugen kann.

Feuchte, im Kühlschrank gekühlte Waschlappen, die Sie nach dem Stillen auf die Brust legen, unterstützen das Zusammenziehen der Blutgefäße und reduzieren die Schwellung.

Nehmen Sie die Blätter eines Kohlkopfes, die sich direkt unter der obersten Blätterschicht befinden, kühlen Sie diese im Kühlschrank und legen Sie sie zwischen den Mahlzeiten in ihren BH, auf Ihre Brüste.

Tragen Sie einen gut sitzenden Still-BH, der Ihre Brust stützt. Stellen Sie sicher, dass er unter den Armen nicht zu eng sitzt und Ihre Brustwarzen nicht platt drückt.

Frage: *Viele meiner Freundinnen mussten mit dem Stillen aufhören, weil es zu schmerzhaft für sie war.*

Antwort: Der Hauptgrund für Schmerzen beim Stillen in den ersten Tagen liegt darin, dass das Baby nicht korrekt angelegt wird. Das Baby „kaut" auf der Spitze der Brustwarze, was der Mutter große Schmerzen bereitet und sogar zu aufgeplatzten, blutenden Brustwarzen führen kann. Noch dazu erhält das Baby nicht genug zu trinken. So entsteht schnell ein Teufelskreis, in dem das Baby sehr bald wieder trinken muss und so die Brustwarzen noch mehr schädigt.

Stellen Sie sicher, dass Sie Ihr Baby immer mit seinem Bauch an Ihrem Bauch halten und dass sein Mund weit genug geöffnet ist, um Ihre gesamte Brustwarze und einen möglichst großen Teil des Brustwarzenhofes zu umfassen. Zusätzlich zur richtigen Positionierung Ihres Babys an der Brust ist es wichtig, dass Sie selbst bequem sitzen. Der ideale Stillsessel hat eine gerade Rückenlehne und am besten Armlehnen, so dass Sie mit einem Kissen den Arm stützen können, auf dem Ihr Baby liegt (siehe Seite 17). Ohne Stütze für Ihren Arm wird es wesentlich schwieriger, Ihr Baby richtig zu positionieren. Das kann dazu führen, dass es an Ihrer Brust zieht und Ihnen so Schmerzen bereitet.

Frage: *Ich habe ein drei Wochen altes Baby und bin verwirrt wegen der widersprüchlichen Ratschläge. Einige Empfehlungen lauten, dass beide Brüste zu einer Mahlzeit gegeben werden soll, andere meinen, dass eine Brust pro Mahlzeit genug sei.*

Antwort: Lassen Sie sich von Ihrem Baby leiten. Wenn es an einer Brust trinkt, es dann für drei bis vier Stunden bis zur nächsten Mahlzeit aushält und jede Woche 180 bis 240 g zunimmt, dann reicht eine Brust pro Mahlzeit auf jeden Fall aus.

Wenn es hingegen zwei Stunden nach einer Mahlzeit wieder gefüttert werden will oder mehr als einmal pro Nacht aufwacht, dann könnte es ratsam sein, ihm die zweite Brust anzubieten. Vielleicht stellen Sie fest, dass Ihr Baby die zweite Brust nur in der zweiten Tageshälfte benötigt, wenn Ihre Milchproduktion herunter geht.

Egal ob Ihr Baby an einer oder an beiden Brüsten pro Mahlzeit trinkt – stellen Sie immer sicher, dass die erste Brust komplett leer getrunken wurde, bevor Sie Ihr Baby an der zweiten Brust anlegen. Das können Sie überprüfen, indem Sie die Gegend um Ihre Brustwarze herum mit Ihrem Daumen und Zeigefinger zusammendrücken.

Frage: *Muss ich selbst bestimmte Nahrungsmittel vermeiden, während ich stille?*

Antwort: Sie sollten sich genauso ausgewogen und gesund ernähren, wie Sie es schon während Ihrer Schwangerschaft getan haben. Zusätzlich sollten Sie zwischen den Mahlzeiten kleine, gesunde Snacks zu sich nehmen, um Ihre Energie aufrecht zu erhalten.

Essen Sie mindestens 180 g Geflügel, mageres Fleisch oder Fisch. Vegetarier sollten das Äquivalent in Bohnen, Hülsenfrüchten und Reis zu sich nehmen. Ich habe festgestellt, dass die Babys an den Tagen, an denen Ihre Mütter nicht genügend Protein zu sich genommen hatten, viel unruhiger waren.

Einige Forschungen deuten auch auf Milchprodukte als Ursache für Koliken bei Babys. Wenn Sie feststellen, dass Ihr Baby Koliken entwickelt, sollten Sie mit Ihrem Arzt besprechen, wie Sie Ihren täglichen Verzehr von Milchprodukten kontrollieren können.

Alkohol, Süßstoffe und Koffein sollten Sie vermeiden. Denken Sie daran, dass auch Tee, Soft Drinks und Schokolade Koffein enthalten können. Ich habe festgestellt, dass gestillten Babys diese Stoffe nicht bekommen.

Erdbeeren, Tomaten, Pilze, Zwiebeln und Fruchtsaft – wenn in großen Mengen verzehrt – haben schon bei vielen „meiner" Babys zu Unwohlsein geführt. Ich rate nicht dazu, all diese Lebensmittel aus Ihrer Diät zu bannen; aber ich schlage vor, dass

Sie dokumentieren, was Sie in den zwölf Stunden, bevor Ihr Baby Anzeichen von Bauchschmerzen zeigt oder heftig verdaut, Blähungen hat oder viel schreit, gegessen und getrunken haben.

Während ich im Nahen und Fernen Osten gearbeitet habe, konnte ich feststellen, dass sich stillende Frauen dort mit weitaus weniger gewürzten Mahlzeiten ernähren als üblicherweise. Es ist also ratsam, in den ersten Tagen des Stillens auf Currys oder stark gewürzte Speisen zu verzichten.

Obwohl es ratsam ist, auf – besonders hochprozentigen – Alkohol während des Stillens zu verzichten, gibt es Experten, die ein kleines Glas Wein oder Bier am Abend empfehlen, wenn es der Mutter schwer fällt, sich zu entspannen.

Frage: *Mein zwei Wochen altes Baby wacht auf und schreit nach der Brust, um dann nach fünf Minuten des Trinkens wieder an der Brust einzuschlafen. Es verlangt dann nach zwei Stunden wieder nach der Brust und laugt mich so völlig aus.*

Antwort: Stellen Sie immer sicher, dass Ihr Baby ganz wach ist, bevor Sie mit dem Stillen anfangen. Decken Sie es im Bettchen auf, nehmen Sie seine Beine aus dem Schlafsack, lassen Sie ein wenig kühlere Luft heran und geben Sie ihm die nötige Zeit, um selbst aufzuwachen. Dann können Sie mit der Stillmahlzeit anfangen.

Es ist sehr wichtig, dass schläfrige Babys während des Stillens in kühler Umgebung gehalten werden. Sie sollten nicht zu dick angezogen sein und das Zimmer sollte nicht zu warm sein. Legen Sie eine Spieldecke neben sich auf dem Boden bereit und legen Sie Ihr Baby darauf, wenn es schläfrig wird. Wenn nötig, ziehen Sie ihm seinen Schlafsack aus, so dass es ermutigt wird zu strampeln. Nach wenigen Minuten wird Ihr Baby sicherlich protestieren, weil es abgelegt wurde – dann können Sie es wieder hoch nehmen und es einige weitere Minuten an derselben Brust anlegen. Diese Prozedur muss oft zwei bis drei Mal wiederholt werden. Wenn Ihr Baby dann 20 Minuten an einer Brust getrunken hat, lassen Sie es sein Bäuerchen machen und wechseln Sie seine Windel. Es kann danach wieder an derselben Brust angelegt werden, wenn es diese noch nicht leer getrunken hat, oder an der zweiten Brust angelegt werden.

Wenn Sie für die Mahlzeit um 22.30 Uhr keine Pulvermilch verwenden, ist es ratsam, am Morgen etwas Milch abzupumpen und Ihrem Partner das Füttern um 22.30 Uhr zu überlassen. So erhalten Sie wenigstens einen Teil der Nacht einige Stunden Schlaf am Stück.

Frage: *Mein Sohn ist 16 Wochen alt. Während der letzten zwei Wochen wurde es extrem schwierig, ihn zu füttern. Er braucht seine nächtliche Mahlzeit nicht mehr, seit er 11 Wochen alt ist. Aber obwohl er nach der Mahlzeit um 22.30 Uhr nichts mehr zu sich nimmt, ist er nicht sehr interessiert an seiner Mahlzeit um 7 Uhr und trinkt dann nur rund 60 ml. Er weint dann immer wieder, bis ich ihn um 11 Uhr stille. Wenn ich ihn vor 11 Uhr stille, dann schläft er mittags schlecht, wacht nach einer Stunde auf und verlangt wieder nach Milch. Wenn ich ihn dann füttere, fallen die restlichen Mahlzeiten des Nachmittags aus.*

Antwort: Um das Interesse Ihres Sohnes an der Mahlzeit um 7 Uhr zu steigern, versuchen Sie, die Mahlzeit um 22.30 Uhr zu reduzieren. Obwohl er weiterhin eine kleine Mahlzeit um diese Uhrzeit benötigen wird, wahrscheinlich bis er an feste Nahrung gewöhnt sein wird, versuchen Sie diese Mahlzeit langsam auf 90 bis 120 ml zu reduzieren und prüfen Sie, ob er dann zur 7 Uhr Mahlzeit mehr zu sich nimmt. Wenn er so um 7 Uhr tatsächlich mehr trinkt, reduzieren Sie auch langsam die Menge dieser Mahlzeit auf 90 bis 120 ml.

Bis er um 7 Uhr besser trinkt, müssen Sie ihn wahrscheinlich vor 11 Uhr füttern, wahrscheinlich gegen 10.15 Uhr, aber ich schlage vor, dass Sie ihm um 11.15 / 11.30 Uhr einen Zusatz geben um sicher zu stellen, dass er insgesamt genug Milch getrunken hat und gut schlafen kann.

Sie werden vielleicht auch feststellen, dass er während eines Wachstumsschubs seine Flasche am Morgen schneller leer trinkt und vielleicht sogar früher aufwacht und nach einer Mahlzeit verlangt. Wenn das eintritt, schlage ich vor, dass Sie ihm wieder mehr Milch zur Mahlzeit um 22.30 Uhr geben, um sicher zu stellen, dass er gut bis 7 Uhr schläft. Dies müssen Sie vielleicht eine Woche lang machen; vielleicht aber auch, bis er an die feste Nahrung gewöhnt worden ist. Wenn er allerdings wieder das Interesse an der Mahlzeit um 7 Uhr verlieren sollte, müssten Sie die Mahlzeit um 22.30 Uhr erneut reduzieren.

4. Das Schlafverhalten Ihres Babys verstehen

Das Thema „Schlafen" ist womöglich das verwirrendste und am häufigsten falsch verstandene Thema der Elternschaft. Die irrtümliche Auffassung lautet, dass das Baby in den ersten Wochen nur schlafen und trinken wird. Obwohl das auch viele Babys tatsächlich tun, so zeigt die hohe Anzahl von mehr als 126 Schlafkliniken für Babys und Kinder in Großbritannien, dass ganz viele Babys das eben nicht tun. Sollte Ihr Neugeborenes zu den letzteren gehören und angespannt, unzufrieden und schwierig in den Schlaf zu bringen sein, dann trösten Sie sich – das muss keinesfalls auf die künftigen Schlafgewohnheiten Ihres Babys hindeuten.

Die Mehrzahl der Babys, um die ich mich bisher gekümmert habe, fing im Alter von acht bis 12 Wochen an, bis 6 oder 7 Uhr morgens zu schlafen. Einige schliefen schon vor diesem Alter durch, andere mussten noch wesentlich länger nachts gefüttert werden. Da ich Ihr Baby nicht persönlich kenne, kann ich keine Prognose darüber abgeben, wann es tatsächlich durchschlafen wird, was von vielen Faktoren abhängt. Wenn es zum Beispiel vor dem Entbindungstermin geboren wurde oder wenn Sie mit den Routinen erst angefangen haben, als es ein paar Wochen alt war, wird es etwas länger dauern, bis es nachts durchschläft.

Der wichtigste Punkt, den es zu verinnerlichen gilt, ist, dass Sie es tagsüber schlichtweg anstreben, ein regelmäßiges Schlafverhalten aufzubauen, wonach Ihr Baby am Abend gut einschläft, dann um 22.30 Uhr trinkt und wieder gut einschläft, dann nur einmal in der Nacht zum Trinken aufwacht und schnell wieder einschläft und bis 6 oder 7 Uhr durchhält.

Das Ziel der Routinen ist es, dieses Schlafverhalten zu erreichen, ohne Sie oder Ihr Baby zu beunruhigen oder Stress zu verursachen. Es geht nicht darum, Ihr Baby krampfhaft zum frühest möglichen Zeitpunkt ohne Füttern durch die Nacht zu bringen. Stattdessen ist es so, dass Ihr Baby seine längste Schlafphase am Stück in der Nacht haben wird, sobald es physisch und mental dazu in der Lage ist, sofern Sie die Routinen befolgen und sie, falls nötig, den individuellen Bedürfnissen Ihres Babys anpassen. Die Schlüssel zum Erfolg sind dabei Geduld, Konsequenz und die Zeit, die man sich lässt, um die Routinen zu etablieren. Sind die Routinen erstmal „installiert", dann können Sie sich Monate der quälenden schlaflosen Nächte sparen, die so viele Eltern erleiden müssen. Es hat bereits bei Hunderttausenden von Babys und ihren Eltern funktioniert, also klappt das auch bei Ihnen!

Wenn Sie erreichen möchten, dass Ihr Baby sehr früh durchschläft und ein langfristig gesundes Schlafverhalten entwickelt, dann lautet die Goldene Regel: Etablieren Sie die richtigen Schlafassoziationen und strukturieren Sie die Mahlzeiten Ihres Babys vom ersten Tag an. Die Ratschläge vieler Babybücher und auch der Entbindungsstationen lautet oftmals, dass die Babys „nach Bedarf" gefüttert werden sollten – so oft und so lange sie danach verlangen. Es wird Ihnen gesagt, dass der unberechenbare Schlaf- und Essensrhythmus Ihres Babys ganz normal sei und sich im Alter von drei Monaten verbessern würde. – Seit der Veröffentlichung meines ersten Buches im Jahr 1999 habe ich allerdings unzählige Anrufe, Emails und Briefe erhalten von verzweifelten Müttern, deren drei Monate bis drei Jahre alte Kinder ernsthafte Schlaf- und Essensprobleme an den Tag legten. Das widerlegt die Theorie, dass Babys mit rund drei Monaten von selbst in eine Routine kommen werden. Und selbst wenn ein Baby das tut, dann ist es nicht unbedingt eine Routine, die zum Rest der Familie passt.

Während einige Experten zustimmen, dass ein Baby mit drei Monaten in der Lage ist, die Nacht durch zu schlafen, so betonen sie jedoch nicht, wie wichtig es ist, das Baby aktiv zu diesem Punkt hinzuführen. Die unbedarfte und übermüdete Mutter hofft auf eine wundersame Besserung nach drei Monaten; deren Eintreten ist aber höchst unwahrscheinlich, wenn das Baby den Unterschied zwischen Tag und Nacht nicht gelernt hat – ebenso wie zwischen den Tagesschläfchen und der längeren Nacht-Schlafphase und wenn die Eltern das Strukturieren der Mahlzeiten nicht gelernt haben, was vom ersten Tag an etabliert werden muss. Es ist ganz wichtig, dass Ihr Baby häufige, kleine

Mahlzeiten am Tag zu sich nimmt, wenn Sie vermeiden wollen, dass es nachts häufig wach wird und dann ernsthaft hungrig ist. Als ich in der Beratung junger Eltern tätig war, erhielt ich täglich verzweifelte Anrufe aus den Entbindungsstationen. Der Ruf nach Hilfe betraf eigentlich immer dasselbe: Das Baby trinkt bis zu einer Stunde am Stück und üblicherweise alle zwei Stunden zwischen 18 Uhr und 5 Uhr morgens. Die Mutter ist oftmals völlig übermüdet und fängt an, unter schmerzenden Brustwarzen zu leiden.

Wenn ich dann nach dem Verhalten des Babys tagsüber frage, erhalte ich meistens die Antwort: „Es ist so brav und pflegeleicht am Tage – es trinkt und schläft dann vier Stunden oder sogar länger."

Es überrascht mich immer wieder, dass diese widersprüchlichen Ratschläge an junge Eltern gegeben werden: Es wird ihnen gesagt, dass es normal sei, ein Baby acht bis 12 Mal pro Tag füttern zu müssen, und gleichzeitig sollen sie ihr Baby so viele Stunden zwischen den Tagesmahlzeiten schlafen lassen. Es ist nicht verwunderlich, dass ein Baby, das zwischen 6 und 18 Uhr nur maximal vier Mahlzeiten erhalten hat, nachts oft aufwacht, um sich mit seiner täglich benötigten Ration zu versorgen. Das ist einer der Hauptgründe, warum ich gegen die Ansicht bin, dass Babys auf „Verlangen" gefüttert werden sollten. Diese Ansicht berücksichtigt einfach nicht, dass viele Babys dieses Verlangen in den ersten Tagen nicht ausreichend ausdrücken.

Das Schlafverhalten und das Füttern nach Bedarf

Der Begriff „Füttern nach Bedarf" wird immer wieder verwendet und impliziert der Mutter fälschlicherweise, dass jegliche Art von Routine ihrem Baby in den ersten Tagen emotional oder hinsichtlich seiner Ernährung schaden könnte. Obwohl ich vollkommen einverstanden bin, dass die altmodische vier-Stunden-Routine des Fütterns – ob mit der Brust oder mit der Flasche – unnatürlich für neugeborene Babys ist, so finde ich dennoch, dass der Begriff des Fütterns nach Bedarf viel zu vage benutzt wird.

Das Schema der schlaflosen Nächte ist leider oft längst angelegt, bevor Mutter und Kind nach der Entbindung das Krankenhaus verlassen: Weil das Baby tagsüber zwischen den Mahlzeiten lange Phasen am Stück schläft, ist es am Abend wirklich hungrig und muss dann die ganze Nacht über immer wieder gefüttert werden. So entsteht schnell ein Teufelskreis, wonach das Baby den größten Teil des Tages über schläft, weil es in der Nacht zumeist wach gewesen ist. Dieses Schema des Schlafens und Essens wird von vielen Experten unterstützt, weil sie meinen, dass das Baby die Führung übernehmen sollte hinsichtlich seines eigenen Bedürfnisses nach Nahrung. Daher kommt die Idee des „Sich vom Baby leiten Lassens" oder vom „Füttern nach Bedarf (des Babys)". Einige Experten gehen sogar soweit, dass sie das Aufwecken eines schlafenden Babys als schädlich erklären und eine sehr ablehnende Haltung einnehmen zu meinem Ratschlag, genau dies zu tun. Meine Arbeit mit vielen Zwillingspärchen und zu früh geborenen Babys ließ mich aber erkennen, dass diese Theorie kompletter Unsinn ist. Ich habe festgestellt, dass zu dem Zeitpunkt, da ich zur Pflege dieser Babys hinzugezogen wurde, das Krankenhauspersonal bereits eine Routine eingeführt hatte. Weil das Leben dieser winzigen, schläfrigen Babys davon abhing, dass sie kleine und häufige Mahlzeiten zu sich nahmen, wäre man das Risiko niemals eingegangen, sie lange Strecken am Stück schlafen zu lassen. Diese Erfahrung half mir enorm dabei, die CLB-Routinen zu entwickeln. Im Gegensatz zur Darstellung einiger Kritiker, geht es bei meinen Routinen nicht darum, dem Kind Nahrung zu verweigern, sondern sicher zu stellen, dass es ausreichend Nahrung erhält. Wie bereits erwähnt, habe ich mich persönlich schon um Babys gekümmert, die nahezu an Dehydrierung gestorben wären, weil sie eben nicht ausreichend danach „verlangt" hatten, gefüttert zu werden. Das hat meine Überzeugung verstärkt, dass ein Baby einem wesentlich größeren Risiko ausgesetzt wird, wenn es nach Bedarf gefüttert werden soll, als wenn es in regelmäßigen Abständen geweckt wird, um gefüttert zu werden. Weil Brustmilch nach dem Prinzip der Nachfrage und des Angebots produziert wird – das heißt die Brust produziert genau soviel Milch, wie vom Baby nachgefragt wird –, fängt das nach Bedarf gestillte Baby oftmals nach einigen Wochen an, nicht nur nachts, sondern auch tagsüber alle zwei Stunden nach der Brust zu verlangen. Das liegt daran, dass der Essensrhythmus der vorangegangenen zwei bis drei Wochen die Produktion der Brustmilch beeinträchtigt hat. Und weil das Baby nun so oft gefüttert werden muss, ist es unvermeidbar, dass es auch in den Schlaf gefüttert wird. Das wiederum kann zu langfristigen Schlafproblemen beim Baby führen.

Nach Monaten der schlaflosen Nächte und ermüdenden Tage mit einem Baby, das immer noch alle zwei bis drei Stunden gefüttert werden muss, bitten viele Eltern ihren Kinderarzt um eine Untersuchung in einer Schlafklinik. Oder sie kaufen einen der vielen Ratgeber zum Thema, wie sie ihr Baby zum Durchschlafen bringen – nur um festzustellen, dass sie von Anfang an alles falsch gemacht haben. Der eigentliche Grund, warum ihr Baby nicht in der Lage ist, vernünftig zu schlafen, liegt darin, dass es von Anfang an die falschen Schlafassoziationen gelernt hat, zum Beispiel Füttern, Wiegen, Streicheln usw.

Wie gut ihr Baby schläft, ist eng verknüpft damit, wie gut es isst und was es mit dem Einschlafen assoziiert. Um ein gesundes Schlafverhalten Ihres Babys zu unterstützen ist es nicht nur wichtig, dass Sie seine Mahlzeiten strukturieren, sondern auch, dass Sie die Schlafphasen junger Babys kennen und somit von Anfang an die richtigen Assoziationen etablieren können.

Die Kenntnis der Schlafphasen wird Ihnen auch dabei helfen, die Routinen an das individuelle Bedürfnis Ihres Babys anzupassen oder in Situationen, in denen es einfach nicht möglich war, die Routine ganz genau durch zu halten.

Die Schlafphasen

Die meisten führenden Experten geben an, dass ein neugeborenes Baby in den ersten Wochen rund 16 Stunden Schlaf benötigt. Dieser Schlaf ist unterteilt in kürzere und längere Phasen. In den ersten Tagen ist der Schlaf eng verknüpft mit dem Bedürfnis des Babys, häufig kleine Mahlzeiten zu sich zu nehmen. Es kann gut eine Stunde dauern, das Baby zu füttern, aufstoßen zu lassen und es zu wickeln. Danach fällt es schnell in einen tiefen, festen Schlaf. Wenn es gut getrunken hat, wird es oftmals direkt bis zur nächsten Mahlzeit durchschlafen. Innerhalb von 24 Stunden wird das Baby also bei sechs bis acht Mahlzeiten pro Tag, die jeweils zwischen 45 Minuten und einer Stunde andauern, ungefähr 16 Stunden schlafen.

Zwischen der dritten und vierten Lebenswoche wird das Baby allerdings wacher werden und nicht direkt nach dem Trinken in einen tiefen Schlaf fallen. Das ist oftmals der Zeitpunkt, an dem die Dinge schief laufen und die falschen Schlafassoziationen etabliert werden. Die bemühten Eltern meinen, ihr Baby müsste direkt nach dem Füttern einschlafen und fangen an, es weiter zu füttern, zu schaukeln oder geben ihm einen Schnuller, um den Schlaf herbei zu führen. Sie realisieren nicht, dass in diesem Alter die unterschiedlichen Stufen des Schlafens erkennbar werden.

Genau wie Erwachsene auch, gehen die Babys von einem leichten Schlaf über in einen traum-ähnlichen Schlaf, dem sogenannten REM-Schlaf (englisch: Rapid Eye Movements) und fallen dann in einen tiefen Schlaf. Der Zyklus ist allerdings viel kürzer als bei einem Erwachsenen und dauert circa 45 Minuten bis eine Stunde. Während einige Babys sich nur etwas rühren, wenn sie in den leichten Schlaf kommen, so wachen andere Babys vollständig auf. Wenn sowieso eine Mahlzeit ansteht, dann ist das kein großes Problem. Wenn es aber nur eine Stunde nach der letzten Mahlzeit passiert und das Baby nicht lernt, selbstständig wieder einzuschlafen, dann kann über die nächsten Monate ein echtes Problem entstehen, wonach das Baby fortgesetzt mit den oben genannten Methoden dabei unterstützt wird, wieder in den

Schlaf zu finden. Aktuelle Forschungen zeigen, dass alle Babys ungefähr gleich oft in den leichten Schlaf übergehen und auch aufwachen. Nur die schlechten Schläfer unter ihnen sind nicht in der Lage, dann wieder in den tiefen Schlaf zu finden, weil sie daran gewöhnt sind, beim Einschlafen unterstützt zu werden.

Wenn Sie also früh ein gutes Schlafverhalten etablieren möchten, ist es wichtig, die falschen Schlafassoziationen zu vermeiden. Meine Routinen sind so aufgebaut, dass Ihr Baby gut trinkt, niemals überreizt wird und nicht die falschen Assoziationen zum Einschlafen lernt.

Die Routine zur Bettzeit

Sobald Ihr Baby sein Geburtsgewicht wieder erlangt hat und mindestens 180 bis 240 g pro Woche zunimmt, können Sie sich daran machen, eine regelmäßige Bettzeit um 18.30 oder 19 Uhr einzuführen und Ihr Baby die Mahlzeit um 21 Uhr verschlafen zu lassen und es stattdessen um 22 Uhr zu füttern; diese Mahlzeit können Sie dann langsam Richtung 22.30 Uhr schieben. In dieser Zeit sollte Ihr Baby auch allmählich in der Lage sein, eine längere Phase in der Nacht zu schlafen.

Die Einführung einer guten Bettzeit-Routine, die Ihr Baby dazu bringt, in der Zeit zwischen 19 und 22 Uhr gut zu schlafen, ist ein Hauptfaktor für das nächtliche Durchschlafen Ihres Babys. Ein Baby, das um 18 Uhr ausreichend trinkt, gut einschläft und zwischen 19 und 22 Uhr schläft, wird erholt aufwachen und dann wieder genügend trinken. Die Einführung der Bettzeit-Routine wird allerdings von weiteren Faktoren beeinflusst. Es ist wichtig, dass Sie das Füttern und Schlafen während des gesamten Tages strukturiert haben, so dass Ihr Baby hungrig genug ist, um gegen 17 bis 18.15 Uhr eine volle Mahlzeit zu sich zu nehmen und dass es ausreichende Zeit wach gewesen ist, so dass es müde genug ist, um 19 Uhr einzuschlafen.

Viele Anrufe und Emails erhalte ich von Eltern, die damit Schwierigkeiten haben, ihr Baby abends zu Bett zu bringen.

Wenn aber ein Schema entsteht, wonach das Baby immer wieder über den gesamten Abend gefüttert wird, hat das in den meisten Fällen Auswirkungen auf die Mahlzeit um 22.30 Uhr, wenn nämlich das Baby nicht hungrig genug ist. Es wacht dann gegen 1 Uhr auf und üblicherweise wieder gegen 4 oder 5 Uhr und ist dann ernsthaft hungrig.

Die Einführung der Bettzeit-Routine ist also nur möglich, wenn Ihr Baby gut getrunken hat und bereit ist, gegen 18.30 oder 19 Uhr zu schlafen. Wenn Sie es zum Beispiel zugelassen haben, dass Ihr Baby längere Phasen am späten Nachmittag schläft, dann ist es unwahrscheinlich, dass es um 19 Uhr einschlafen wird – selbst wenn es gut getrunken hat.

Wie ruhig Ihr Baby also nachts schlafen wird, ist entscheidend davon abhängig, was Sie am Tage unternehmen. Wenn Ihr Baby mindestens 180 bis 240 g pro Woche an Gewicht zunimmt, ist sein Wachstum in Ordnung. Je mehr es wächst, desto mehr Nahrung kann es zu einer Mahlzeit einnehmen und desto größer sollten die Abstände zwischen den einzelnen Mahlzeiten werden. Im Idealfall liegt der erste große Abstand dann zunächst zwischen 19 und 22 Uhr und zwischen der Mahlzeit um 22.30 Uhr und der nächtlichen Mahlzeit.

Das passiert aber nicht unbedingt automatisch, weshalb der für Sie vielleicht schwierigste Aspekt der Routinen außerordentlich wichtig ist: Ihr Baby für die Tagesmahlzeiten zu den für sein Alter empfohlenen Zeiten aufzuwecken. Es entspricht schlichtweg dem gesunden Menschenverstand, dass wenn Ihr Baby tagsüber regelmäßig getrunken hat, es – je mehr es wächst – immer weniger Nahrung in der Nacht benötigen wird, da ja die Nahrungsmenge des Tages zunimmt.

Versuchen Sie möglichst immer den Tag um 7 Uhr zu beginnen, halten Sie sich an die von mir in den Routinen empfohlenen Zeiten und stellen Sie sicher, dass Ihr Baby zu diesen Zeiten eine volle Mahlzeit zu sich nimmt und für kurze Phasen nach den Tagesmahlzeiten wach ist. Das wird Ihnen helfen, eine Bettzeit-Routine einzuführen, nach der Ihr Baby um 19 Uhr gut einschläft. Denken Sie daran: Wenn Ihr Baby um 19 Uhr gut trinkt, einschläft und dann friedlich bis um 22 Uhr schläft, ist es um so eher in der Lage, nach dieser Mahlzeit in der Nacht länger am Stück zu schlafen. Das Aufwecken um kurz nach 22 Uhr stellt sicher, dass es wach genug ist, um seine Mahlzeit um 22.30 Uhr einzunehmen.

Da sehr junge Babys schnell übermüden, fangen Sie nicht später als 17.30 Uhr mit der Bettzeit-Routine an. Sollte Ihr Baby während der Tagesschläfchen nicht gut geschlafen haben, müssen Sie möglicherweise sogar früher damit anfangen. Versuchen Sie, während des Badens alles ruhig und entspannt zu halten und vermeiden Sie dann nach dem Baden übermäßigen Augenkontakt und sprechen Sie nicht viel, so dass Ihr Baby nicht überreizt wird. Den letzten Teil der Mahlzeit sollten Sie im nur gering beleuchteten Kinderzimmer verabreichen, so dass Sie Ihr Baby dann schnell in seinem Bettchen zum Schlafen legen können, bevor es in einen tiefen Schlaf fällt.

Es wird schwierig werden, doch alle Eltern, mit denen ich gesprochen habe, berichteten, dass sich die harte Arbeit der ersten Tage gelohnt hat, weil ihre Babys während der Nächte immer länger schlafen konnten, bis sie es dann zur magischen Zeit von 7 Uhr morgens schafften.

Frühes Aufwachen

Ich bin davon überzeugt, dass sich maßgeblich im ersten Lebensjahr entscheidet, ob Ihr Kind grundsätzlich zum Frühaufsteher wird. Um das extreme Frühaufstehen zu vermeiden ist es wichtig, dass das Baby in einem komplett abgedunkelten Raum schläft und dass alle Mahlzeiten, die vor 7 Uhr stattfinden, wie Nachtmahlzeiten behandelt werden. Sie sollten sich ohne viel Aufhebens abspielen, ohne viel Augenkontakt und viel zu sprechen und das Baby sollte wieder zum Schlafen gelegt werden bis 7 Uhr. Sollte das Baby zwischen 6 und 6.30 Uhr aufgewacht sein, dann lassen Sie es danach noch einmal bis 7.30 Uhr schlafen.

Dieser Ansatz hat bei den vielen hundert Babys, um die ich mich gekümmert habe, funktioniert. Keins von ihnen ist grundsätzlich vor 7 Uhr aufgewacht, sobald es erst einmal durchgeschlafen hat. Sicherlich sind einige schon mal zwischen 5 und 6 Uhr aufgewacht, haben dann aber ein wenig vor sich hin geplappert oder gesungen und sind dann wieder eingeschlafen.

Seit der Veröffentlichung der ersten Ausgabe dieses Buches sowie meines zweiten Buches habe ich mit Tausenden von Eltern gesprochen, die Probleme mit dem frühen Aufwachen ihrer Kinder hatten, und so ist mir ein weiterer Faktor klar geworden: Was fast alle dieser Elternpaare gemeinsam hatten war die Tatsache, dass sie ihrem Kind nicht erlaubten, langsam, alleine und natürlich aufzuwachen, sondern dass sie ihr Kind sofort hoch nahmen und versorgten, sobald es die ersten Anzeichen des Aufwachens von seinem Tagesschläfchen machte. Daher ist es nicht erstaunlich, dass diese Babys die gleiche Behandlung erwarteten, wenn sie früh morgens aufwachten.

Irgendwann im Alter von acht bis 12 Wochen wacht die Mehrzahl der Babys nicht mehr aus reinem Hungergefühl vom Tagesschläfchen auf und muss nicht mehr sofort gefüttert werden. Zu diesem Zeitpunkt können die Babys also sanft dazu angehalten werden, eine ganz kurze Zeit in ihrem Bettchen liegen zu bleiben, nachdem sie aufgewacht sind. Ich bin überzeugt davon, dass das – zusammen mit den unten aufgeführten Richtlinien – das Risiko reduziert, dass Ihr Baby ein Frühaufsteher wird:

• Die Forschung zeigt, dass die Hirnphysiologie des Gehirns durch Dunkelheit beeinflusst wird; sie stellt den Körper auf den Schlaf ein. Gewöhnen Sie Ihr Baby also vom ersten Tag an daran, in einem komplett dunklen Raum und bei geschlossener Zimmertür zu schlafen. Stellen Sie sicher, dass kein Licht durch die Ritzen im Vorhang dringen kann, da der kleinste Lichtstrahl Ihr Baby aufwecken kann, wenn es in seine leichte Schlafphase kommt.

• Bis zum sechsten Lebensmonat kann der Moro-Reflex stark ausgeprägt sein; in den ersten Wochen ist er besonders auffällig: Das Baby schlägt mit seinen Armen und Beinen aus, wenn es sich erschreckt, ein plötzlich auftretendes Geräusch vernimmt oder zu schnell oder plötzlich hingelegt wird. Daher wird dieser Reflex auch als Stell- oder Schreckreflex bezeichnet.

Mit steigendem Alter und je mehr das Baby sich an seine Umwelt gewöhnt, tritt der Moro-Reflex seltener auf. Es kann aber sieben oder acht Monate lang dauern, bis er völlig verschwindet. Ich habe schon viele Babys dabei beobachtet, wie sie mitten in der Nacht in ihre leichte Schlafphase kamen und dann hysterisch mit ihren Beinen ausschlugen, weil sie sich aus ihrer Bettdecke befreit hatten.

Aus diesem Grund halte ich es für sehr wichtig, dass das Baby gut in seine Bettdecke eingewickelt ist, bis der Moro-Reflex ganz zurückgegangen ist. Die Bettdecke sollte über die Breite des Bettchens gelegt werden und dann mit zwei zusammengerollten Handtüchern, die zwischen die Matratze und die Gitter geschoben werden, befestigt sein. Babys, die sich nach oben schieben und so unter der Decke hervorarbeiten, können einen sehr leichten Schlafsack angezogen bekommen und vorher in ein Baumwolllaken gewickelt werden.

• Versuchen Sie nicht, Ihr Baby zum Durchschlafen zu bringen, indem Sie seine nächtliche Mahlzeit reduzieren. Geben Sie ihm in der Nacht genau so viel, wie es verlangt, damit es gut bis 7 Uhr weiter schlafen kann. Erst wenn Ihr Baby schon eine Weile bis 7 Uhr durchschläft und seine Morgenmahlzeit dann nicht mehr vollständig zu sich nehmen will, können Sie damit anfangen, die nächtliche Mahlzeit herunter zu schrauben.

• Wenn Ihr Baby gegen 5 bis 6 Uhr trinkt, behandeln Sie dies wie eine Nachtmahlzeit. Sie sollte so schnell wie möglich durchgeführt werden, in einem abgedunkelten Raum und mit so wenig Augenkontakt und Gesprächen wie möglich. Wechseln Sie die Windel nur, wenn es unbedingt notwendig sein sollte.

• Stellen Sie die Mahlzeit um 22.30 Uhr erst dann ein, wenn Ihr Baby auf feste Nahrung übergegangen ist. Sollte es nämlich eine Wachstumsphase durchmachen, bevor es mit der festen Nahrung angefangen hat, dann können Sie zu dieser Mahlzeit eine zusätzliche Portion Milch anbieten. Das reduziert wieder das Risiko, dass Ihr Baby früh morgens vom Hunger geweckt wird.

Antworten auf Ihre Fragen

Frage: **Wie viele Stunden Schlaf braucht mein neugeborenes Baby am Tag?**

Antwort: Je nachdem, wie viel ein Baby wiegt und ob es zu früh geboren wurde oder nicht, benötigt es ungefähr 16 Stunden Schlaf pro Tag – aufgeteilt in kurze und längere Schlafphasen.

Kleinere und früh geborene Babys brauchen üblicherweise etwas mehr Schlaf und neigen dazu, zwischen den Mahlzeiten immer wieder einzudösen.

Größere Babys sind in der Lage, ungefähr eine Stunde am Stück wach zu bleiben und innerhalb der 24 Stunden auch eine längere Phase von vier bis fünf Stunden am Stück zu schlafen.

Im Alter von einem Monat sind die meisten Babys, die gut trinken und an Gewicht zunehmen (180 bis 240 g pro Woche) in der Lage, zwischen den Mahlzeiten eine längere Phase von fünf bis sechs Stunden zu schlafen.

Frage: **Wie stelle ich sicher, dass die längere Schlafphase in der Nacht stattfindet und nicht am Tag?**

Antwort: Folgen Sie meinen Routinen und beginnen Sie den Tag nie später als um 7 Uhr, damit Sie genügend Zeit haben, alle Mahlzeiten bis 23 Uhr unterzubringen.

Versuchen Sie, Ihr Baby im Zeitraum von 7 bis 19 Uhr mindestens sechs bis acht Stunden wach zu halten.

Stellen Sie sicher, dass Ihr Baby einen möglichst großen Teil der zweistündigen „Spielzeit" wach verbringt. Sobald es im Zeitraum von 7 bis 19 Uhr insgesamt acht Stunden lang wach ist, wird es um so eher in der Nacht eine längere Zeit am Stück schlafen.

Unterscheiden Sie immer zwischen den Schlafzeiten und den Zeiten, die das Baby wach verbringt. In den ersten Wochen sollten Sie das Baby immer in einem dunklen Raum schlafen lassen. Während der Mahlzeiten, die zwischen 19 und 7 Uhr stattfinden, sollten Sie nicht mit ihrem Baby sprechen und es nicht überstimulieren.

Frage: *Ich versuche, mich an Ihre Routinen zu halten. Aber mein vier Wochen altes Baby schafft es zwischen den Mahlzeiten nur maximal eine Stunde wach zu bleiben. Soll ich versuchen, es länger wach zu halten?*

Antwort: Wenn Ihr Baby gut trinkt, zwischen 180 und 240 g pro Woche zunimmt, gut zwischen den nächtlichen Mahlzeiten schläft und einige der Wachzeiten am Tag wach und munter verbringt, dann braucht Ihr Baby einfach ein wenig mehr Schlaf.

Wenn Ihr Baby allerdings mehr als zweimal pro Nacht aufwacht oder länger als eine Stunde in der Nacht wach bleibt, obwohl es zur 22.30 Uhr Mahlzeit gut getrunken hat, dann sollten Sie versuchen, es am Tag ein wenig mehr zu stimulieren und wach zu halten.

Obwohl die Mahlzeit um 22.30 Uhr immer eine ruhige, leise Mahlzeit sein sollte, so sollte Ihr Baby doch 45 Minuten lang wach sein. Wenn diese Mahlzeit schläfrig eingenommen wird, ist die Wahrscheinlichkeit größer, dass das Baby gegen 2 bis 3 Uhr um so wacher sein wird.

Wenn Sie die Essens- und Schlafenszeiten Ihres Babys im Zeitraum zwischen 7 und 23 Uhr nach meinen Routinen strukturieren, wird Ihr Baby dann, wenn es sein Schlafbedürfnis sowieso natürlicherweise reduziert, dies zu den erwünschten Zeiten machen.

Frage: *Die Routinen schränken mich sehr ein. Wenn ich mit meinem vier Wochen alten Baby zu den Wachzeiten rausgehe, schläft es im Kinderwagen sofort ein und hat dann insgesamt zu viel geschlafen.*

Antwort: Ob Sie meiner Routine folgen oder nicht – die ersten Lebensmonate Ihres Babys werden allein aufgrund des hohen Zeitaufwandes für das Füttern sehr einschränkend sein.

Im Alter von zwei Monaten halten es die meisten Babys länger zwischen den Mahlzeiten aus und trinken schneller. Das macht es einfacher, mit ihnen auszugehen.

Wenn Sie in den ersten zwei Monaten versuchen, das Ausgehen

um die Schlafzeiten Ihres Babys herum zu legen, dann wird es mit acht Wochen in der Lage sein, schon länger wach zu bleiben, wenn Sie mit dem Auto oder dem Kinderwagen unterwegs sind.

Frage: *Mein vier Wochen altes Baby hat plötzlich damit ange-fangen, um 21 Uhr aufzuwachen. Wenn ich es dann füttere, wacht es zweimal in der Nacht auf – um 1 und um 5 Uhr. Ich habe versucht, seine Mahlzeit bis 22.30 Uhr hinaus zu zögern, aber bis dahin ist es so müde, dass es nicht genug trinkt und dann um so früher am Morgen aufwacht.*
Antwort: Mit ungefähr einem Monat wird die Unterscheidung zwischen den leichten und den tiefen Schlafphasen deutlicher. Ich stelle immer wieder fest, dass viele Babys gegen 21 Uhr in einen leichten Schlaf fallen. Stellen Sie also sicher, dass um das Kinder-zimmer herum keine lauten oder plötzlichen Geräusche ent-stehen und dass Ihr Baby um diese Zeit Ihre Stimme nicht hören kann.
Gestillte Babys könnten eventuell einen Nachschub abgepumpter Milch nach ihrer Mahlzeit um 18 Uhr benötigen.
Wenn Sie Ihr Baby auf jeden Fall um 21 Uhr stillen müssen, ver-suchen Sie, es mit einer Brust oder einigen Millilitern zufrieden zu stellen und schieben Sie die 22.30 Uhr Mahlzeit auf 23.30 Uhr. Dann sollte es hoffentlich eine volle Mahlzeit zu sich neh-men und bis 3.30 Uhr schlafen können.

Frage: *Ich muss mein 10 Wochen altes Baby regelmäßig für seine Mahlzeit um 22.30 Uhr wecken, dann trinkt es nur 90 bis 120 ml und wacht um 4 Uhr wieder auf. Könnte ich die letzte Mahlzeit nicht einfach weglassen und schauen, ob es direkt bis 4 Uhr durchhält?*
Antwort: Ich würde noch nicht raten, diese Mahlzeit wegzu-lassen. Es könnte sein, dass Ihr Baby dann um 1 und um 5 Uhr aufwacht und Sie somit zweimal pro Nacht aufstehen müssen. Bisher habe ich die beste Erfahrung damit gemacht, das Baby zum Schlafen bis um 7 Uhr zu bringen, es dann auf feste Nah-rung umzustellen und erst hiernach die Mahlzeit um 22.30 Uhr

wegzulassen. Das geschieht üblicherweise, wenn das Baby ungefähr sechs Monate alt ist.

Stellen Sie sicher, dass Ihr Baby richtig eingewickelt ist. Oft wacht es nur deswegen auf, weil es seine Bettdecke weggestrampelt hat und sich in der leichten Schlafphase zu unruhig bewegt. Sollte es nicht deswegen aufgewacht sein, weil es sich aufgedeckt hat, dann könnten Sie fünf bis zehn Minuten warten, bevor Sie zu ihm gehen und dann versuchen, ihm ein wenig Wasser zu geben und es wieder zum Einschlafen zu bringen. Sollte ihm das Wasser ausreichen, dann wird es die gewohnte Milchration während des Tages zu sich nehmen, und in diesem Alter hat die erhöhte Milchzufuhr am Tag üblicherweise den Effekt, dass Ihr Baby während der Nacht nicht mehr gefüttert werden muss. Sollte ihm das Wasser nicht ausreichen, würde ich ihm eine kleine Milchmahlzeit geben und es mit der Wassermethode ein paar Wochen später noch einmal versuchen.

5. Die Contented Little Baby Routinen (CLB) einführen

Die Zeiten, zu denen gefüttert und geschlafen werden soll, ändern sich zehn Mal innerhalb des ersten Jahres der CLB-Routinen. So stellen wir sicher, dass die individuellen Bedürfnisse eines jeden Babys berücksichtigt werden können. Es ist sehr wichtig, dass Sie die Ratschläge und Informationen in den Kapiteln zu den Themen Füttern und Schlafen genau lesen, bevor Sie überhaupt den ersten Versuch starten, die CLB-Routinen einzuführen. So können Sie ein Verständnis dafür entwickeln, wie Sie die Routinen am besten einsetzen, damit Ihr Baby glücklich und zufrieden ist und gut trinkt und schläft.

Nach der Geburt sollten Sie der Routine für das Neugeborene folgen, bis Ihr Baby sein Geburtsgewicht wieder erlangt hat und erste Anzeichen macht, dass es längere Spannen zwischen den Mahlzeiten aushalten kann. Dann können Sie übergehen zur ersten Routine für das zwei bis vier Wochen alte Baby. Sie können dann kontinuierlich zur nächsten Routine übergehen, sobald Ihr Baby jeweils Anzeichen macht, dass es wieder längere Abstände zwischen den Mahlzeiten benötigt und auch längere Zeiten am Stück wach bleiben kann. Machen Sie sich keine Sorgen, wenn Ihr Baby nicht in die Routine für sein entsprechendes Alter passt – bleiben Sie stattdessen bei der Routine, mit der Ihr Baby glücklich ist, und halten Sie weiterhin Ausschau nach Anzeichen, dass es längere Abstände zwischen den Mahlzeiten aushält und länger am Stück wach bleibt, bevor Sie zur nächsten Routine übergehen.

Sollten Sie die Routinen mit einem älteren Baby beginnen, das bereits ein Schema entwickelt hat, nach dem es bei Bedarf gefüttert wird und schläft, dann schauen Sie sich die Routinen an und wählen Sie diejenige aus, die dem bestehenden Rhythmus Ihres Babys am nächsten kommt. Folgen Sie dieser Routine dann für eine kurze Zeit, und sobald es zufrieden zu den angegebenen Zeiten isst und schläft, gehen Sie über zur nächsten Routine. Arbeiten Sie sich so kontinuierlich durch die Routinen, bis Sie die erreicht haben, die dem Alter Ihres Babys entspricht.

Trinken

Junge Babys verbringen den größten Teil ihrer wachen Zeit mit der Nahrungsaufnahme. Um die Häufigkeit des nächtlichen Fütterns einzugrenzen, ist es wichtig, einen guten Fütterrhythmus am Tag zu etablieren. Wie bereits ausgeführt, bin ich davon überzeugt, dass Sie Ihrem Baby häufige und kleine Stillmahlzeiten geben müssen, um zunächst selbst eine gute Milchproduktion aufzubauen. Der Erfolg der CLB-Routinen basiert darauf, dass Sie Ihr Baby zu den Mahlzeiten aufwecken und es nicht zu lange Phasen am Stück zwischen den Mahlzeiten schlafen lassen. Ich empfehle, in den ersten Tagen in einem drei-Stunden-Rhythmus zu füttern, ausgehend vom Beginn einer Mahlzeit bis zum Beginn der folgenden Mahlzeit. Natürlich empfehle ich auch, das Baby sofort zu füttern, sollte es vor dem Beginn der vorgesehenen Mahlzeit bereits nach Nahrung verlangen. Sollte dieses Bedürfnis allerdings noch lange anhalten, nachdem die Milch bereits eingeschossen ist, dann sollten Sie nach den Ursachen forschen, warum Ihr Baby es nicht länger zwischen den Mahlzeiten aushalten kann.

Erst wenn ein Baby sein Geburtsgewicht wieder erlangt hat und ungefähr 30 g pro Tag an Gewicht zunimmt, sollten die Abstände zwischen den Mahlzeiten vergrößert werden und auch das nur, solange Ihr Baby zufrieden damit ist. Indem Sie die Mahlzeiten Ihres Babys von Anfang an so strukturieren, geraten Sie eigentlich nie in die Situation, dass Ihr Baby erst schreien muss, um Ihnen zu signalisieren, dass es hungrig ist – Sie werden sein Trinkbedürfnis im Voraus kennen und befriedigen.

Es ist von Anfang an wichtig, zwischen den Fütterzeiten, den Schlafzeiten und den Zeiten, in denen Sie mit Ihrem Baby spielen und aktiv sind, zu differenzieren. Wenn Sie während des Fütterns zu viel mit Ihrem Baby sprechen und es überstimulieren, könnte es sein Interesse verlieren und nach wenigen Millilitern aufhören zu trinken. Dann wird es nicht gut einschlafen können, woraufhin Sie es womöglich in den Schlaf füttern werden und so langfristige Einschlafprobleme entstehen können.

Vermeiden Sie es auch, allzu lange Zeit am Stück zu telefonieren, während Sie Ihr Baby füttern.

Gerade in den ersten Tagen ist es wichtig, dass Sie sich auf die Positionierung Ihres Babys an der Brust konzentrieren, damit es gut trinken kann. Bitten Sie ruhig um Hilfe eines professionellen Stillberaters, um sicher zu gehen, dass Sie es korrekt machen. Sollten Sie in einem Schaukelstuhl stillen oder die Flasche geben, dann lassen Sie sich nicht dazu verleiten, während des Fütterns zu schaukeln – Ihr Baby könnte schläfrig werden, nicht so gut trinken und daher wieder früher die nächste Mahlzeit benötigen. Außerdem neigen schläfrige Babys dazu, einen Teil ihrer eingenommenen Milch wieder auszuspucken.

Das Ziel der CLB-Fütterroutinen ist es, die Tagesmahlzeiten entsprechend der Tagesschlafzeiten zu strukturieren, sobald Ihr Baby jeweils in der Lage ist, eine größere Milchmahlzeit einzunehmen. Das führt letztlich dazu, dass Ihr Baby seine längste Schlafphase in der Nacht abhalten wird und nicht am Tage, sobald es physisch und mental dazu in der Lage ist.

Schlafen

Für die mentale und physische Entwicklung Ihres Babys ist es entscheidend, dass es Schlaf erhält. Ansonsten wird es unzufrieden, weinerlich und schwer zu beruhigen. Ein Baby, das ständig übermüdet ist, wird nicht gut trinken und dementsprechend nicht gut schlafen. Wie bereits erwähnt, sollten Sie immer daran denken, dass sehr junge Babys nur bis zu zwei Stunden am Stück wach bleiben können, bevor sie müde werden. Wenn Ihr Baby länger als zwei Stunden am Stück wach bleibt, könnte es sich so verausgaben, dass es zur nächsten Schlafenszeit wesentlich mehr Schlaf benötigt. Das wird sich wiederum auf den Rest des Tages auswirken, die Routine durcheinander bringen und das Einschlafen am Abend sowie den nächtlichen Schlaf Ihres Babys beeinflussen. Es ist daher wichtig, dass Sie die wache Zeit von zwei Stunden richtig strukturieren, damit die Fütter- und Schlafzeiten gut funktionieren. In den ersten Tagen können einige Babys nach dem Trinken nur eine Stunde wach bleiben – das ist ziemlich normal für Babys, die mehr Schlaf benötigen.

Um heraus zu finden, ob Ihr Baby ein eher schläfriges Baby ist oder nicht, schauen Sie sich seinen nächtlichen Schlaf an. Sollte Ihr Baby am Tag nur eine Stunde am Stück wach bleiben können, aber am Abend gut einschlafen und auch während der Nacht gut trinken und wieder einschlafen können, dann ist es einfach eins der Babys, die mehr Schlaf benötigen. Es wird irgendwann in der Lage sein, längere Zeiten am Stück wach zu bleiben, sofern Sie ihm die Gelegenheit dazu bieten. Das können Sie machen, indem Sie es zu seinen Schlafzeiten im Kinderzimmer zum Schlafen legen und zu seinen wachen Zeiten in ein helleres und lauteres, anregendes Umfeld mitnehmen. Stellen Sie einen Kontrast her zwischen den Schlaf- und wachen Zeiten, damit Ihr Baby lernt, wann es Zeit zum Schlafen ist und wann zum Spielen.

Sollte Ihr Baby allerdings tagsüber zwar nur eine Stunde am Stück wach bleiben können, nachts aber durchaus länger, dann ist sein Tages- und Nachtrhythmus ein wenig durcheinander und es ist ratsam, das Baby tagsüber dazu zu animieren, länger am Stück wach zu bleiben. Babys lernen über Assoziationen. Es ist also wichtig, dass sie vom ersten Tag an die richtigen Assoziationen vermittelt bekommen und somit zwischen Essen, Spielen, Schmusen und Schlafen zu unterscheiden lernen.

Sie werden auch feststellen, dass Ihr Baby zu bestimmten Tageszeiten zufrieden zwei Stunden lang wach bleibt und zu anderen Tageszeiten bereits nach einer Stunde schläfrig wird. Das ist in den ersten Tagen völlig normal und daher betone ich auch, dass Babys *bis zu* zwei Stunden wach bleiben *können*, nicht aber, dass sie zwei Stunden lang wach bleiben *müssen*.

In Ergänzung zu den Routinen werden Ihnen die folgenden Richtlinien dabei helfen, Ihrem Baby ein gesundes Schlafverhalten anzugewöhnen:

• Versuchen Sie, Ihr Baby nach den Mahlzeiten für kurze Zeit wach zu halten.

• Lassen Sie Ihr Baby am späten Nachmittag nicht zu lange schlafen.

• Füttern Sie Ihr Baby nicht nach 15.15 Uhr, da es dann seine Abendmahlzeit nicht gut zu sich nehmen wird.

• Führen Sie jeden Abend das gleiche Einschlafritual durch und gestatten Sie keinen Besuch im Kinderzimmer, während Sie Ihr Baby zu Bett bringen.

• Lassen Sie Ihr Baby nicht erst übermüden; rechnen Sie mindestens eine Stunde ein für das Baden, Füttern und zu Bett bringen.

• Stimulieren Sie Ihr Baby nicht übermäßig, nachdem Sie es gebadet haben.

• Wiegen Sie Ihr Baby nicht in Ihren Armen in den Schlaf; versuchen Sie, es im Bett schlafen zu legen, bevor es in einen tiefen Schlaf fällt.

• Sollten Sie einen Schnuller benutzen, um Ihr Baby vor dem Einschlafen zu beruhigen, dann entfernen Sie ihn wieder, bevor Sie Ihr Baby ins Bett legen.

• Sollte Ihr Baby an der Brust oder mit der Flasche einschlafen, dann wecken Sie es ganz sanft auf, bevor Sie es ins Bett legen.

Spielen

Alle Babys lieben es, wenn man mit ihnen schmust, mit ihnen spricht und ihnen vorsingt. Die Forschung hat auch gezeigt, dass sogar schon sehr junge Babys großes Interesse an einfachen Büchern und anregendem Spielzeug zeigen. Damit Ihr Baby diese Aktivitäten genießen kann, ist es wichtig, dass Sie dies zur richtigen Zeit tun. Üblicherweise ist ein günstiger Zeitpunkt hierfür eine Stunde nachdem Ihr Baby aufgewacht ist und gefüttert wurde. Sie sollten allerdings niemals 20 Minuten vor seiner Schlafenszeit mit ihm spielen und es überstimulieren. Stellen Sie sich vor, wie Sie sich fühlen würden, wenn Sie dabei wären, einzuschlafen und jemand käme zu Ihnen und wollte mit Ihnen lachen und Witze machen. Ich bezweifle, dass Ihnen das gefallen würde – nehmen Sie daher Rücksicht auf Ihr Baby, das die gleiche Ruhe benötigt wie Sie selbst, bevor es einschlafen kann.

Achten Sie auch darauf, an welche Spielzeuge Sie Ihr Baby gewöhnen. Ich empfinde es als große Hilfe, Spiele und Bücher einzuteilen in solche, die nach dem Aufwachen gespielt und angeschaut werden und solche, die zum Einschlafritual gehören. Mobilés mit Musik, farbenfrohe „Spielcenter", schwarz-weiße Stoffbücher und Poster oder Karten mit Abbildungen von einfachen Gesichtern oder Objekten eignen sich bestens dafür, junge Babys für eine Weile anzuregen. Benutzen Sie diese Dinge nur während der Spielzeiten und bestimmen Sie zwei oder drei andere Spielzeuge, die weniger anregend sind, für die Einschlafzeiten. Babys haben sehr kurze Aufmerksamkeitsspannen. Ständiges Sprechen und Hantieren mit dem Baby während der „Spielzeiten" kann schnell zu Überreizung führen. Es ist daher wichtig, dass Sie sich von Ihrem Baby leiten lassen hinsichtlich des Maßes an Unterhaltung und Stimulierung, das es verträgt. Babys sollten schon sehr früh dabei unterstützt werden, sich selbst für eine kurze Weile zu beschäftigen und sich viel zu bewegen. Dies wird natürlich besser gefördert, wenn das Baby auch mal auf seiner Spieldecke oder unter seinem Mobilé liegen darf, als wenn es immer auf dem Arm gehalten wird.

Schmusen

Babys brauchen sehr viel Körperkontakt und Liebkosung, aber das sollten Sie immer nach dem Bedürfnis Ihres Babys ausrichten und nicht nach Ihrem eigenen. Das Baby benötigt viel seiner Energie, um zu wachsen, und sein kleiner Körper sollte daher nicht zu schnell durch Ihr Herumhantieren ermüden – Babys sind keine Spielzeuge. Unterscheiden Sie zudem zwischen der Art des Schmusens während der Spiel- und Einschlafzeiten. Vor dem Einschlafen geht es eher um den intensiven Körperkontakt. Aber es ist auch wichtig, dass Ihr Baby nicht während des Trinkens in den Schlaf „geknuddelt" wird. Nachdem es ungefähr eine Stunde wach gewesen ist und gefüttert wurde, sollte Ihr Baby sich ein wenig alleine beschäftigen können. Wenn Sie über die gesamte Spielzeit hinweg mit ihm schmusen, wird es nicht mehr so gut auf jenes Schmusen reagieren, das es auf seinen Mittagsschlaf vorbereiten soll. Während der Liebkosungen vor dem Einschlafen sollten Sie nicht viel sprechen und den intensiven Augenkontakt vermeiden, da Ihr Baby dadurch überstimuliert werden könnte und dann nicht gut einschläft. Genießen Sie einfach die friedliche Nähe zu Ihrem Baby.

Die Mahlzeiten während des ersten Jahres strukturieren

Egal ob sie mit der Flasche gefüttert oder gestillt werden, können die meisten Babys während der ersten Wochen keinen strikten vier-Stunden-Takt beim Füttern durchhalten, und das Ziel der CLB-Routinen ist es daher, auf die individuellen Bedürfnisse eines jeden Babys einzugehen. Ich empfehle, Babys in den ersten Tagen in einem Abstand von drei Stunden zu füttern und sie erst nachdem sie ihr Geburtsgewicht wieder erreicht haben und circa 30 g pro Tag zunehmen, länger zwischen den Mahlzeiten aushalten zu lassen. Im Alter von zwei Wochen sollte Ihr Baby drei bis vier Stunden zwischen den Mahlzeiten aushalten können, sofern es sein Geburtsgewicht wieder erlangt hat, mehr als 3,2 kg wiegt und zu den angegebenen Zeiten eine volle Mahlzeit zu sich nimmt. Indem Sie feste Fütterzeiten vorgeben, erreichen Sie, dass es mehrere Fütterabstände von drei Stunden und sogar einige von vier Stunden geben wird. Und wenn Sie die Fütterzeiten nach den Routinen ausrichten, dann wird der Abstand von vier Stunden zwischen zwei Mahlzeiten immer zwischen 10 und 14 Uhr und zwischen 19 und 7 Uhr stattfinden. Das heißt, dass ein Baby, das um 18 Uhr getrunken hat, bis 22 Uhr ohne Mahlzeit auskommen würde, gegen 2 oder 3 Uhr wieder trinken würde und dann bis 5 / 6 / 7 Uhr schlafen könnte.

Denken Sie daran, dass sich der drei-Stunden-Abstand zwischen zwei Mahlzeiten vom Anfang der einen zum Anfang der nächsten

Mahlzeit berechnet. Ein Baby, das also um 7 Uhr mit dem Trinken anfängt, müsste demnach um 10 Uhr wieder anfangen zu trinken. Ich betone allerdings immer wieder: Wenn Sie den Eindruck haben, dass Ihr Baby vor den empfohlenen Zeiten ernsthaft hungrig ist, dann muss es unbedingt gefüttert werden. Es macht aber Sinn, nach den Ursachen dafür zu suchen, warum es zu den empfohlenen Zeiten zum Beispiel keine volle Mahlzeit einnimmt. Sollten Sie stillen, dann könnte es sein, dass Ihr Baby mehr Zeit an der zweiten Brust braucht; wenn Sie mit der Flasche füttern, braucht Ihr Baby vielleicht ein paar Milliliter mehr zu einigen Mahlzeiten.

Zwischen der zweiten und vierten Woche halten es dann die meisten Babys, die 180 bis 240 g pro Woche zunehmen, länger nach einer Mahlzeit aus – üblicherweise viereinhalb bis fünf Stunden. Wenn Sie mit dem Füttern nach der Routine vorgehen, dann wird dieser längere Abstand zur richtigen Zeit stattfinden, also zwischen 23 und 7 Uhr.

Wenn Ihr Baby bisher nach Bedarf gefüttert wurde und Sie nun mit einer Routine anfangen möchten, empfehle ich, dass Sie von den ersten Routinen diejenige auswählen, die seinen gewohnten Zeiten am nächsten kommt. Ein neun Wochen altes Baby könnte demnach zum Beispiel mit der Routine für zwei bis vier Wochen alte Babys anfangen. Sobald es ihm mit dieser Routine gut geht, sollten Sie sich innerhalb von sieben bis zehn Tagen durch die nächsten zwei Routinen arbeiten können. Wenn Ihr Baby dann 12 Wochen alt ist, sollte es bereits ziemlich gut auf die für sein Alter angemessene Routine eingestellt sein. Auch wenn es noch etwas länger dauern wird, bis Ihr Baby die Nacht durchschläft, ist das eigentlich Wichtige, dass es nur einmal in der Nacht gefüttert werden muss und über einen Zeitraum von mehreren Wochen hinweg kontinuierlich die Zeit verlängert, die es nach seiner letzten Mahlzeit schlafen kann. Sobald Ihr Baby in der Nacht länger schläft, ist es wichtig, dass Sie genau beobachten, wie Sie die Fütterzeiten einteilen müssen. Hier kann nämlich einiges schief laufen; besonders wenn Sie sich allzu strikt an die Routinen gehalten haben. Beachten Sie immer, dass der Schlüssel

zu den CLB-Routinen darin besteht, flexibel zu bleiben und ein
Baby nicht zu zwingen, länger zwischen zwei Mahlzeiten auszuhalten, als es physisch in der Lage ist.

Nachfolgend finden Sie einen Auszug des Füttertagebuchs der
Mutter eines fünf Wochen alten Babys, das nach dem vier-
Stunden-Plan gefüttert wurde. Der Auszug zeigt, wie schnell die
Dinge verkehrt laufen können, wenn eine strikte vier-Stunden-
Routine durchgezogen wird.

Dienstag	3.00	7.00	11.00	15.00	19.00	23.00
Mittwoch	3.00	7.00	11.00	15.00	19.00	23.00
Donnerstag	4.00	8.00	12.00	16.00	20.00	24.00
Freitag	5.00	9.00	13.00	17.00	21.00	23.00
Samstag	2.00	6.00	10.00	14.00	18.00	22.00
Sonntag	2.00	6.00	10.00	14.00	18.00	22.00

Da sie sich bewusst darüber wurde, dass die Fütterzeiten aus dem
Ruder gerieten, hat die Mutter versucht, wieder zu den alten Zeiten zu gelangen, indem sie ihr Baby am Freitag Abend um 23 Uhr
zum Füttern weckte. Das funktionierte nicht, da das Baby um
21 Uhr eine volle Mahlzeit getrunken hatte und nun nicht hungrig war. Also nahm es um diese Zeit so wenig zu sich, dass es um
2 Uhr wieder aufwachte und äußerst hungrig war. Diese volle
Mahlzeit um 2 Uhr brachte natürlich die gesamten nächtlichen
Fütterzeiten durcheinander. Selbst wenn die Mutter ihrem Baby
um 21 Uhr eine kleinere Mahlzeit gegeben hätte, hätte es wahrscheinlich um 23 Uhr nicht viel mehr zu sich genommen. Es hatte
erst seit einer Stunde geschlafen und wäre nicht wach genug gewesen, um eine volle Mahlzeit zu trinken, als es um 23 Uhr geweckt wurde.

Wie ich bereits erwähnt habe, ist der einfachste Weg, Ihr Baby in
der Routine zu halten, der, immer um 7 Uhr aufwecken. Sobald
es bis 5 oder 6 Uhr schläft, sollte es eine weitere kleine Mahlzeit
um 7 oder 7.30 Uhr erhalten. So halten Sie nicht nur die rest-

lichen Mahlzeiten des Tages in einer vernünftigen Struktur, sondern stellen auch sicher, dass sich die Schlafzeiten Ihres Babys günstig gestalten und es um 19 Uhr bereit ist, ins Bett zu gehen. Die folgenden Hinweise dienen außerdem dazu, dass Ihr Baby – sobald es physisch dazu in der Lage ist – die Nacht hindurch schläft, und unterstützen Sie dabei, es auf die Einführung fester Nahrung und die Reduzierung seiner Milchmahlzeiten vorzubereiten.

Die Routinen des Fütterns verstehen

Die Mahlzeit um 6 / 7 Uhr

• Je nachdem, wann Ihr Baby in der Nacht getrunken hat, wird es wahrscheinlich zwischen 6 und 7 Uhr aufwachen. Um 7 Uhr sollte es aber in jedem Fall geweckt werden. Denken Sie daran, dass ein wesentlicher Schlüssel dafür, dass Ihr Baby die Nacht durchschläft, darin liegt sicherzustellen, dass es seine täglich benötigten Mahlzeiten möglichst zwischen 7 und 23 Uhr einnimmt, sobald es physisch dazu in der Lage ist, größere Mengen zu sich zu nehmen.

• Egal, ob Sie Ihr Baby mit der Flasche füttern oder stillen ist der einzige Weg, Ihr Baby in eine gute Routine zu bringen, den Tag um 7 Uhr zu beginnen. Sobald Ihr Baby nachts durchschläft, wird es zu dieser Uhrzeit am hungrigsten sein.

• Während der Wachstumssprünge sollten Sie Ihrem gestillten Baby mehr Zeit an der Brust lassen um sicher zu gehen, dass sein erhöhter Nahrungsbedarf gedeckt ist. Wenn Sie bis dahin abgepumpt haben, können Sie diese Menge um 30 ml reduzieren, damit sein Bedarf sofort gestillt wird. Sollten Sie nicht abgepumpt haben, können Sie zwar weiterhin die dem Alter Ihres Babys angemessene Routine befolgen, aber Sie werden vor den Tagesschläfchen mit einer kleinen Stillmahlzeit ergänzen müssen. Wenn Sie das ungefähr eine Woche lang machen, sollte sich so Ihre Milchproduktion erhöhen. Das erkennen Sie daran, dass Ihr

Baby zu seinen Tagesschlafzeiten gut schlummert und sich an der nächsten Mahlzeit nicht so interessiert zeigt. Sobald das erfolgt, können Sie langsam die ergänzende Mahlzeit vor den Schlafenszeiten reduzieren, bis Sie sich wieder in der ursprünglichen Fütterroutine befinden. Ein mit der Flasche gefüttertes Baby sollte 30 ml mehr pro Mahlzeit erhalten, sobald es seine Flasche regelmäßig bis zum letzten Schluck leert.

Mit sieben Monaten …
• Wenn Ihr Baby nun ein ganzes Frühstück bestehend aus Cerealien, Früchten und eventuell kleinen Stückchen Toast zu sich nimmt, dann sollten Sie die Mengen, die es aus der Flasche oder durch das Stillen erhält, langsam reduzieren. Versuchen Sie die Milchzufuhr nun aufzuteilen in die übliche Flaschen- oder Stillmahlzeit sowie die Cerealien oder den Brei. Sorgen Sie dafür, dass Ihr Baby mindestens 150 bis 180 ml trinkt, bevor es seine feste Mahlzeit zu sich nimmt.
• Wenn Sie noch stillen, reduzieren Sie langsam die Zeit, die Ihr Baby an der ersten Brust trinkt, geben Sie ihm dann seine feste Mahlzeit und anschließend noch ein wenig Milch von der zweiten Brust. Achten Sie genau darauf, dass sich die Menge der festen Nahrung nicht so weit erhöht, dass Ihr Baby seine Milchmahlzeit zu sehr reduziert.
• Ihr Baby benötigt immer noch mindestens 600 ml Milch pro Tag – das schließt die Milch mit ein, die sie für die Zubereitung der festen Mahlzeiten verwenden und sollte auf drei bis vier Milchmahlzeiten aufgeteilt werden.

… beziehungsweise mit zehn Monaten
• Wenn Ihr Baby mit der Flaschenmilch gefüttert wird, ermutigen Sie es dazu, nun seine gesamte Tagesration aus dem Becher zu trinken. Stellen Sie weiterhin sicher, dass Sie die Milch vor der Mahlzeit anbieten. Wenn Ihr Baby 150 bis 180 ml davon getrunken hat, bieten Sie ihm die Cerealien beziehungsweise den Brei an. Anschließend bieten Sie ihm die restliche Milch an.
• Es ist wichtig, dass Ihr Baby über die Milchmahlzeit aus dem

Becher sowie die feste Mahlzeit zusammen mindestens 180 bis 240 ml Milch erhält.
• Wenn Sie noch stillen, geben Sie Ihrem Baby die erste Brust, dann die feste Mahlzeit und dann wieder die Brust.
• Ihr Baby braucht ein Minimum von 540 ml Milch pro Tag, einschließlich der Milch, die es mit den festen Mahlzeiten erhält und aufgeteilt auf zwei bis drei Milchmahlzeiten.

Die Mahlzeit um 10 / 11 Uhr

• Während der ersten Lebenswochen wird die Großzahl der Babys, die zwischen 6 und 7 Uhr getrunken haben, gegen 10 Uhr aufwachen und eine Mahlzeit benötigen. Selbst wenn Ihr Baby nicht von selbst aufwacht und seine Mahlzeit verlangt, ist es wichtig, dass Sie es wecken. Denken Sie daran, wie wichtig es ist, dass Ihr Baby tagsüber regelmäßig trinkt, damit es nur einmal zwischen 23 und 6 / 7 Uhr aufwacht, um gefüttert zu werden.
• In den ersten Tagen schlafen viele Babys vier bis fünf Stunden zwischen den Tagesmahlzeiten. Aber egal ob ein Baby mit der Flasche gefüttert oder gestillt wird, führt dieses längere Schlafen schnell dazu, dass in der Nacht häufiger gefüttert werden muss, da das Baby dann seinen Tagesbedarf einfordert. Außerdem erhöht es das Risiko der Dehydrierung.
• Wenn Sie in den ersten Wochen zu wenige Tagesmahlzeiten verabreichen, bauen Sie selbst zudem keine gute Milchproduktion auf und das häufige Füttern in der Nacht ermüdet Sie so sehr, dass Ihre Milchproduktion noch weiter erschwert wird.
• Mit ungefähr sechs Wochen wird Ihr Baby wahrscheinlich eine längere Spanne nach der Mahlzeit um 7 Uhr aushalten können, so dass Sie die Mahlzeit um 10 Uhr langsam auf 10.30 Uhr schieben können. Ein Baby allerdings, das um 5 oder 6 Uhr trinkt und um 7.30 Uhr nur eine Ergänzung erhält, muss sicherlich weiterhin um 10 Uhr gefüttert werden, ebenso wie ein Baby, das um 7 Uhr einfach noch eine zu kleine Menge zu sich nimmt.
• Sobald Ihr Baby nachts durchschläft oder nur eine kleine Mahlzeit benötigt, sollte es seine größte Mahlzeit des Tages um 6.45 /

7 Uhr zu sich nehmen. Wenn es gut trinkt, sollte es seine nächste Mahlzeit erst um 11 Uhr benötigen. Wenn Sie es allerdings füttern, bevor es wirklich hungrig ist, trinkt es unter Umständen nicht so viel und wird während seines Mittagsschlafes nicht gut ruhen können. Das wird alle weiteren Mahl- und Schlafenszeiten so beeinflussen, dass alles vorgezogen werden muss und Ihr Baby am nächsten Morgen um 6 Uhr oder früher aufwachen wird.

• Diese Mahlzeit ist die nächste, die während eines Wachstumssprunges erhöht werden sollte.

Mit sechs bis sieben Monaten ...

• Sobald Ihr Baby Frühstück isst, können Sie diese Mahlzeit etwas später zubereiten, so dass Ihr Baby irgendwann gegen 11.30 oder 12 Uhr zum Mittagsschlaf hingelegt wird. So stellt sich im Alter von sechs / sieben Monaten der Rhythmus für drei Mahlzeiten pro Tag ein und die Milchmahlzeit wird ersetzt durch Saftschorle oder Wasser aus dem Becher.

• Es ist wichtig, dass Sie stufenweise vorgehen und die Milchmahlzeiten allmählich reduzieren, während Sie die festen Mahlzeiten vergrößern.

• Einige Babys weigern sich schlichtweg, diese Milchmahlzeit zu reduzieren oder aufzugeben. Sollte Ihr Baby dazu gehören, schauen Sie auf Seite 265 und folgende nach Hinweisen, wie damit umzugehen ist.

... beziehungsweise mit sieben Monaten

• Wenn Ihr Baby nun ausgewogen mit fester Nahrung versorgt wird, was ein proteinreiches Mittagessen beinhaltet, ist es wichtig, dass diese Milchmahlzeit durch eine Saftschorle oder Wasser ersetzt wird. Die Verabreichung von Pulvermilch zusammen mit einer Proteinmahlzeit kann die Aufnahme des Körpers von Eisen um 50 % verringern.

• Geben Sie Ihrem Baby den größten Teil der festen Mahlzeit, bevor Sie ihm das Getränk anbieten, damit es sich nicht gleich „satt" trinkt.

Die Mahlzeit um 14.30 Uhr

• Halten Sie diese Mahlzeit während der ersten Monate etwas kleiner, damit Ihr Baby zur Mahlzeit um 17 / 18.15 Uhr ordentlich trinkt – außer wenn Ihr Baby nicht gut während des Mittagsschlafes schläft und seine Mahlzeit etwas früher mit einer Ergänzung um 14.30 Uhr benötigt. Falls Ihr Baby aus irgendeinem Grund um 10 Uhr nicht genügend getrunken hat oder früher gefüttert worden ist, erhöhen Sie diese Mahlzeit entsprechend, so dass sein täglicher Milchbedarf insgesamt gedeckt wird.

• Sollte Ihr Baby sehr hungrig sein und seine Flasche bei dieser Mahlzeit regelmäßig leeren, können Sie ihm die volle Menge geben – vorausgesetzt, es trinkt dann bei der nächsten Mahlzeit nicht weniger.

• Gestillte Babys sollte man zu dieser Mahlzeit länger an der Brust lassen, wenn sie es nicht gut bis zur nächsten Mahlzeit aushalten.

Mit acht Monaten …

• Wenn Ihr Baby nun drei feste Mahlzeiten am Tag erhält und seine Milchmahlzeit zum Mittag durch Saftschorle oder Wasser ersetzt worden ist, müssen Sie diese Mahlzeit wahrscheinlich etwas vergrößern, damit Ihr Baby weiterhin seinen täglichen Milchbedarf mit drei Milchmahlzeiten decken kann.

• Sollte Ihr Baby allerdings von selbst seine letzte Milchmahlzeit des Tages reduzieren, dann ist zu empfehlen, dass Sie diese Milchmahlzeit kleiner halten und den verbleibenden Tagesbedarf an Milch über die Cerealien und die sonstigen gekochten Mahlzeiten decken.

• Ihr Baby benötigt weiterhin mindestens 600 ml Milch pro Tag, einschließlich der im Brei und in sonstigen Gerichten verwendeten Milch.

… beziehungsweise mit neun bis zwölf Monaten

• Babys, die mit der Flasche gefüttert wurden, sollten ihre Milch nun aus dem Becher trinken. Das wird die Menge, die sie täglich zu sich nehmen, automatisch reduzieren.

• Sollte das nicht der Fall sein und Ihr Baby stattdessen sein Interesse an der Mahlzeit morgens oder abends verliert, können Sie diese Mahlzeit direkt reduzieren. Wenn Ihr Baby insgesamt 540 ml Milch pro Tag (einschließlich der im Brei und in sonstigen Gerichten verwendeten Milch) und darüber hinaus ausgewogene feste Nahrung zu sich nimmt, können Sie diese Mahlzeit sogar komplett streichen.

• Im Alter von einem Jahr benötigt Ihr Baby mindestens 350 ml Milch pro Tag, einschließlich der im Brei und in sonstigen Gerichten verwendeten Milch.

Die Mahlzeit um 18 / 19 Uhr

• Es ist wichtig, dass Ihr Baby um diese Zeit immer ausreichend trinkt, damit es zwischen 19 und 22 Uhr gut schläft.

• Es sollte nach 15.15 Uhr keine Milch mehr erhalten, da es sonst um diese Zeit nicht mehr gut trinken wird.

• In den ersten Wochen ist diese Mahlzeit in zwei Hälften geteilt, von denen die erste um 17 und die zweite um 18.15 Uhr eingenommen wird, damit Ihr Baby während der Badezeit und Abendroutine nicht ausgehungert ist. Sobald Ihr Baby über zwei Wochen hinweg nachts durchgeschlafen hat, können Sie die Mahlzeit um 17 Uhr streichen. Ich empfehle, diese Mahlzeit nicht früher zu streichen, da eine größere Mahlzeit um 18.15 Uhr dazu führen könnte, dass Ihr Baby dann zu seiner letzten Mahlzeit weniger trinkt und wieder früher aufwachen könnte. Vielen der Babys, um die ich mich bisher gekümmert habe, habe ich die zweigeteilte Abendmahlzeit so lange gegeben, bis die feste Nahrung eingeführt worden war, um sicher zu gehen, dass sie während des Tages ausreichend Milch erhielten.

• Gestillte Babys, die um 19 Uhr nicht gut einschlafen, sollten dann eine kleine Zusatzmahlzeit abgepumpter Milch erhalten. Es könnte sein, dass Ihre Milchproduktion zu dieser Tageszeit etwas herunter gegangen ist.

Mit vier bis fünf Monaten ...

• Wenn Ihr Baby bereits früh an feste Nahrung gewöhnt wurde, sollte es den größten Teil seiner Milchmahlzeit noch vor der festen Nahrung erhalten, da die Milch in seinem Alter immer noch den wichtigsten Nährstofflieferanten darstellt.

• Die meisten Babys nehmen in diesem Alter eine volle Still- oder Flaschenmahlzeit ein.

• Wenn Ihr Baby bereits feste Nahrung zu sich nimmt, aber zu dieser Mahlzeit sehr müde ist und Sie Schwierigkeiten haben, ihm seine gesamte Milchmahlzeit sowie die feste Nahrung zu geben, die es erhalten sollte, dann passen Sie die Fütterzeiten an.

• Versuchen Sie, ihm zwei Drittel seiner Milchmahlzeit gegen 17.30 Uhr zu geben, und geben Sie ihm anschließend die feste Nahrung, verschieben Sie dann sein Bad auf circa 18.25 Uhr. Nach dem Bad können Sie ihm dann die restliche Milch anbieten. Sollten Sie mit Pulvermilch füttern, ist es ratsam, zwei getrennte Portionen anzufertigen, damit die Milch wirklich frisch ist.

• Ein gestilltes Baby von fünf Monaten, das bereits feste Nahrung zu sich nimmt und nun anfängt, vor 22.30 Uhr wieder aufzuwachen, erhält eventuell nicht genug Nahrung zu dieser Mahlzeit.

• Versuchen Sie, um 17.30 Uhr eine volle Stillmahlzeit zu geben, gefolgt von der festen Nahrung und dem Bad um 18.15 Uhr, und ergänzen Sie dann mit abgepumpter Milch oder Pulvermilch nach dem Bad. Ein Baby, das in diesem Alter noch keine feste Nahrung zu sich nimmt, wird wahrscheinlich weiterhin seine auf 17 und 18.15 Uhr aufgeteilte Milchmahlzeit benötigen, bis die feste Nahrung eingeführt wird.

... beziehungsweise mit sechs bis sieben Monaten

• Die meisten Babys nehmen ihr Abendessen nun um 17 Uhr ein, gefolgt von einer vollen Still- oder Flaschenmahlzeit. Sobald die feste Nahrung etabliert ist und die Mahlzeit um 22.30 Uhr gestrichen wurde, werden Sie – falls Sie stillen – unter Umständen feststellen, dass Ihr Baby nun wieder früher aufwacht. Ich empfehle, in diesem Fall mit abgepumpter Milch zu ergänzen um sicher zu gehen, dass Ihr Baby um 19 Uhr leicht einschläft und bis zum Morgen durchschläft.

… beziehungsweise mit zehn bis zwölf Monaten
• Babys, die mit der Flasche gefüttert wurden, sollten im Alter von einem Jahr ihre gesamte Milchration aus dem Becher zu sich nehmen. Babys, die dann immer noch aus der Flasche trinken bekommen eher Essprobleme, weil sie durch die Flasche weiterhin große Mengen an Milch zu sich nehmen und ihr Appetit auf die feste Nahrung eingeschränkt bleibt.
• Fangen Sie an, Ihrem Baby im Alter von zehn Monaten einen Teil seiner Milch aus dem Becher zu geben, so dass es mit einem Jahr seine gesamte letzte Milchmahlzeit aus dem Becher zu sich nimmt.

Die Mahlzeit um 22 / 23 Uhr

Ich empfehle Eltern von gestillten Babys ausdrücklich, nicht später als in der zweiten Lebenswoche zu dieser Mahlzeit eine Flasche abgepumpter Milch oder Pulvermilch einzuführen. So können Sie sich die Verantwortung für das Füttern mit Ihrem Partner oder einer weiteren Person teilen.

Darüber hinaus vermeiden Sie so das häufige Problem, dass Ihr Baby zu einem späteren Zeitpunkt die Flasche ablehnen könnte. Ein Baby, das ausschließlich gestillt wird, jünger als drei Monate alt ist und kontinuierlich zwischen 2 und 3 Uhr aufwacht, bekommt vielleicht nicht genug zu trinken zu dieser Mahlzeit. Um diese Tageszeit ist die Milchproduktion üblicherweise an ihrem niedrigsten Stand angelangt.

Sollten Sie sich entscheiden, hier mit abgepumpter Milch oder Pulvermilch zu ergänzen, anstatt diese Mahlzeit vollständig mit einer Flaschenmahlzeit zu ersetzen, dann stellen Sie sicher, dass Ihr Baby die Brust komplett leer getrunken hat, bevor Sie die ergänzende Milch anbieten.

Bei mit der Flasche gefütterten Babys ist es einfacher festzustellen, ob sie zu dieser Mahlzeit genug Milch erhalten haben. Wenn Sie während der Wachstumssprünge immer nur die Tagesmahlzeiten erhöhen, wird Ihr Baby zu dieser Mahlzeit wahrscheinlich nie mehr als 180 ml benötigen. Trotzdem kann es Babys geben, die zum Beispiel ein Geburtsgewicht von mehr als 4,5 kg hatten, die ein Stadium erreichen, in dem sie zu dieser Mahlzeit mehr Milch benötigen, bis die feste Nahrung eingeführt worden ist. Auf Seite 80 und folgende finden Sie Richtlinien zur Menge an Pulvermilch, die ihr Baby täglich benötigt.

Mit drei bis vier Monaten …

• Wenn Ihr Baby zwei Wochen lang bis 7 Uhr durchgeschlafen hat, können Sie diese Mahlzeit alle drei Nächte um zehn Minuten nach vorne verschieben, bis Ihr Baby von 22 Uhr bis 6.45 / 7 Uhr durchschläft.

• Wenn Ihr Baby ausschließlich gestillt wird und immer noch früh in der Nacht aufwacht, obwohl es zu dieser Mahlzeit eine Ergänzung aus der Flasche erhält, dann sollten Sie mit Ihrem Kinderarzt besprechen, ob es Sinn macht, die späten Stillmahlzeiten durch Pulvermilch-Mahlzeiten zu ersetzen. Die meisten mit Pulvermilch gefütterten Babys nehmen vier bis fünf Mahlzeiten am Tag von je 210 bis 240 ml ein.

• Falls ein mit Pulvermilch gefüttertes Baby in diesem Alter nicht durchschläft, könnte es sein, dass es etwas mehr Milch zu dieser Mahlzeit benötigt. Selbst wenn es dadurch seine Morgenmahlzeit etwas reduzieren sollte, könnte es das wert sein, ihm zu dieser späten Mahlzeit einige Milliliter mehr anzubieten.

• Manche Babys fangen mit drei bis vier Monaten an, diese Mahlzeit einfach abzulehnen. Sofern Ihr Baby vier gute Stillmahlzeiten am Tage zu sich nimmt und Ihr Kinderarzt zufrieden mit seiner Gewichtszunahme ist, können Sie diese Mahlzeit nun einfach streichen. Wenn Ihr Baby als Folge dessen jedoch wieder früher aufwacht und nicht innerhalb von zehn Minuten wieder in den Schlaf findet, müssen Sie davon ausgehen, dass es aufwacht, weil es hungrig ist, und es füttern. Dann sollten Sie die Mahlzeit um 22.30 Uhr eventuell wieder einführen, bis Ihr Baby an die feste Nahrung gewöhnt sein wird.

• Sollte Ihr Baby zweimal pro Nacht aufwachen (typischerweise um 2 Uhr und um 5 Uhr) oder einfach nicht länger als 5 Uhr schlafen können, dann können Sie versuchen, Ihr Baby um 21.45 Uhr aufzuwecken, um ihm diese Mahlzeit zu geben. Stellen Sie sicher, dass es richtig wach ist, indem Sie zum Beispiel seine Windel wechseln oder es ein wenig auf seiner Spieldecke strampeln lassen. Machen Sie das Licht hell an. Ihr Baby sollte um 22 Uhr anfangen zu trinken. Versuchen Sie dann, es bis 23 Uhr wach zu halten, indem Sie seine Windel wechseln oder es auf der Decke strampeln lassen (was immer Sie um 21.45 Uhr noch nicht getan hatten). Geben Sie ihm dann noch eine ergänzende Milchmahlzeit, bevor Sie es um 23 Uhr wieder zum Schlafen hinlegen. Indem Sie sicherstellen, dass Ihr Baby zu dieser Mahlzeit länger wach ist und indem Sie seine Mahlzeit etwas aufteilen, kann es gelingen, dass es nur noch einmal in der Nacht aufwacht. Sobald das der Fall ist und Ihr Baby etwas länger am Stück in der Nacht schläft, können Sie den Beginn dieser Mahlzeit wieder auf 22 / 22.15 Uhr schieben.

... beziehungsweise mit vier bis sieben Monaten
• In diesem Alter sollten die meisten Babys in der Lage sein, nach dieser Mahlzeit die Nacht hindurch zu schlafen – vorausgesetzt, dass sie ihre Tagesration an Milch zwischen 7 und 23 Uhr erhalten.
• Ein ausschließlich gestilltes Baby kann eventuell nur bis 5 Uhr durchschlafen, bis es an feste Nahrung gewöhnt sein wird.
• Sobald Ihr Baby an feste Nahrung gewöhnt ist und drei dieser Mahlzeiten pro Tag zu sich nimmt, sollte sich diese letzte Mahlzeit automatisch stufenweise reduzieren. Das hängt davon ab, wie viel feste Nahrung Ihr Baby im Alter von sechs bis sieben Monaten zu sich nimmt. Wenn Ihnen geraten wurde, Ihr Baby vor dem sechsten Lebensmonat bereits an feste Nahrung zu gewöhnen, werden Sie womöglich feststellen, dass Sie diese Mahlzeit ziemlich schnell streichen können, sobald es sechs Monate alt ist. Ein Baby hingegen, das nicht vor dem empfohlenen Alter von sechs Monaten an feste Nahrung gewöhnt wurde, wird diese Mahlzeit womöglich noch einen Monat länger benötigen, bis es

ungefähr sieben Monate alt ist. Ab diesem Zeitpunkt sollten Sie in der Lage sein, diese Mahlzeit schrittweise zu reduzieren und sie dann komplett zu streichen – vorausgesetzt, Ihr Baby trinkt am Tage genug Milch und isst seine aus fester Nahrung bestehenden Mahlzeiten.

Die Mahlzeit um 2 / 3 Uhr

• Neugeborene Babys benötigen gerade innerhalb der ersten Woche viele kleinere Mahlzeiten. Wenn sie also nachts aufwachen, ist immer anzunehmen, dass sie hungrig sind – sie sollten dann sofort gefüttert werden.
• Den Abstand zwischen den Mahlzeiten Ihres Neugeborenen sollten Sie tagsüber nie größer als drei Stunden werden lassen und nachts nicht größer als vier Stunden. Noch einmal: Dieser Abstand errechnet sich vom Anfang der einen zum Anfang der nächsten Mahlzeit.
• Wenn Ihr Baby sein Geburtsgewicht wiedererlangt hat, sollten Sie nach der Routine für zwei bis vier Wochen vorgehen. Vorausgesetzt, dass Ihr Baby zwischen 22 und 23 Uhr gut trinkt, sollte es ziemlich bald bis 2 Uhr schlafen können.

Mit vier bis sechs Wochen …
Die meisten Babys, die ein Geburtsgewicht von mehr als 3,2 kg hatten und nun kontinuierlich 180 bis 240 g pro Woche zunehmen, sind in der Lage, nachts eine längere Zeit am Stück zu schlafen – vorausgesetzt, dass:
• das Baby inzwischen mehr als 4 kg wiegt und seinen Tagesbedarf an Milch während der fünf Mahlzeiten zwischen 7 und 23 Uhr deckt; und
• das Baby im Zeitraum von 7 bis 19 Uhr nicht mehr als 4,5 Stunden schläft.

… beziehungsweise mit sechs bis acht Wochen
• Sollte Ihr Baby mehr als 4 kg wiegen, wöchentlich 180 bis 240g zunehmen und immer noch zwischen 2 und 3 Uhr aufwachen,

obwohl es um 22.30 Uhr kräftig trinkt, dann versuchen Sie, es mit ein wenig kühlem, abgekochtem Wasser zu beruhigen. Wenn es trotzdem nicht in den Schlaf findet, dann müssen Sie es schließlich füttern. Ich empfehle in diesem Fall aber, in Kapitel 8 nachzusehen nach möglichen Ursachen dafür, dass Ihr Baby nicht länger am Stück schlafen kann.

• Sollte Ihr Baby sich mit dem Wasser beruhigen lassen, so wird es wahrscheinlich gegen 5 Uhr wieder aufwachen. Zu dieser Zeit können Sie ihm dann eine volle Mahlzeit geben, gefolgt von einer kleinen Ergänzung um 7 / 7.30 Uhr. So bleibt sein Trink- und Schlafrhythmus für den Rest des Tages erhalten.

• Innerhalb von einer Woche schlafen die Babys üblicherweise weiter durch bis circa 5 Uhr und erhöhen ihre Schlafenszeit schrittweise bis 7 Uhr. In dieser Zeit könnte Ihrem Baby die Ergänzung um 7 / 7.30 Uhr nicht mehr ausreichen, um bis zur nächsten empfohlenen Mahlzeit um 10.45 / 11 Uhr durchzuhalten. Sie müssten ihm dann eventuell die Hälfte der nächsten Mahlzeit um 10 Uhr geben und den zweiten Teil um 10.45 / 11 Uhr, gefolgt von einer weiteren Ergänzung direkt vor dem Mittagsschlaf. So stellen Sie sicher, dass Ihr Baby nicht zu früh aus dem Mittagsschlaf erwacht.

... beziehungsweise mit drei bis vier Monaten

Sowohl gestillte als auch mit der Flasche gefütterte Babys sollten in diesem Alter eine längere Strecke am Stück in der Nacht schlafen können – vorausgesetzt, dass sie ihren Tagesbedarf an Milch zwischen 6 und 7 Uhr und zwischen 22 und 23 Uhr zu sich nehmen.

Ihr Baby sollte im Zeitraum von 7 bis 19 Uhr nicht mehr als drei Stunden schlafen.

Sollte Ihr Baby weiterhin vor 4 / 5 Uhr aufwachen und sich nicht ohne eine Milchfütterung wieder beruhigen lassen, ist es ratsam, wenn Sie eine detaillierte Liste anfertigen der täglichen Fütterzeiten und -mengen sowie der Tagesschläfchen. Ein Baby, das seine Mahlzeit um 7 Uhr reduziert, könnte nachts aus Gewohnheit aufwachen und nicht so sehr, weil es tatsächlich hungrig ist.

Einige gestillte Babys könnten tatsächlich nachts noch Hunger verspüren, wenn sie zu ihrer letzten Mahlzeit nicht genug Milch erhalten. Sollten Sie das nicht schon eingeführt haben, dann könnten Sie die letzte Mahlzeit um 22.30 Uhr mit abgepumpter Milch oder Pulvermilch ergänzen oder diese Mahlzeit komplett durch eine Pulvermilch-Mahlzeit ersetzen.

Egal ob Sie stillen oder mit der Flasche füttern: Wenn die Gewichtszunahme Ihres Baby gut verläuft, es das abgekochte Wasser zur Beruhigung ablehnt und Sie den Eindruck haben, dass Ihr Baby noch aus Gewohnheit aufwacht, dann versuchen Sie, 15 bis 20 Minuten zu warten, bevor Sie zu ihm gehen. Viele Babys werden ein wenig vor sich hin weinen und dann selbst wieder in den Schlaf finden.

Ein weiterer Grund für das nächtliche Aufwachen eines Babys in diesem Alter könnte es sein, dass es sich aufdeckt. Siehe hierzu Seite 16 und Seite 35 folgende.

… beziehungsweise mit vier bis fünf Monaten
Wenn Ihr Baby im Alter von fünf Monaten immer noch nachts aufwacht, müssen Sie wahrscheinlich einfach die Routine weiter durchhalten und noch mehr darauf achten, zu welchen Zeiten Sie füttern und wie viel Ihr Baby tagsüber schläft. Wenn Sie den Eindruck haben, dass Ihr Baby bereits auf feste Nahrung umgestellt werden sollte, konsultieren Sie Ihren Kinderarzt diesbezüglich. Eventuell braucht Ihr Baby diese Nahrung etwas früher als nach den empfohlenen sechs Monaten (siehe Kapitel 7 für mehr Details).

Die Milchmahlzeiten im ersten Jahr
finden Sie auf der nächsten Seite in Form einer Tabelle, die die Tageszeiten des Milchfütterns für jedes Alter angibt.

Alter	Tageszeiten
2–4 Wochen	2.00 / 3.00 und 6.00 / 7.00 und 10.00 / 10.30 und 14.00 / 14.30 und 17.00 und 18.00 / 18.30 und 22.00 / 23.00
4–6 Wochen	3.00 / 4.00 und 6.00 / 7.00 und 10.30 / 11.00 und 14.00 / 14.30 und 17.00 und 18.00 / 18.30 und 22.00 / 23.00
6–8 Wochen	4.00 / 5.00 und 7.30 und 10.45 / 11.00 und 14.00 / 14.30 und 18.00 / 18.30 und 22.00 / 23.00
8–10 Wochen	5.00 / 6.00 und 7.30 und 11.00 und 14.00 / 14.30 und 18.00 / 18.30 und 22.00 / 23.00
10–12 Wochen	7.00 und 11.00 und 14.00 / 14.30 und 18.00 / 18.30 und 22.00 / 23.00
3–4 Monate	7.00 und 11.00 und 14.00 / 14.30 und 18.00 / 18.30 und 22.00 / 22.30
4–5 Monate	7.00 und 11.00 und 14.00 / 14.30 und 18.00 / 18.30 und 22.00
5–6 Monate	7.00 und 11.30 und 14.00 / 14.30 und 18.00 / 18.30
6–7 Monate	7.00 und 14.00 / 14.30 und 18.00 / 18.30
7–8 Monate	7.00 und 14.00 / 14.30 und 18.00 / 18.30
8–9 Monate	7.00 und 14.00 / 14.30 und 18.00 / 18.30
9–10 Monate	7.00 und 17.00 und 18.30 / 19.00
10–12 Monate	7.00 und 17.00 und 18.30 / 19.00

Die Schlafzeiten während des ersten Jahres strukturieren

Das übergeordnete Ziel der CLB-Routinen ist es, die Zeiten, zu denen Ihr Baby Nahrung erhält, in Einklang zu bringen mit dem täglichen Schlafbedarf Ihres Babys. Ein Baby, das tagsüber nicht ausreichend trinkt, wird auch tagsüber nicht genügend schlafen; und die Voraussetzung für einen guten nächtlichen Schlaf Ihres Babys ist wiederum eine klare Struktur seines Tagesschlafes. Wenn Ihr Baby tagsüber zu viel schläft, kann es sein, dass es nachts oft aufwacht. Wenn Ihr Baby tagsüber zu wenig schläft, kann es sein, dass es überreizt und übermüdet ist, abends nur schlecht in den Schlaf findet und nur dann einschläft, wenn es völlig erschöpft ist.

Bei der Umsetzung meiner Routinen ist es wichtig im Hinterkopf zu behalten, dass sie Richtlinien darstellen, die Sie unterstützen sollen bei der Entscheidung, wie lange Ihr Baby wach bleiben kann, bevor es sich wieder ausruhen muss. Ich betone in den Routinen, dass die meisten Babys in den ersten Lebenstagen *bis zu zwei Stunden* wach bleiben können, bevor sie ihren Schlaf brauchen. Ich sage nicht, dass sie zwei Stunden wach bleiben *müssen*, sondern nur, dass sie nicht länger als zwei Stunden wach bleiben sollten, wenn Sie eine Überreizung vermeiden möchten. Wenn also Ihr Baby in den ersten Tagen nur eine bis anderthalb Stunden am Stück wach bleibt, dann müssen Sie sich keine Sorgen machen. Ihr Baby braucht schlichtweg ein wenig mehr Schlaf und je älter es wird, desto länger wird es wach bleiben können.

Sollte Ihr Baby allerdings tagsüber nur eine Stunde am Stück wach bleiben, nachts aber mehrere Stunden am Stück quietsch fidel sein, dann ist das eine andere Sache. In diesem Fall müssen Sie es möglicherweise tagsüber länger am Stück wach halten, um das exzessive Aufwachen in der Nacht zu vermeiden. Beachten Sie bitte die Hinweise hierfür ab Seite 100.

Die Relevanz der Schlafzeiten

Der Experte für Säuglingsschlaf Marc Weissbluth (siehe Seite 240 und folgende) hat die Schlafgewohnheiten von mehr als 200 Kindern ausführlich erforscht. Seiner Meinung nach ist das Schlafen am Tage eine gesunde Angewohnheit, die die Grundlage für einen gesunden Schlaf insgesamt bildet. Er erklärt, dass sich das Baby mit den Schlafzeiten am Tage eine Pause holt von all den Reizen, die es umgeben, und so seine „Batterien aufladen" kann für weitere Aktivität. Dr. Charles Schaefer, Psychologie-Professor an der Fairleigh Dickinson Universität in Teaneck, New Jersey (USA), unterstützt diese These. Er sagt: „Nickerchen strukturieren den Tag, bestimmen die Laune von Baby und Mutter und bieten der Mutter die einzige Gelegenheit, sich auszuruhen oder etwas zu erledigen."

Etliche führende Experten aus dem Bereich der Kindermedizin und -psychologie sind sich darüber hinaus einig, dass das Schlafen am Tage wichtig ist für die Gehirnentwicklung des Babys. Dr. John Herman, Experte für Säuglingsschlaf und außerordentlicher Professor der Psychologie und Psychiatrie an der Universität von Texas: „Es ist falsch, Aktivitäten zu planen und dafür den Schlaf zu streichen. Die Bedürfnisse der Eltern sollten an dritter Stelle nach dem Schlafen und Essen des Babys stehen." Ich kann diese Aussage nur nachdrücklich unterstreichen.

Mit drei bis vier Monaten sind die meisten Babys in der Lage, 12 Stunden pro Nacht zu schlafen (mit einer Mahlzeit-Unterbrechung um 22 Uhr) – vorausgesetzt, sie schlafen am Tag nicht mehr als drei bis dreieinhalb Stunden, aufgeteilt auf zwei bis drei Nickerchen. Wenn Sie wollen, dass Ihr Baby von 19 / 19.30 Uhr bis 7 / 7.30 Uhr schläft, ist es sehr wichtig, dass Sie die Nickerchen so strukturieren, dass das längste um die Mittagszeit stattfindet und Ihr Baby dann jeweils ein kürzeres Nickerchen am Vormittag und am Nachmittag hält. Auch wenn es für Sie bequemer sein sollte, Ihr Baby am Vormittag länger schlafen zu lassen und dann ein wenig kürzer am Nachmittag, könnte das zu Problemen führen, wenn es älter wird.

Sobald Ihr Baby sein Schlafbedürfnis am Tage von sich aus reduziert, wird es höchstwahrscheinlich zuerst sein Nickerchen am Nachmittag verkürzen. Dann würde sein längster Schlaf des Tages am Vormittag stattfinden. Am späten Nachmittag wird Ihr Baby somit ziemlich erschöpft sein und vielleicht schon um 18.30 Uhr ins Bett gehen müssen. Das könnte dazu führen, dass es um 6 Uhr wieder aufwacht. Sollten Sie es wiederum daran gewöhnen können, als Gegenmaßnahme zur Erschöpfung noch ein Nickerchen am späten Nachmittag zu machen, dann könnten Sie ein Problem bekommen, wenn Sie Ihr Baby abends um 19 / 19.30 Uhr zu Bett bringen wollen.

Die Schlafroutine verstehen

Das Nickerchen am Morgen

Die meisten Babys sind bereit für ein Nickerchen ungefähr zwei Stunden, nachdem sie morgens aufgewacht sind. Dieses Nickerchen sollte von kurzer Dauer sein – von circa 45 Minuten bis zu einer Stunde. Im Alter von 12 bis 18 Monaten reduzieren Babys dieses Nickerchen üblicherweise oder benötigen es sogar gar nicht mehr. Sie erkennen, dass Ihr Baby diesen Schlaf nicht mehr benötigt, wenn es eine lange Zeit braucht, um einzuschlafen und letztlich nur zehn bis 15 Minuten seines 45-Minuten-Nickerchens wirklich schläft. Wenn dieses Verhalten für ein bis zwei Wochen anhält und Ihr Baby es zufrieden bis zu seinem Mittagsschlaf aushält, können Sie das Nickerchen am Morgen einfach streichen. Es ist sehr wichtig, dass Sie immer anfangen, Ihr Baby nach den 45 Minuten aufzuwecken, auch wenn es nur die letzten zehn Minuten davon geschlafen hat. Wenn Sie ihm erlauben, noch weiter zu schlafen, werden Sie nicht erkennen, ob es bereit ist, dieses Nickerchen aufzugeben. Außerdem könnte es sein, dass Ihr Baby dann während des eigentlichen Mittagsschlafes zu wenig schläft, was wiederum zu den vorher aufgezeigten Problemen führen kann.

Ab der sechsten Woche

Bis sich ein fester Schlafrhythmus etabliert hat, sollten Sie Ihr Baby immer im abgedunkelten Kinderzimmer und bei geschlossener Tür schlafen lassen. Sobald es einen festen Tagesrhythmus gibt, kann dieses Nickerchen auch im Kinderwagen oder im Auto abgehalten werden, wenn Sie unterwegs sein müssen, aber denken Sie auch dann daran, Ihr Baby nach den 45 Minuten zu wecken. Wenn Ihr Baby um 7 Uhr wach ist, braucht es vielleicht um 9.30 Uhr immer noch einen kurzen Schlaf von 30 Minuten. Sollten Sie feststellen, dass es nur zehn bis 15 Minuten schläft und bis zu seinem Mittagsschlaf zufrieden und gut gelaunt ist, dann können Sie dieses Morgennickerchen komplett streichen. Wenn Ihr Baby bis 8 Uhr schläft, sollte es ohne das Nickerchen am Morgen bis zum Mittagsschlaf durchhalten können.

Der Mittagsschlaf

Der Mittagsschlaf sollte immer der längste Schlaf des Tages sein. Indem Sie einen guten Mittagsschlaf einführen, stellen Sie sicher, dass Ihr Baby nicht zu müde ist für die Aktivitäten am Nachmittag und dass die Abendroutine entspannt und harmonisch verläuft. Letzte Forschungen zeigen, dass ein Schläfchen zwischen 12 und 14 Uhr tiefer ist und entspannender wirkt als ein Schläfchen am späteren Nachmittag, da es mit dem natürlichen Aufmerksamkeitstief des Babys einhergeht. Wie ich bereits ausgeführt habe, wird ein längeres Schläfchen am Morgen und ein kürzeres Mittagsschläfchen den restlichen Schlaf beeinflussen und eventuell dazu führen, dass Ihr Baby morgens sehr früh aufwacht.

Die meisten Babys benötigen um diese Uhrzeit ein Schläfchen von zwei bis zweieinhalb Stunden, bis sie ungefähr 18 Monate bis zwei Jahre alt sind. Dann wird sich dieser Schlaf schrittweise auf eine bis anderthalb Stunden reduzieren. Mit drei Jahren wird Ihr Kind nach dem Mittagessen vielleicht gar nicht mehr schlafen wollen, aber es sollte immer dazu angehalten werden, sich eine kleine Auszeit in seinem Zimmer zu nehmen. Ansonsten könnte es am späten Nachmittag überreizt werden, was wiederum seinen nächtlichen Schlaf beeinflussen wird.

Ab der sechsten Woche
Wenn Ihr Baby am Morgen ganze 45 Minuten schläft, sollten Sie es nach einem zweistündigen Mittagsschlaf aufwecken. Sollte sein Nickerchen am Morgen aus irgendeinem Grund kürzer ausgefallen sein, dann können Sie Ihr Baby mittags zweieinhalb Stunden schlafen lassen. Sollte Ihr Baby einen problematischen Nachtschlaf entwickeln, dann machen Sie nicht den Fehler, es am Tage länger schlafen zu lassen.

In den ersten Tagen kann es passieren, dass der Mittagsschlaf nicht so gut verläuft und Ihr Baby nicht wieder in den Schlaf findet. Und dann wird es natürlich nicht von 13 bis 16 Uhr zufrieden durchhalten können. Ich habe für diesen Fall festgestellt, dass es am besten ist, es dann noch einmal für eine halbe Stunde nach dem Füttern um 14.30 Uhr schlafen zu lassen, um es dann um 16.30 Uhr noch einmal für eine halbe Stunde hinzulegen. Das sollte verhindern, dass Ihr Baby übermüdet und überreizt wird und so können Sie die Routine erhalten, und Ihr Baby wird um 19 Uhr gut einschlafen können. Schauen Sie auf Seite 275 nach mehr Details bei spezifischen Mittagsschlafproblemen.

Ab dem sechsten Monat
Wenn Ihr Baby nun drei Mahlzeiten am Tag isst, sollten Sie das Nickerchen am Morgen von 9 Uhr auf 9.30 Uhr schieben und den Mittagsschlaf entsprechend auf 12.30 bis 14.30 Uhr schieben. Sollte Ihr Baby mittags weniger als zwei Stunden schlafen, dann stellen Sie zunächst sicher, dass das Nickerchen am Morgen, das im Zeitraum von 7 und 12 Uhr stattfindet, nicht länger dauert als 30 Minuten.

Ab dem zwölften Monat
Wenn Ihr Baby nun Schwierigkeiten hat, einzuschlafen oder nach einer bis anderthalb Stunden bereits aufwacht, könnte es sein, dass Sie das Nickerchen am Morgen drastisch kürzen oder sogar ganz

streichen müssen. Lassen Sie Ihr Kind nicht länger als bis 14.30
Uhr schlafen wenn Sie wollen, dass es um 19 Uhr zu Bett geht.

Das Nickerchen am Nachmittag

Dieses kürzeste aller Tagesschläfchen sollte als erstes gestrichen
werden, sobald sich das Schlafbedürfnis Ihres Babys reduziert. Es
ist wichtig, dass Ihr Baby auch lernt, woanders als in seinem
Bettchen zu schlafen. Daher ist es ratsam, es dieses Nickerchen
am Nachmittag auch mal in seinem Kinderwagen oder seiner
Wippe abhalten zu lassen. Außerdem erhalten Sie so die Möglichkeit, unterwegs zu sein und Dinge zu erledigen.

Ab dem dritten Monat
Wenn Sie möchten, dass Ihr Baby abends um 19 Uhr einschläft,
sollte dieses Nickerchen nie länger als 45 Minuten sein und Ihr
Baby sollte immer um 17 Uhr wach sein – egal, wie lange oder
kurz es vorher geschlafen hat. Die meisten Babys, die die anderen beiden Schläfchen des Tages gut abhalten, werden dieses
Nickerchen am Nachmittag bald reduzieren und dann vollständig aufgeben. Wenn der Mittagsschlaf Ihres Babys aus
irgendeinem Grund besonders kurz ausgefallen sein sollte, dann
müssen Sie es nun ein wenig mehr schlafen lassen, aber stellen Sie
immer sicher, dass der Tagesschlaf insgesamt die für sein Alter
angemessene Länge nicht übersteigt.

Die Routinen anpassen

Von der Geburt bis zum sechsten Monat

Ich habe über die Jahre hinweg viele verschiedene Routinen ausprobiert und habe ausnahmslos festgestellt, dass die 7 bis 19 Uhr
Routine Neugeborene sowie ältere Säuglinge am glücklichsten
macht. Sie passt zu ihrem natürlichen Schlafbedürfnis und ihrem
Bedarf nach vielen kleinen Mahlzeiten. Ich empfehle Eltern da-

her, sich soweit es geht an die Originalroutine zu halten. Wenn Ihr Baby erst einmal sechs Monate alt ist, vier bis fünf Mahlzeiten am Tag einnimmt und weniger Schlaf braucht, ist es möglich, die Routine zu ändern, ohne die natürlichen Schlaf- und Nahrungsbedürfnisse Ihres Babys zu beeinträchtigen.

Bis zum Alter von sechs Monaten sollten die folgenden Punkte bei der Planung der Routine beachtet werden:

• In den allerersten Wochen müssen Sie bis Mitternacht mindestens fünf Mal gefüttert haben, um zu vermeiden, dass Ihr Baby mehr als einmal in der Nacht aufwacht. Das bekommen Sie nur hin, wenn Sie den Tag mit Ihrem Baby um 6 oder 7 Uhr beginnen.

• Ein Tagesrhythmus, der in den ersten Wochen von 8 bis 20 Uhr angelegt ist, wird zur Folge haben, dass Ihr Baby zweimal in der Zeit von Mitternacht bis 7 Uhr gefüttert werden muss.

Ab dem sechsten Monat

In diesem Alter ist es einfacher, die Routine zu verändern, sofern Ihr Baby angefangen hat, feste Nahrung zu sich zu nehmen und die Mahlzeit um 22.30 Uhr nicht mehr benötigt. Sollte Ihr Baby bereits kontinuierlich bis 7 Uhr schlafen, dann können Sie den Beginn des Tages auf 7.30 oder 8 Uhr legen und die Tagesroutine entsprechend verlagern. Ihr Baby wird dann natürlich abends etwas später ins Bett gehen müssen. Wenn Sie bewirken möchten, dass Ihr Baby morgens etwas länger schläft, aber abends trotzdem um 19 Uhr ins Bett geht, versuchen Sie folgendes.

• Reduzieren Sie das Nickerchen am Morgen, so dass Ihr Baby um 12 / 12.30 Uhr bereit für seinen Mittagsschlaf ist.

• ‚Halten Sie den Mittagsschlaf auf zwei Stunden begrenzt und vermeiden Sie das Schläfchen am Nachmittag.

Wenn Sie unterwegs sind

In den ersten Wochen werden die meisten Babys im Auto oder Kinderwagen sofort einschlafen. Versuchen Sie daher, Einkäufe und andere Erledigungen möglichst während der Schlafzeiten zu machen, damit die Routine so wenig wie möglich durcheinander gebracht wird. Sobald die Routine etabliert ist und Ihr Baby fast acht Wochen alt ist, werden Sie feststellen, dass Sie schon mehr unterwegs sein können, ohne dass Ihr Baby ständig einschläft. Wenn Sie einen Tagesausflug planen, können Sie diesen üblicherweise so in die Routine einfügen, dass Sie zwischen 9 und 10 Uhr reisen oder zwischen 13 und 14 Uhr. Bei der Ankunft wird Ihr Baby dann seine Mahlzeit erhalten und kann etwas wach gehalten werden. Entsprechend wird Ihnen die Routine gelingen, wenn Sie die Rückreise auf die Zeit zwischen 16 und 17 Uhr legen oder nach 19 Uhr antreten.

Tabelle: Richtwerte des Schlafbedürfnisses im ersten Lebensjahr

Alter Monat	Tageszeit	Schlafzeit pro Tag	Nickerchen Stunden
	7 8 9 10 11 12 13 14 15 16 17 18 19 20 21 22 23 24 1 2 3 4 5 6. 7		
0 – 1		15,5 – 16	5
1 – 2		15	4 – 4,5
2 – 3		14,5	3,5
3 – 4		14,5	3
4 – 6		15	3
6 – 9		14,5 – 15	2,5 – 3
9 – 12		14,5 – 15	2,5 – 3

▌ Schlaf am Tag (7 bis 19 Uhr) ▌ Schlaf zur Nacht (19 bis 7 Uhr) ▌

6. Die CLB-Routinen für das erste Lebensjahr

Falls Sie Eltern von Zwillingen sein sollten, dann beachten Sie bitte, dass ich die gesamten CLB-Routinen auch für Zwillinge adaptiert habe – zusammengestellt in meinem Buch *A Contented House with Twins*. Darin behandle ich viele Aspekte des ersten Lebensjahres, die typisch für das Leben mit Zwillingen sind und die ich aufgeschrieben habe aufgrund der vielen Anfragen von Eltern mit Zwillingsbabys.

Routine für das gestillte Baby im Alter von einer Woche

Essenszeiten	Schlafzeiten zwischen 7.00 und 19.00 Uhr
7.00 Uhr	8.30 – 10.00 Uhr
10.00 – 11.15 Uhr	11.30 – 14.00 Uhr
14.00 Uhr	15.30 – 17.00 Uhr
17.00 Uhr	
18.15 Uhr	
22.00 – 23.15 Uhr	Maximale Schlafzeit insgesamt: 5,5 Stunden
	Abpumpen: 6.45 Uhr, 10.45 Uhr

7.00 Uhr
• Das Baby sollte wach sein und mit frischer Windel nicht später als 7 Uhr anfangen zu trinken.
• Es benötigt 25 bis 35 Minuten an der vollen Brust. Bieten Sie ihm danach noch zehn bis 15 Minuten die zweite Brust an, nachdem Sie 60 bis 90 ml abgepumpt haben.
• Falls Ihr Baby um 5 oder 6 Uhr getrunken haben sollte, bieten Sie ihm 20 bis 25 Minuten von der zweiten Brust an, nachdem Sie ebenfalls ca. 90 ml abgepumpt haben.
• Füttern Sie nicht nach 8 Uhr, da Ihr Baby dann seine nächste Mahlzeit nicht einnehmen wird. Es kann jetzt bis zu eineinhalb Stunden wach bleiben.

8.00 Uhr
• Stellen Sie sicher, dass Sie selbst ein wenig Frühstück bekommen. Ideal sind Cerealien, Toast und etwas zu trinken nicht später als 8 Uhr.

8.15 Uhr
• Ihr Baby sollte jetzt etwas schläfrig werden. Selbst wenn es keine Anzeichen gibt, wird es nun sicherlich müde und Sie sollten es in sein Zimmer bringen. Wechseln Sie seine Windel falls nötig und ziehen Sie die Vorhänge zu oder lassen Sie die Rollläden herunter.

8.30 Uhr
• Legen Sie Ihr Baby ins Bett und wickeln Sie es ein (siehe Seite 35 folgende), bevor es eingeschlafen ist und in einen tiefen Schlaf fallen sollte und lassen Sie es im abgedunkelten Raum bei geschlossener Tür bis zu eineinhalb Stunden schlafen. Es sollte spätestens um 9 Uhr einschlafen.
• Jetzt ist eine gute Gelegenheit, um Flaschen und die Milchpumpe zu reinigen und zu sterilisieren.

9.45 Uhr
• Öffnen Sie die Vorhänge oder die Rollläden und decken Sie Ihr Baby auf, so dass es von selbst aufwachen kann.
• Bereiten Sie alles zum Wickeln und Anziehen vor.

10.00 Uhr
• Das Baby sollte jetzt vollkommen wach sein, egal wie lange es vorher geschlafen hat.
• Geben Sie ihm 25 bis 35 Minuten an der Brust, von der es zuletzt getrunken hat, während Sie selbst ein großes Glas Wasser trinken.
• Legen Sie Ihr Baby in sein Körbchen oder Bettchen, so dass es strampeln kann und nicht zu schläfrig wird, während Sie die Utensilien zum Abpumpen vorbereiten.

10.45 Uhr
• Pumpen Sie 60 ml von der zweiten Brust ab.
• Waschen Sie Ihr Baby, cremen Sie es ein und ziehen Sie es an.

11.00 Uhr
• Bieten Sie ihm 15 bis 20 Minuten von der Brust an, die Sie gerade abgepumpt haben.

11.20 Uhr
• Ihr Baby sollte jetzt etwas schläfrig werden. Selbst wenn es keine Anzeichen gibt, wird es nun sicherlich müde sein, und Sie sollten es in sein Zimmer bringen.
• Bereiten Sie sein Bettzeug vor und wechseln Sie seine Windel.
• Schließen Sie Vorhänge oder Rollläden und legen Sie Ihr Baby ins Bett, sobald es schläfrig wird, jedoch nicht später als 11.30 Uhr. Wickeln Sie es ein und schließen Sie die Zimmertür.
• Wenn es nicht innerhalb von zehn Minuten einschlafen sollte, bieten Sie ihm zehn Minuten an der vollen Brust an. Tun Sie dies im dunklen Raum, ohne dabei zu sprechen oder Augenkontakt aufzunehmen.

11.30 – 14.00 Uhr
• Ihr Baby benötigt nun einen Mittagsschlaf von nicht mehr als zweieinhalb Stunden.
• Sollte es nach 45 Minuten aufwachen, prüfen Sie, ob es noch eingewickelt ist, aber sprechen Sie nicht mit ihm und lassen Sie das Licht ausgeschaltet.
• Lassen Sie ihm zehn Minuten, um selbst wieder in den Schlaf zu finden. Sollte es immer noch unruhig sein, bieten Sie ihm die Hälfte seiner für 14 Uhr vorgesehenen Mahlzeit an und versuchen Sie danach, es wieder zum Schlafen zu bringen bis 14 Uhr.

12.00 Uhr
• Reinigen und sterilisieren Sie die Utensilien zum Abpumpen, essen Sie selbst zu Mittag und ruhen Sie sich bis zum nächsten Stillen aus.

14.00 Uhr
Ihr Baby sollte nicht später als 14 Uhr wach sein und anfangen
zu trinken – egal wie lange es vorher geschlafen hat.
Öffnen Sie die Vorhänge oder Rollläden, decken Sie die Bettdecke auf und lassen Sie Ihr Baby alleine aus aufwachen. Wechseln Sie seine Windel.
Geben Sie ihm 25 bis 35 Minuten von der Brust, an der es zulezt
getrunken hat. Sollte es immer noch hungrig sein, bieten Sie ihm
zehn bis 15 Minuten von der anderen Brust an, während Sie ein
großes Glas Wasser trinken.
Füttern Sie Ihr Baby nicht nach 15.15 Uhr, da es sonst seine
nächste Mahlzeit nicht einnehmen wird.
Es ist wichtig, dass Ihr Baby nun bis 15.30 Uhr wach bleibt, damit es um 19 Uhr gut einschlafen kann. Sollte es am Vormittag
sehr wach gewesen sein, dann könnte es jetzt etwas schläfriger
werden. Ziehen Sie es nicht zu warm an, da zuviel Wärme Ihr
Baby noch schläfriger macht.

15.30 Uhr
Wechseln Sie die Windel. Jetzt ist eine gute Gelegenheit, um einen
Spaziergang mit dem Baby zu machen – das stellt sicher, dass es
schön schläft und ausgeruht ist für sein Bad und seine nächste
Mahlzeit.
Ihr Baby sollte nach 17 Uhr nicht mehr schlafen, wenn es um 19
Uhr leicht einschlafen soll.

17.00 Uhr
Ihr Baby sollte vollkommen wach sein und nicht später als 17
Uhr anfangen, zu trinken.
Lassen Sie es gute 25 bis 30 Minuten an der Brust trinken, von
der es zulezt getrunken hat.
Es ist sehr wichtig, dass Ihr Baby während des Trinkens nicht schläf-
rig ist und dass es die zweite Brust erst nach seinem Bad erhält.

17.45 Uhr
Sollte Ihr Baby den Tag über sehr wach gewesen sein oder im

Zeitraum von 15.30 bis 17 Uhr gar nicht geschlafen haben, müssen Sie eventuell etwas früher mit dem Baden beginnen.

Lassen Sie es nackig und ohne Windel etwas strampeln, während Sie sein Bad und Abendritual vorbereiten.

18.00 Uhr

Mit dem Bad sollten Sie nicht später als 18 Uhr anfangen; Ihr Baby sollte dann bis 18.15 Uhr seine Massage erhalten haben und angezogen sein.

18.15 Uhr

Ihr Baby sollte nicht später als 18.15 Uhr anfangen zu trinken. Diese Stillmahlzeit sollte im abgedunkelten Kinderzimmer eingenommen werden, ohne viel zu sprechen und ohne intensiven Augenkontakt.

Sollte Ihr Baby die erste Brust um 17 Uhr nicht leergetrunken haben, lassen Sie es hier noch einmal für fünf bis zehn Minuten trinken, bevor Sie zur anderen Brust wechseln. Lassen Sie es dann gute 20 bis 25 Minuten an der vollen Brust trinken.

Es ist sehr wichtig, dass Ihr Baby zwei Stunden, nachdem es zuletzt aufgewacht ist, zum Schlafen gelegt wird.

19.00 Uhr

Sobald Ihr Baby schläfrig wird, legen Sie es ins Bett, wickeln Sie es ein und lassen Sie es im dunklen Raum und bei geschlossener Tür einschlafen. Dies sollte nicht später als 19 Uhr geschehen.

Wenn es innerhalb von zehn bis 15 Minuten nicht einschlafen sollte, bieten Sie ihm zehn Minuten an der vollen Brust an. Tun Sie dies im dunklen Zimmer, ohne zu sprechen oder Augenkontakt aufzunehmen.

20.00 Uhr

Es ist sehr wichtig, dass Sie selbst ein gutes Abendessen zu sich nehmen und sich ausruhen, bevor Sie wieder stillen oder abpumpen.

21.45 Uhr

Machen Sie das Licht im Kinderzimmer an und decken Sie Ihr Baby auf, so dass es vollständig aufwachen kann. Warten Sie mindestens zehn Minuten, bevor Sie mit dem Stillen anfangen, damit Ihr Baby wirklich wach ist und konzentriert trinken kann. Legen Sie alles zum Windelwechseln zurecht, ebenso wie sauberes Bettzeug oder Reinigungstücher, falls diese nachts benötigt werden sollten.

Geben Sie Ihrem Baby 25 bis 35 Minuten von der Brust, an der es zuletzt getrunken hat oder den Großteil seiner Flaschenmahlzeit, dann wechseln Sie seine Windel und wickeln Sie es wieder ein.

Dann dunkeln Sie den Raum wieder ab und geben ihm 20 bis 25 Minuten an der zweiten Brust oder den Rest seiner Flaschenmahlzeit, ohne zu sprechen oder Augenkontakt aufzunehmen.

Das Ganze sollte nicht länger als eine Stunde dauern.

Nachts

Während der zweiten Lebenswoche ist es wichtig, dass gestillte Babys auch nachts zwischen den Mahlzeiten nicht zu lange Pausen machen.

Ein Baby, das bei seiner Geburt weniger als 3,2 kg gewogen hat, sollte gegen 2.30 Uhr geweckt und gestillt werden, und ein Baby, das bei seiner Geburt zwischen 3,2 und 3,6 kg gewogen hat, sollte nicht später als 3.30 Uhr aufgeweckt werden.

Ein Baby, das mit Pulvermilch gefüttert wird, mehr als 3,6 kg wiegt und tagsüber gut getrunken hat, kann eventuell etwas länger zwischen den Mahlzeiten schlafen, aber sollte dies nicht länger als fünf Stunden tun.

Sollten Sie Zweifel haben, wie lange am Stück Sie Ihr Baby nachts schlafen lassen sollten, dann sprechen Sie bitte mit Ihrem Kinderarzt.

Der Übergang zur zwei-bis-vier-Wochen-Routine

Bei den folgenden Anzeichen können Sie zur Routine für das Alter von zwei bis vier Wochen übergehen:
• Ihr Baby sollte mehr als 3,2 kg wiegen, sein Geburtsgewicht wieder erlangt haben und rund 30 g pro Tag zunehmen.
• Es schläft gut zu den vorgesehenen Zeiten und Sie müssen es immer öfter für seine Mahlzeiten aufwecken.
• Es trinkt immer schneller und leert eine Brust oft innerhalb von 25 bis 30 Minuten.
• Es ist immer wachsamer und bleibt leicht eineinhalb Stunden am Stück wach.

Routine für das gestillte Baby im Alter von zwei bis vier Wochen

Essenszeiten	Schlafzeiten zwischen 7.00 und 19.00 Uhr
7.00 Uhr	8.30 / 9.00 – 10.00 Uhr
10.00 Uhr	11.30 / 12.00 – 14.00 Uhr
14.00 Uhr	16.00 – 17.00 Uhr
17.00 Uhr	
18.15 Uhr	
22.30 Uhr	Maximale Schlafzeit insgesamt: 5 Stunden
	Abpumpen: 6.45, 10.30, 21.45 Uhr

7.00 Uhr
Ihr Baby sollte wach sein und mit frischer Windel nicht später als 7 Uhr anfangen zu trinken.
Es benötigt 20 bis 25 Minuten an der vollen Brust und dann weitere zehn bis 15 Minuten an der zweiten Brust, nachdem Sie ca. 60 bis 90 ml abgepumpt haben.
Sollte es um 5 oder 6 Uhr getrunken haben, bieten Sie ihm 20 bis 25 Minuten an der zweiten Brust an, nachdem Sie 90 ml abgepumpt haben.

Füttern Sie Ihr Baby nicht nach 7.45 Uhr, da es sonst seine nächste Mahlzeit nicht einnehmen wird. Es kann jetzt bis zu zwei Stunden lang wach bleiben.

8.00 Uhr
Nehmen Sie selbst nicht später als 8 Uhr Cerealien, Toast und etwas zu trinken zu sich.

8.45 Uhr
Ihr Baby sollte jetzt etwas schläfrig werden. Selbst wenn es keine Anzeichen gibt, wird es sicherlich müde werden, und Sie sollten es in sein Zimmer bringen. Stellen Sie sicher, dass es eine saubere Windel anhat, bereiten Sie sein Bettzeug vor und ziehen Sie die Vorhänge zu oder lassen Sie die Rollläden herunter.

9.00 Uhr
Legen Sie Ihr Baby ins Bett, bevor es einschläft oder in einen tiefen Schlaf fällt, wickeln Sie es ein (siehe Seite 35) und lassen Sie es nicht später als um 9 Uhr im dunklen Raum und bei geschlossener Tür einschlafen. Es benötigt jetzt einen Schlaf von maximal eineinhalb Stunden.
Reinigen und sterilisieren Sie die Flaschen und die Utensilien zum Abpumpen.

9.45 Uhr
Öffnen Sie die Vorhänge oder Rollläden und decken Sie Ihr Baby auf, so dass es selbständig aufwachen kann.
Bereiten Sie alles zum Wickeln und Anziehen vor.

10:00 Uhr
Ihr Baby sollte jetzt richtig wach sein, egal wie lange es vorher geschlafen hat.
Geben Sie ihm 20 bis 25 Minuten an der Brust, an der es zuletzt getrunken hat, während Sie ein großes Glas Wasser trinken.
Waschen Sie Ihr Baby, cremen Sie es ein und ziehen Sie es an.

10.30 Uhr
Pumpen Sie 60 ml von der zweiten Brust ab, dann legen Sie Ihr Baby zehn bis 15 Minuten dort an. Füttern Sie es nicht nach 11.15 Uhr, da es sonst seine nächste Mahlzeit nicht einnehmen wird.
Lassen Sie es ein wenig auf der Spieldecke liegen, damit es sich bewegen kann, bevor es wieder müde wird.

11.30 Uhr
Sollte Ihr Baby während der vergangenen zwei Stunden sehr wachsam gewesen sein, wird es gegen 11.30 Uhr wahrscheinlich müde und sollte um 11.45 Uhr zum Schlafen gelegt werden.

11.45 Uhr
Egal was Ihr Baby bis jetzt gemacht hat, sollten Sie es jetzt in sein Zimmer bringen.
Bereiten Sie sein Bettzeug vor und wechseln Sie seine Windel.
Schließen Sie Vorhänge oder Rollläden und legen Sie Ihr Baby ins Bett, sobald es schläfrig wird. Wickeln Sie es ein und lassen Sie es nicht später als 12 Uhr im dunklen Raum und bei geschlossener Tür einschlafen.

11.30 / 12.00 – 14.00 Uhr
Ihr Baby benötigt jetzt einen Mittagsschlaf von nicht mehr als zweieinhalb Stunden.
Sollte sein letztes Nickerchen eineinhalb Stunden angedauert haben, dann lassen Sie es jetzt nur zwei Stunden lang schlafen.
Sollte es nach 45 Minuten aufwachen, prüfen Sie, ob es noch richtig eingewickelt ist, aber sprechen Sie nicht mit ihm und lassen Sie das Licht ausgeschaltet.
Lassen Sie ihm 20 Minuten Zeit, um selbstständig einzuschlafen. Sollte es dann immer noch unruhig sein, bieten Sie ihm die Hälfte seiner für 14 Uhr vorgesehenen Mahlzeit an und versuchen Sie, es wieder zum schlafen zu bringen bis 14 Uhr.

12.00 Uhr
Reinigen und sterilisieren Sie die Utensilien zum Abpumpen. Danach sollten Sie Mittag essen und sich bis zur nächsten Stillmahlzeit ausruhen.

14.00 Uhr
Ihr Baby sollte wach sein und nicht später als 14 Uhr anfangen zu trinken – egal, wie lange es vorher geschlafen hat.
Öffnen Sie die Vorhänge oder Rollläden, decken Sie es auf und lassen Sie es selbstständig aufwachen. Wechseln Sie seine Windel.
Legen Sie es 20 bis 25 Minuten an der Brust an, von der es zuletzt getrunken hat. Falls es immer noch hungrig ist, bieten Sie ihm zehn bis 15 Minuten von der anderen Brust an, während Sie ein großes Glas Wasser trinken.
Füttern Sie Ihr Baby nicht nach 15.15 Uhr, da es sonst seine nächste Mahlzeit nicht einnehmen wird.
Es ist sehr wichtig, dass Ihr Baby nun bis 16 Uhr wach bleibt, damit es um 19 Uhr gut einschlafen kann. Sollte es am Vormittag sehr wach gewesen sein, könnte es jetzt etwas schläfriger werden. Ziehen Sie Ihr Baby nicht zu warm an, um es nicht noch schläfriger werden zu lassen.
Legen Sie es auf seine Spieldecke und ermuntern Sie es, sich ein wenig zu bewegen.

16.00 Uhr
Wechseln Sie Ihrem Baby die Windel. Jetzt ist eine gute Gelegenheit, um einen Spaziergang zu machen. So kann Ihr Baby gut schlafen und ist ausgeruht für sein Bad und die nächste Mahlzeit. Es sollte allerdings nach 17 Uhr nicht mehr schlafen, wenn Sie möchten, dass es um 19 Uhr gut einschläft.

17.00 Uhr
Ihr Baby sollte richtig wach sein und nicht später als 17 Uhr anfangen zu trinken.
Lassen Sie es gute 20 Minuten an der Brust trinken, von der es zuletzt getrunken hat.

Es ist wichtig, dass es die andere Brust erst nach dem Baden erhält.

17.45 Uhr
Sollte Ihr Baby den Tag über sehr wachsam gewesen sein oder zwischen 16 und 17 Uhr nicht gut geschlafen haben, dann müssen Sie eventuell etwas früher mit dem Baden beginnen.
Lassen Sie es ein wenig ohne seine Windel strampeln und bereiten Sie in dieser Zeit das Bad und das Abendritual vor.

18.00 Uhr
Sie sollten nicht später als 18 Uhr anfangen, Ihr Baby zu baden. Es sollte dann bis 18.15 Uhr massiert und angezogen sein.

18.15 Uhr
Ihr Baby sollte nicht später als 18.15 Uhr anfangen, zu trinken. Diese Mahlzeit sollte im abgedunkelten Kinderzimmer eingenommen werden; ohne zu sprechen oder viel Augenkontakt aufzunehmen.
Sollte Ihr Baby um 17 Uhr die erste Brust nicht leer getrunken haben, legen Sie es dort noch einmal für fünf bis zehn Minuten an, bevor Sie es für gute 20 bis 25 Minuten an der zweiten Brust anlegen.
Es ist sehr wichtig, dass Sie Ihr Baby zwei Stunden, nachdem es zuletzt aufgewacht ist, zum Schlafen legen.

19.00 Uhr
Sobald Ihr Baby schläfrig wird, legen Sie es in sein Bett, wickeln Sie es ein und lassen es im dunklen Raum bei geschlossener Tür nicht später als 19 Uhr einschlafen.
Sollte es innerhalb von zehn bis 15 Minuten nicht eingeschlafen sein, bieten Sie ihm zehn Minuten an der volleren Brust an. Tun Sie dies im dunklen Raum ohne Augenkontakt und ohne zu sprechen.

20.00 Uhr
Es ist sehr wichtig, dass Sie nun selbst ein gutes Abendessen zu sich nehmen und sich bis zur nächsten Stillmahlzeit beziehungsweise bis zum Abpumpen ausruhen.

21.45 Uhr
Sollten Sie sich entschieden haben, die Stillmahlzeit um 22.30 Uhr durch eine Flasche abgepumpter Milch oder Pulvermilch zu ersetzen, dann pumpen Sie jetzt von beiden Brüsten ab.

22.00 / 22.30 Uhr
Schalten Sie das Licht im Kinderzimmer an und decken Sie Ihr Baby auf, so dass es vollständig aufwachen kann. Warten Sie mindestens zehn Minuten ab, bevor Sie mit dem Füttern anfangen, damit Ihr Baby richtig wach ist und gut trinken kann. Ihr Baby sollte um 22.30 Uhr vollständig aufgewacht sein und anfangen zu trinken.
Legen Sie alles bereit für das Windelwechseln sowie zusätzliches Bettzeug oder Reinigungstücher, falls dies in der Nacht benötigt werden sollte.
Geben Sie Ihrem Baby 20 Minuten von der Brust, an der es zuletzt getrunken hat beziehungsweise den Großteil seiner Flaschenmahlzeit, wechseln Sie dann seine Windel und wickeln Sie es wieder ein.
Dunkeln Sie dann den Raum wieder ab, und legen Sie es 20 Minuten an der zweiten Brust an beziehungsweise geben Sie ihm den Rest seiner Flaschenmahlzeit, ohne zu sprechen oder Augenkontakt aufzunehmen. Das Ganze sollte nicht länger als eine Stunde dauern.

Nachts
Wenn Ihr Baby vor 4 Uhr aufwacht, geben Sie ihm eine volle Mahlzeit.
Wenn es zwischen 4 und 5 Uhr aufwacht, geben Sie ihm eine Brust und die zweite dann um 7 Uhr, nachdem Sie abgepumpt haben.

Wenn Ihr Baby um 6 Uhr aufwacht, geben Sie ihm eine Brust und die zweite um 7.30 Uhr, nachdem Sie abgepumpt haben.

Lassen Sie den Raum dabei stets abgedunkelt und vermeiden Sie es, viel zu sprechen oder Augenkontakt aufzunehmen. Wechseln Sie die Windel nur, wenn es unbedingt nötig ist.

Veränderungen während der zwei-bis-vier-Wochen-Routine

Schlafen

Im Alter von drei bis vier Wochen sollte Ihr Baby insgesamt etwas wachsamer werden und zwar auch für längere Phasen am Stück. Fördern Sie diese wachen Phasen am Tage, so dass sie sich nicht auf die Nacht verlagern. Soweit möglich sollten Sie versuchen, Ihr Baby für seine Tagesschläfchen – bis auf das um 16 Uhr – immer in sein Bettchen im abgedunkelten Kinderzimmer bei geschlossener Tür zu legen. Falls Schulzeiten Ihrer anderen Kinder oder ähnliches dies verhindern, versuchen Sie, Ihr Baby zumindest seinen Mittagsschlaf im abgedunkelten Kinderzimmer abhalten zu lassen. Zwischen 19 und 22 Uhr sollte es immer im abgedunkelten Kinderzimmer und bei geschlossener Tür schlafen. Wenn Sie Ihr Baby für die Mahlzeit um 22.30 Uhr und die restliche Nacht in Ihr Schlafzimmer mitnehmen möchten, wenden Sie das gleiche Ritual an, das für das Kinderzimmer beschrieben ist. Im Alter von vier Wochen sollte Ihr Baby am Vormittag nicht länger als eine Stunde schlafen, um sicher zu gehen, dass sein Mittagsschlaf gut verläuft.

Versuchen Sie kontinuierlich, Ihr Baby am Morgen länger wach zu halten, damit es schließlich bis 9 Uhr durchhält. Wenn Sie feststellen, dass es immer um 8.30 Uhr einschläft und gegen 9.15 oder 9.30 Uhr aufwacht, was den restlichen Tag ein wenig durcheinander bringt, dann hilft es oft, es gegen 8.20 Uhr zu wickeln und anzuziehen und damit noch einmal etwas wach zu halten, so dass es bis 9 Uhr durchhält. Sollten die Schulzeiten Ihrer anderen Kinder oder ähnliches dies verhindern und Ihr Baby somit ab

9.15 Uhr wach sein, könnten Sie ein kurzes Schläfchen von zehn Minuten gegen 10.45 – 11 Uhr versuchen. Dadurch würde es irgendwann zwischen 12.15 und 12.30 Uhr zu seinem Mittagsschlaf finden und nicht zu der viel früheren Zeit von 11.15 Uhr, zu der es sicherlich einschläft, wenn es seit 9.15 Uhr wach gewesen ist. Der Schlaf am Nachmittag sollte insgesamt nicht länger als eine Stunde andauern; dieser Schlaf ist oft aufgeteilt auf einige kurze Nickerchen zwischen 16 und 17 Uhr.

Im Alter von fünf Wochen sollte Ihr Baby für seine Schläfchen um 9 Uhr und die am Nachmittag nur noch bis unter die Arme eingewickelt werden. Im Alter von vier Wochen werden die leichten Schlafphasen Ihres Babys bereits offensichtlicher; üblicherweise treten sie alle 45 Minuten auf, aber das kann bei einigen Babys auch alle 30 Minuten sein. Sollte nicht gerade eine Mahlzeit anstehen, gelingt es den meisten Babys, sofern sie die Gelegenheit dazu erhalten, von selbst wieder in den Schlaf zu finden. Wenn Sie zu schnell zu Ihrem Baby eilen und versuchen, ihm beim Einschlafen zu helfen, indem Sie es wiegen, streicheln oder ihm den Schnuller geben, könnten Sie damit ein langfristiges Einschlafproblem hervorrufen: Es könnte dazu führen, dass Sie künftig mehrmals pro Nacht aufstehen müssen, um Ihrem Baby beim Einschlafen zu helfen – nämlich immer, wenn es in seine leichte Schlafphase kommt – und das lange, nachdem es gar keine nächtlichen Mahlzeiten mehr benötigt.

Trinken

Die meisten Babys machen im Alter von drei Wochen den ersten Wachstumsschub durch. Wenn Ihr Baby einen Wachstumsschub macht, reduzieren Sie die Milchmenge, die Sie um 6.45 Uhr abpumpen, um 30 ml. Am Ende der vierten Woche sollten Sie die Menge, die Sie um 10.30 Uhr abpumpen, um 30 ml reduzieren. So stellen Sie sicher, dass Ihr Baby sofort die zusätzliche Menge an Milch bekommt, die es braucht. Sollten Sie nicht abgepumpt haben, müssen Sie Ihr Baby öfter und für längere Zeiten an der Brust anlegen, um sicher zu gehen, dass es die Milchmenge bekommt, die es braucht. In dieser Zeit sollten Sie besonders darauf achten, dass Sie sich selbst ausreichend ausruhen können, damit der zusätzliche Bedarf Ihres Babys nicht den gegenteiligen Effekt hat – nämlich dass er Sie auslaugt und Ihre Milchproduktion nachlässt. Wenn Sie die Schlafroutine nicht durcheinander bringen möchten, können Sie den Plan auf Seite 259 versuchen, mit dem die Milchproduktion angeregt wird, ohne die Schlafroutine aufgeben zu müssen. Sobald sich Ihre Milchproduktion erhöht hat, können Sie wieder der Routine folgen, die für das Alter Ihres Babys vorgesehen ist.

Wenn Sie stillen und sich entschieden haben, am Tag auch eine Flaschenmahlzeit zu geben, dann ist jetzt ein gutes Alter, um sie einzuführen. Wenn Sie länger warten, ist es gut möglich, dass Ihr Baby die Flasche ablehnt. Das kann später problematisch werden – vor allem, wenn Sie vorhaben, bald wieder arbeiten zu gehen. Es ist ratsam, in der Zeit zwischen 21.30 und 22 Uhr abzupumpen und dabei beide Brüste zu leeren, damit die Milchproduktion angeregt bleibt. Sie werden natürlich nicht in der Lage sein, abzupumpen und Ihr Baby dann um 22.30 Uhr zu stillen – *wer auch immer das Baby dann also füttert, sollte mit den Hinweisen meiner Routinen vertraut sein*. Sie selbst sollten früh ins Bett gehen! Die abgepumpte Milch kann entweder um 22.30 Uhr gegeben oder eingefroren werden und eingesetzt werden, wenn Sie Ihr Baby einmal beim Babysitter lassen müssen. Die Einführung einer Flaschenmahlzeit bestehend aus abgepumpter oder Pulvermilch um 22.30 Uhr erlaubt es außerdem auch dem Vater, sich beim Füttern einzubringen, während die Mutter früh genug ins Bett gehen kann, um den gerade in den ersten Wochen so dringend benötigten Schlaf zu bekommen.

Wenn Sie länger als sechs Wochen stillen möchten, sollten Sie zu keiner anderen Mahlzeit Pulvermilch geben – es sei denn, Ihr Kinderarzt empfiehlt das ausdrücklich.

Mit Pulvermilch ernährte Babys sollten während der Wachstumssprünge zunächst um 7, 10.30 und 22.30 Uhr größere Mahlzeiten erhalten. Einige mit der Flasche gefütterten Babys sind jetzt bereit, vom Sauger für Neugeborene auf die nächste Saugergröße umzusteigen.

Sobald Ihr Baby vier Wochen alt ist, wird es wahrscheinlich schon länger zwischen den Mahlzeiten aushalten können, und Sie sollten in der Lage sein, auf die Routine für das Alter von vier bis sechs Wochen überzugehen – vorausgesetzt, Ihr Baby nimmt 180 bis 240 g pro Woche zu. Gestillte Babys, die weniger zunehmen, sollten in der zwei-bis-vier-Wochen-Routine bleiben, bis sich ihre Gewichtszunahme verbessert. Eine geringe Gewichtszunahme bei gestillten Babys ist meistens auf eine niedrige Milchproduktion oder das falsche Anlegen an der Brust zurückzuführen – beides kann einander bedingen. Hier ist es ratsam, den Plan zur Anregung der Milchproduktion auf Seite 259 zu befolgen. Außerdem empfehle ich in diesem Fall, einen Stillberater zu konsultieren.

Sollte Ihr Baby mit Pulvermilch gefüttert werden und nicht genug zunehmen, versuchen Sie einmal, anstelle des Saugers für Neugeborene mit einem Loch die nächste Größe einzusetzen, die zwei Löcher enthält. Besprechen Sie aber zusätzlich immer alle Fragen, die Sie bezüglich der Gewichtszunahme Ihres Babys haben, mit Ihrem Kinderarzt.

Wenn Ihr Baby immer noch um 2 und dann um 5 Uhr aufwacht, empfehle ich, dass Sie es pünktlich um 22 Uhr aufwecken, ihm den Großteil seiner Mahlzeit geben und es dann etwas länger wach halten als die empfohlene eine Stunde. Um 23.15 Uhr sollten Sie dann seine Windel wechseln, das Kinderzimmer wieder abdunkeln und ihm den kleinen Rest seiner Mahlzeit geben. Indem Sie seine Mahlzeit so aufteilen und es etwas länger wach halten, wird es höchst wahrscheinlich bis nach 3 Uhr schlafen können – vorausgesetzt, es deckt sich nicht selbst auf (siehe Seite 16 und Seite 35 folgende). Innerhalb kurzer Zeit sollte sich dieses Schlafverhalten verbessern und Sie können die Mahlzeit auf 22.30 Uhr schieben, indem Sie jede Nacht fünf Minuten später anfangen.

Routine für das gestillte Baby im Alter von vier bis sechs Wochen

Essenszeiten	Schlafzeiten zwischen 7.00 und 19.00 Uhr
7.00 Uhr	9.00 – 10.00 Uhr
10.30 Uhr	11.30 / 12.00 – 14.00 / 14:30 Uhr
14.00 / 14.30 Uhr	16.15 / 17.00 Uhr
17.00 Uhr	
18.15 Uhr	
22.30 Uhr	Maximale Schlafzeit insgesamt: 4,5 Stunden
	Abpumpen: 6.45, 10.30, 21.45 Uhr

7.00 Uhr

Ihr Baby sollte wach sein und mit frischer Windel nicht später als 7 Uhr zu trinken anfangen.

Wenn Ihr Baby zuletzt um 3 oder 4 Uhr getrunken hat, benötigt es jetzt 20 bis 25 Minuten an der vollen Brust. Sollte es dann immer noch hungrig sein, bieten Sie ihm zehn bis 15 Minuten an der zweiten Brust an, nachdem Sie 60 bis 90 ml abgepumpt haben.

Wenn Ihr Baby zuletzt um 5 oder 6 Uhr getrunken hat, bieten Sie ihm 20 bis 25 Minuten an der zweiten Brust an, nachdem Sie 60 bis 90 ml abgepumpt haben.

Füttern Sie Ihr Baby nicht nach 7.45 Uhr, da es sonst seine nächste Mahlzeit nicht einnehmen wird. Es kann nun bis zu zwei Stunden lang wach bleiben.

8.00 Uhr

Sie sollten versuchen, nicht später als 8 Uhr etwas Cerealien, Toast und etwas zu trinken zu sich zu nehmen.

8.45 Uhr

Ihr Baby wird nun wahrscheinlich etwas schläfrig werden. Selbst wenn es keine Anzeichen dafür gibt, wird es sicher müde und Sie sollten es in sein Zimmer bringen.

Stellen Sie sicher, dass die Windel trocken ist, bereiten Sie sein Bettzeug vor und schließen Sie Vorhänge oder Rollläden.

9.00 Uhr
Sobald es schläfrig wird, legen Sie das Baby hin, wickeln es ganz oder zur Hälfte ein und lassen es nicht später als 9 Uhr im dunklen Raum und bei geschlossener Tür einschlafen.
Es benötigt nun einen Schlaf von normalerweise nicht länger als einer Stunde.
Waschen und reinigen Sie die Utensilien zum Abpumpen.

9.45 Uhr
Öffnen Sie die Vorhänge oder Rollläden und decken Sie Ihr Baby auf, so dass es selbstständig aufwachen kann.
Bereiten Sie alles zum Wickeln und Anziehen vor.

10.00 Uhr
Ihr Baby sollte nun richtig wach sein, egal wie lange es vorher geschlafen hat.
Waschen Sie es, cremen Sie es ein und ziehen es an.

10.30 Uhr
Legen Sie Ihr Baby für 20 bis 25 Minuten an der Brust an, von der es zuletzt getrunken hat.
Lassen Sie es sich auf seiner Spieldecke bewegen, während Sie 30 ml von der zweiten Brust abpumpen. Dann bieten Sie ihm zehn bis 15 Minuten an dieser Brust an.
Füttern Sie Ihr Baby nicht nach 11.30 Uhr, da es sonst seine nächste Mahlzeit nicht einnehmen wird.

11.30 Uhr
Wenn Ihr Baby während der vergangenen zwei Stunden sehr wach war, wird es gegen 11.30 Uhr sicherlich müde werden und sollte um 11.45 Uhr zum Schlafen gelegt werden.

11.45 Uhr
Egal was Ihr Baby zuletzt gemacht hat, sollte es jetzt in sein Zimmer gebracht werden.
Bereiten Sie sein Bettzeug vor und wechseln Sie seine Windel.
Ziehen Sie die Vorhänge zu oder lassen Sie die Rollläden runter und legen Sie es voll eingewickelt zum Schlafen, sobald es schläfrig wird. Lassen Sie es nicht später als 12 Uhr im dunklen Raum und bei geschlossener Tür einschlafen.

11.30 / 12.00 – 14.00 / 14.30 Uhr
Ihr Baby braucht nun einen Mittagsschlaf von maximal zweieinhalb Stunden.
Sollte es nach 45 Minuten aufwachen, prüfen Sie, ob es noch eingewickelt ist, aber sprechen Sie dabei nicht mit ihm und lassen Sie das Licht ausgeschaltet.
Geben Sie ihm 20 Minuten Zeit, um selbst wieder in den Schlaf zu finden. Wenn es dann immer noch unruhig ist, bieten Sie ihm die Hälfte seiner für 14 Uhr vorgesehenen Mahlzeit an.
Versuchen Sie, es wieder zum Schlafen zu bringen bis 14.30 Uhr.

12.00 Uhr
Waschen und sterilisieren Sie die Utensilien zum Abpumpen, nehmen Sie selbst Ihr Mittagessen ein und gönnen Sie sich die wohlverdiente Pause bis zur nächsten Mahlzeit Ihres Babys.

14.20 Uhr
Ihr Baby sollte wach sein und nicht später als 14.30 Uhr zu trinken anfangen – egal wie lange es vorher geschlafen hat.
Öffnen Sie die Vorhänge oder Rollläden, decken Sie Ihr Baby auf und lassen Sie es von selbst aufwachen. Wechseln Sie seine Windel.
Legen Sie es 20 bis 25 Minuten an der Brust an, von der es zuletzt getrunken hat und bieten Sie ihm anschließend zehn bis 15 Minuten von der anderen Brust an, während Sie ein großes Glas Wasser trinken.
Füttern Sie Ihr Baby nicht nach 15.15 Uhr, da es sonst seine nächste Mahlzeit nicht einnehmen wird.

Es ist sehr wichtig, dass es nun bis 16.15 Uhr wach bleibt, damit es um 19 Uhr gut einschlafen kann; sollte es am Vormittag besonders wach gewesen sein, könnte es jetzt ein wenig schläfrig werden. Ziehen Sie Ihr Baby nicht zu warm an, da dies seine Schläfrigkeit noch fördern könnte.

Legen Sie es auf die Spieldecke und ermuntern Sie es, sich zu bewegen.

16.15 Uhr

Wechseln Sie die Windel. Jetzt ist eine gute Gelegenheit für einen Spaziergang, damit Ihr Baby im Kinderwagen schläft und ausgeruht ist für sein Bad und seine nächste Mahlzeit. Es kann sein, dass Ihr Baby dieses Schläfchen jetzt immer weiter reduziert.

Nach 17 Uhr sollte Ihr Baby allerdings nicht mehr schlafen, wenn Sie wollen, dass es um 19 Uhr gut einschläft.

17.00 Uhr

Ihr Baby sollte nun ganz wach sein und nicht später als 17 Uhr anfangen zu trinken.

Geben Sie ihm gute 20 Minuten an der Brust, von der es zuletzt getrunken hat.

Es ist sehr wichtig, dass es die andere Brust erst nach dem Baden erhält.

17.45 Uhr

Sollte Ihr Baby den Tag über sehr wach gewesen sein oder in der Zeit von 16.15 bis 17 Uhr nicht gut geschlafen haben, müssen Sie eventuell etwas früher mit dem Baden beginnen.

Lassen Sie es ein wenig ohne seine Windel strampeln, während Sie das Bad und die Abendroutine vorbereiten.

18.00 Uhr

Mit dem Baden sollten Sie nicht später als 18 Uhr anfangen, und Ihr Baby sollte um 18.15 Uhr massiert und angezogen sein.

18.15 Uhr
Nicht später als 18.15 Uhr sollte Ihr Baby anfangen zu trinken.
Diese Mahlzeit sollten Sie Ihrem Baby im abgedunkelten Kinderzimmer geben, ohne dabei zu sprechen oder viel Augenkontakt zu haben.
Sollte Ihr Baby die erste Brust um 17 Uhr nicht geleert haben, geben Sie ihm fünf bis zehn Minuten von dieser Brust, bevor Sie es an der vollen Brust anlegen.
Lassen Sie es dort gute 20 bis 25 Minuten trinken, während Sie ein großes Glas Wasser zu sich nehmen.
Es ist sehr wichtig, dass Sie Ihr Baby zwei Stunden, nachdem es zuletzt aufgewacht ist, schlafen legen.

19.00 Uhr
Legen Sie Ihr Baby nicht später als 19 Uhr ganz oder bis unter den Armen eingewickelt im dunklen Kinderzimmer und bei geschlossener Tür zum Schlafen.

20.00 Uhr
Es ist sehr wichtig, dass Sie nun ein gutes Abendessen einnehmen und sich ausruhen, bevor Sie um 22 / 22.30 Uhr wieder stillen oder abpumpen.

21:45 Uhr
Wenn Sie entschieden haben, die Stillmahlzeit um 22.30 Uhr mit einer Flasche abgepumpter oder Pulvermilch zu ersetzen, sollten Sie jetzt beide Brüste abpumpen.

22:00 – 22.30 Uhr
Machen Sie Licht im Kinderzimmer und decken Sie Ihr Baby auf, so dass es selbstständig aufwachen kann. Warten Sie mindestens zehn Minuten, bevor Sie mit dem Füttern anfangen, damit Ihr Baby richtig wach ist und gut trinken kann. Spätestens um 22.30 Uhr sollte Ihr Baby vollständig wach sein und anfangen zu trinken.
Legen Sie alles bereit für das Windelwechseln sowie sonstiges

Bettzeug oder Reinigungstücher, die in der Nacht benötigt werden könnten.

Geben Sie Ihrem Baby 20 Minuten an der ersten Brust oder den Großteil seiner Flaschenmahlzeit, wechseln Sie dann seine Windel und wickeln Sie es wieder ein.

Dunkeln Sie den Raum wieder ab und geben Sie ihm nun 20 Minuten an der zweiten Brust oder den Rest seiner Flaschenmahlzeit, ohne Augenkontakt und ohne zu sprechen.

Diese Mahlzeit sollte insgesamt nicht länger als eine Stunde dauern.

Nachts

Wenn Ihr Baby vor 4 Uhr aufwacht, geben Sie ihm eine volle Mahlzeit.

Wenn es zwischen 4 und 5 Uhr aufwacht, geben Sie ihm eine Brust und die nächste dann um 7 Uhr, nachdem Sie abgepumpt haben.

Wenn es um 6 Uhr aufwacht, geben Sie ihm eine Brust und die nächste um 7.30 Uhr, nachdem Sie abgepumpt haben.

Vermeiden Sie es, Augenkontakt aufzunehmen oder viel zu sprechen, und lassen Sie den Raum abgedunkelt. Wechseln Sie die Windel nur, wenn es absolut notwendig ist.

Veränderungen während der vier-bis-sechs-Wochen-Routine

Schlafen

Die tägliche Schlafzeit Ihres Babys zwischen 7 und 19 Uhr sollte auf genau viereinhalb Stunden reduziert werden. Der Schlaf am Vormittag sollte nicht länger als eine Stunde sein und der Schlaf am Nachmittag nicht länger als 30 Minuten in der Zeit von 16.15 und 17 Uhr.

Sollte Ihr Baby tagsüber sehr schläfrig sein und während der vorgeschlagenen Zeiten nicht wach gehalten werden können, sehen Sie in Kapitel 4 nach und prüfen Sie, ob das ein Problem werden könnte.

Es ist sehr wichtig, dass Sie Ihr Baby im Alter von sechs Wochen daran gewöhnen, während des Nickerchens um 9 Uhr und der Schlafenszeit um 19 Uhr nur noch zur Hälfte eingewickelt, maximal bis unter seine Arme, zu schlafen. Der plötzliche Kindstod tritt am häufigsten im Alter von zwei bis vier Monaten auf, und Überhitzung soll dabei eine entscheidende Rolle spielen.

Ihr Baby sollte nun auch schon schneller und einfacher einschlafen können. Das Schmusen bis zum Einschlafen sollte schrittweise reduziert werden, und es ist jetzt ein gutes Alter, um Ihr Baby daran zu gewöhnen, in einem noch wacheren Zustand ins Bett gelegt zu werden. Oftmals wirkt eine Spieluhr Wunder, die ein Lied abspielt und für kurze Zeit ein Lichtspiel an die Decke wirft.

Nachts sollte Ihr Baby nun eine längere Zeit am Stück schlafen – vorausgesetzt, dass es den Großteil seines Tagesbedarfs an Milch in der Zeit zwischen 6 / 7 und 23 Uhr bekommt. Ein guter Indikator hierfür ist seine Gewichtszunahme. Ihr Baby sollte kontinuierlich zwischen 180 und 240 g pro Woche zunehmen. Es sollte nun auch fast zwei Stunden während seiner „Spielzeiten" wach bleiben.

Wenn Ihr Baby mehrere Nächte am Stück schon länger geschlafen hat, versuchen Sie, es nicht wieder zu füttern, wenn es doch wieder früher aufwachen sollte. Die Stunden nach der Mahlzeit um 22.30 Uhr werden auch mit der „Kernnacht" bezeichnet (siehe Seite 249 folgende). Wenn Ihr Baby in dieser Zeit aufwacht, sollten Sie eine Weile abwarten, ob es von selbst wieder in den Schlaf findet. Wenn das nicht der Fall ist, dann sollten Sie andere Methoden ausprobieren als das Füttern, um es wieder zu beruhigen. Ich empfehle, es mit ein wenig kühlem, abgekochtem Wasser zu probieren oder mit einer Streicheleinheit. Andere empfehlen einen Schnuller. Sie geben Ihrem Baby das sichere Gefühl, dass Sie da sind, reduzieren aber jede Aufregung und Aktivität dabei auf ein Minimum. So bringen Sie Ihrem Baby die wichtigste Fähigkeit für einen gesunden Schlaf bei: wie es wieder in den Schlaf findet, nachdem es aus einer Schlafphase außerhalb des REM-Schlafs erwacht ist.

Fest steht aber auch: Wenn Ihr Baby sich durch all dies nicht beruhigen lässt, müssen Sie es füttern. Die Methode kann auch angewandt werden um ein älteres Baby, das sich angewöhnt hat, nachts immer zur gleichen Zeit aufzuwachen, wieder zum Schlafen zu bringen.

Bevor Sie allerdings mit der Methode beginnen, sollten Sie die folgenden Hinweise prüfen um sicher zu gehen, dass Ihr Baby wirklich in der Lage ist, nachts eine längere Zeit am Stück zu schlafen.

• Die Methode sollte nie bei einem sehr kleinen Baby angewandt werden oder einem, das nicht ausreichend an Gewicht zunimmt.

• Die oben genannten Methoden sollten nur angewandt werden, wenn Ihr Baby 180 bis 240 g pro Woche zunimmt und wenn Sie den Eindruck haben, dass seine zuletzt eingenommene Mahlzeit ausreichend war, um es eine längere Zeit am Stück schlafen zu lassen.

• Das eindeutigste Zeichen dafür, dass Ihr Baby bereit ist, seine nächtlichen Mahlzeiten zurück zu fahren, ist die kontinuierliche Gewichtszunahme und ein schlechter Appetit zur Mahlzeit um 7 Uhr.

Das Ziel dieser Methode ist es, schrittweise die Zeit zu verlängern, die Ihr Baby nach seiner letzten Mahlzeit schlafen kann und nicht so sehr, die nächtlichen Mahlzeiten mit einem Mal einzustellen. Die „Kernnacht-Methode" kann angewandt werden, wenn Ihr Baby über drei oder vier Nächte hinweg gezeigt hat, dass es eine längere Zeit am Stück schlafen kann.

Trinken

Wenn Ihr Baby zwischen 3 und 4 Uhr trinkt und Sie es regelmäßig um 7 Uhr aufwecken müssen, dann reduzieren Sie die Menge, die es in der Nacht trinkt, ganz langsam und in jeweils kleinen Mengen. Das wird dazu führen, dass Ihr Baby tagsüber mehr trinkt und weniger in der Nacht, bis es seine nächtliche Mahlzeit komplett einstellt. Es ist wichtig, dass Sie nicht zu viel oder zu schnell reduzieren, da Ihr Baby sonst lange vor 7 Uhr hungrig werden und aufwachen könnte, was kontraproduktiv wäre zum Ziel, Ihr Baby zum Durchschlafen zu bringen von 23 bis 7 Uhr.

Erhöhen Sie die Tagesmahlzeiten, nicht aber die nächtlichen Mahlzeiten. Reduzieren Sie das erste Abpumpen des Tages um weitere 30 ml und streichen Sie das Abpumpen um 10.30 Uhr vollständig am Ende der sechsten Woche. Die meisten Babys können nun nach der Mahlzeit um 7 Uhr länger aushalten, und Sie können die Mahlzeit um 10 Uhr langsam auf 10.30 Uhr verschieben. Machen Sie allerdings eine Ausnahme, wenn Ihr Baby bis circa 5 Uhr schläft und dann eine ergänzende Mahlzeit um 7.30 Uhr erhält.

Es ist unwahrscheinlich, dass Ihr Baby es in diesem Fall bis 10.30 Uhr aushält, wenn es um 7.30 Uhr nur eine Ergänzung erhalten hatte. Füttern Sie Ihr Baby daher weiterhin um 10 Uhr, bis es selbstständig bis 6 oder 7 Uhr schläft.

Die meisten Babys machen im Alter von sechs Wochen einen weiteren Wachstumssprung durch und benötigen daher zu einigen Mahlzeiten etwas mehr Zeit an der Brust. Bei mit der Flasche gefütterten Babys sollten Sie während der Wachstumssprünge zunächst die Mahlzeiten um 7, 10.30 und 18.15 Uhr erhöhen. Sollte der Mittagsschlaf Ihres Babys während dieses Wachstumssprunges unruhiger werden, könnte es ratsam sein, ihm eine kleine Milchergänzung zu geben, direkt bevor Sie es zum Schlafen hinlegen. Sobald es seinen Mittagsschlaf eine Woche lang ohne Unterbrechung abgehalten hat, reduzieren Sie die Ergänzung schrittweise, bis Sie sie ganz streichen können.

Sollte Ihr Baby immer noch zwei Mal pro Nacht aufwachen, lesen Sie die Hinweise auf Seite 156 zur Aufteilung der Mahlzeit um 22.30 Uhr.

Routine für das gestillte Baby im Alter von sechs bis acht Wochen

Essenszeiten	Schlafzeiten zwischen 7.00 und 19.00 Uhr
7.00 Uhr	9.00 – 9.45 Uhr
10.45 Uhr	11.45 / 12.00 – 14.00 / 14.30 Uhr
14.00 / 14.30 Uhr	16.30 – 17.00 Uhr
18.15 Uhr	
22.30 Uhr	Maximale Schlafzeit insgesamt: 4 Stunden
	Abpumpen: 6.45, 21.45 Uhr

7.00 Uhr

Ihr Baby sollte wach sein und mit frischer Windel nicht später als 7 Uhr anfangen zu trinken.

Wenn es zwischen 4 und 5 Uhr getrunken hat, bieten Sie ihm 20 bis 25 Minuten an der vollen Brust an. Sollte es dann noch hungrig sein, bieten Sie ihm 10 bis 15 Minuten der zweiten Brust an, nachdem Sie 30 bis 60 ml abgepumpt haben.

Wenn es um 6 Uhr getrunken hat, bieten Sie ihm 20 bis 25 Minuten von der zweiten Brust an, nachdem Sie 30 bis 60 ml abgepumpt haben.

Füttern Sie Ihr Baby nicht nach 7.45 Uhr, da es sonst seine nächste Mahlzeit nicht einnehmen wird. Es kann nun bis zu zwei Stunden wach bleiben.

8.00 Uhr

Vergessen Sie nicht, Ihr eigenes Frühstück bis 8 Uhr einzunehmen und ausreichend zu trinken.

Waschen Sie Ihr Baby, cremen Sie es ein und ziehen es an.

8.50 Uhr

Prüfen Sie die Windel, bereiten Sie das Bettzeug vor und ziehen Sie die Vorhänge zu oder schließen Sie die Rollläden.

9.00 Uhr

Legen Sie das schläfrige Baby ins Bett, wickeln Sie es zur Hälfte ein und lassen Sie es nicht später als 9 Uhr bei geschlossener Zimmertür einschlafen.

Es benötigt nun ein Nickerchen von nicht mehr als 45 Minuten. Waschen und sterilisieren Sie die Flaschen und die Utensilien zum Abpumpen.

9.45 Uhr
Öffnen Sie Vorhänge oder Rollläden, decken Sie das Baby auf und lassen es selbstständig aufwachen.

10.00 Uhr
Ihr Baby sollte nun richtig wach sein, egal wie lange es vorher geschlafen hat.

Wenn es um 7 Uhr eine komplette Mahlzeit eingenommen hat, müsste es jetzt bis 10.45 Uhr auf die nächste Mahlzeit warten können. Sollte es vor 7 Uhr seine letzte Mahlzeit eingenommen haben und um 7.30 Uhr eine Ergänzung erhalten haben, dann muss es jetzt eventuell ein wenig früher gefüttert werden.

Spielen Sie mit Ihrem Baby auf der Spieldecke.

10.45 Uhr
Sie sollten Ihrem Baby nun 20 bis 25 Minuten von der Brust anbieten, an der es zuletzt getrunken hat und anschließend zehn bis 15 Minuten der zweiten Brust, während Sie ein großes Glas Wasser trinken.

Füttern Sie Ihr Baby nicht nach 11.30 Uhr, da es sonst seine nächste Mahlzeit nicht einnehmen wird.

11.30 Uhr
Sollte Ihr Baby während der letzten zwei Stunden sehr wach gewesen sein, könnte es jetzt müde werden und müsste spätestens um bis 11.45 Uhr ins Bett gebracht werden.

11.45 Uhr
Egal was Ihr Baby bisher gemacht hat, sollte es jetzt in sein Zimmer gebracht werden.

Bereiten Sie das Bettzeug vor und wechseln Sie gegebenenfalls die Windel.

Ziehen Sie die Vorhänge zu oder schließen Sie die Rollläden, legen Sie Ihr Baby – zur Hälfte oder komplett eingewickelt – ins Bett und lassen es nicht später als 12 Uhr bei geschlossener Tür einschlafen.

11.45 / 12.00 – 14.00 / 14.30 Uhr
Ihr Baby benötigt nun einen Mittagsschlaf von nicht mehr als zweieinhalb Stunden.

12.00 Uhr
Reinigen und sterilisieren Sie die Utensilien zum Abpumpen; dann sollten Sie sich bis zur nächsten Stillmahlzeit ausruhen.

14.30 Uhr
Egal wie lange Ihr Baby geschlafen hat, sollte es nun wach sein und nicht später als 14.30 Uhr anfangen zu trinken.

Öffnen Sie Vorhänge oder Rollläden, decken Sie es auf und lassen es selbstständig aufwachen.

Geben Sie ihm 20 bis 25 Minuten an der Brust, von der es zuletzt getrunken hat und dann weitere zehn bis 15 Minuten an der anderen Brust, während Sie ein großes Glas Wasser trinken.

Füttern Sie Ihr Baby nicht nach 15.15 Uhr, da es sonst seine nächste Mahlzeit nicht einnehmen wird.

Es ist sehr wichtig, dass Ihr Baby nun bis 16.30 Uhr wach bleibt, damit es um 19 Uhr gut einschlafen kann.

Wenn es vormittags sehr wach gewesen ist, dann könnte es jetzt etwas schläfriger werden. Ziehen Sie Ihr Baby daher nicht zu warm an, da dies die Schläfrigkeit wieder fördert.

Legen Sie es auf die Spieldecke und spielen Sie mit ihm.

16.15 Uhr
Wechseln Sie die Windel und bieten Sie Ihrem Baby nicht später als 16.30 Uhr ein wenig kühles, abgekochtes Wasser oder gut verdünnten Saft an. (Sollte Ihr Baby, wenn es erst einmal acht

Wochen alt ist, das Wasser ablehnen, versuchen Sie es mit Wasser und einem Tröpfchen Pfirsichsaft).

Jetzt ist eine gute Gelegenheit für einen Spaziergang, damit Ihr Baby sich für die nächste Mahlzeit und sein Bad am Abend gut ausruhen kann.

17.00 Uhr
Ihr Baby muss nun vollständig wach sein, wenn Sie möchten, dass es um 19 Uhr gut einschläft.

Geben Sie ihm 20 Minuten an der Brust, von der es zuletzt getrunken hat. Es ist wichtig, dass es erst nach seinem Bad von der zweiten Brust trinkt.

17.30 Uhr
Lassen Sie es ein wenig ohne Windel strampeln, während Sie das Bad und das Abendritual vorbereiten.

17.45 Uhr
Mit dem Bad sollten Sie nicht später als 17.45 Uhr anfangen, so dass Ihr Baby bis 18.15 Uhr massiert und angezogen ist.

18.15 Uhr
Ihr Baby sollte nicht später als 18.15 Uhr anfangen zu trinken. Diese Mahlzeit sollte es im abgedunkelten Kinderzimmer einnehmen, ohne dass Sie viel sprechen oder Augenkontakt aufnehmen.

Sollte es um 17 Uhr getrunken haben, geben Sie ihm weitere zehn bis 15 Minuten an der selben Brust, um diese komplett zu leeren, und legen Sie es dann an der anderen Brust an.

Sollte Ihr Baby um 17 Uhr nicht getrunken haben, sollten Sie es zuerst an der Brust anlegen, von der es zuletzt getrunken hat. Lassen Sie ihm 20 Minuten an jeder Brust, während Sie ein großes Glas Wasser trinken.

Es ist sehr wichtig, dass Ihr Baby zwei Stunden, nachdem es zuletzt aufgewacht ist, im Bett liegt.

19.00 Uhr
Legen Sie Ihr Baby nicht später als 19 Uhr zur Hälfte eingewickelt im abgedunkelten Kinderzimmer hin und lassen es bei
geschlossener Tür einschlafen.

20.00 Uhr
Es ist sehr wichtig, dass Sie ein gutes Abendessen einnehmen und
sich ausruhen, bevor Sie wieder stillen oder abpumpen.

21.45 Uhr
Sollten Sie sich entschieden haben, die Stillmahlzeit um 22.30
Uhr mit einer Flaschenmahlzeit aus abgepumpter oder Pulver-
milch zu ersetzen, dann pumpen Sie jetzt von beiden Brüsten ab.

22.00 / 22.30 Uhr
Machen Sie das Licht an und decken Sie Ihr Baby auf, so dass es
selbstständig aufwachen kann. Lassen Sie ihm mindestens zehn
Minuten Zeit, bevor Sie anfangen zu füttern, damit es vollkommen wach ist und gut trinken kann. Ihr Baby sollte spätestens um
22.30 Uhr anfangen zu trinken.
Legen Sie alles bereit für das Wechseln der Windeln oder frische
Bettwäsche, falls diese nachts benötigt werden sollte.
Lassen Sie Ihr Baby 20 Minuten von der ersten Brust trinken
oder geben Sie ihm den Großteil seiner Flasche, wechseln Sie
dann die Windel und wickeln es wieder ein.
Dunkeln Sie das Zimmer wieder ab und geben Sie Ihrem Baby
20 Minuten der zweiten Brust oder den Rest seiner Flasche, ohne
zu sprechen oder Augenkontakt aufzunehmen.
Die Mahlzeit sollte insgesamt nicht länger als eine Stunde
dauern.

Nachts
Wenn Ihr Baby vor 4 Uhr gut trinkt und sein Interesse an der
Mahlzeit um 7 Uhr verliert, geben Sie ihm nachts etwas kühles,
abgekochtes Wasser. Selbst wenn es etwas Wasser trinkt, bevor
Sie es an der Brust anlegen, könnte es dadurch um 7 Uhr wieder

mehr zu sich nehmen. Ziel ist es, dass Ihr Baby seinen täglichen Milchbedarf zwischen 7 und 23 Uhr zu sich nimmt. Solange Ihr Baby 180 bis 240 g pro Woche zunimmt, ist es wichtig, seine nächtlichen Mahlzeiten langsam zu reduzieren, so dass Sie sie irgendwann komplett streichen können.

Sollte Ihr Baby zwischen 4 und 5 Uhr aufwachen, geben Sie ihm eine Brust und die zweite dann um 7 Uhr, nachdem Sie abgepumpt haben.

Sollte es um 6 Uhr aufwachen, geben Sie ihm eine Brust und die zweite dann um 7.30 Uhr, nachdem Sie abgepumpt haben.

Wie bereits zuvor, lassen Sie bei diesen Mahlzeiten den Raum immer abgedunkelt und vermeiden Sie jegliche Stimulation. Wechseln Sie die Windel nur, wenn es absolut notwendig sein sollte.

Veränderungen während der sechs-bis-neun-Wochen-Routine

Schlafen

Die meisten Babys mit einem Gewicht von mehr als 4 kg sollten nun nachts längere Phasen am Stück schlafen – vorausgesetzt, dass Sie den Großteil Ihrer Nahrung zwischen 6 / 7 und 23 Uhr bekommen. Sie sollten zwischen 7 und 19 Uhr auch nicht mehr als insgesamt vier Stunden schlafen. Sobald Ihr Baby mehrere Nächte am Stück eine längere Zeitlang geschlafen hat, versuchen Sie, dies beizubehalten und es nicht wieder zu füttern, falls es vorher aufwachen sollte. Das Nickerchen am Vormittag sollte nun nicht länger als 45 Minuten andauern, der Mittagsschlaf sollte zwischen zwei und zweieinhalb Stunden lang sein – nicht länger –, und das Nickerchen am Nachmittag sollte nicht länger als 30 Minuten sein. Vielleicht besteht dieses Nickerchen nur noch aus einem kurzen Wegdriften; einige Babys streichen dieses Nickerchen nun auch komplett. Fördern Sie diesen Schlaf aber weiterhin, wenn Sie feststellen, dass es Ihr Baby nicht schafft, bis 19 Uhr wach zu bleiben. Wenn Sie möchten, dass es bis 7 Uhr durchschläft, ist es wichtig, dass es erst gegen 19 Uhr einschläft. Wenn aus irgendeinem Grund der Mittagsschlaf nicht gut gelaufen ist (siehe Seite 275 folgende), benötigt Ihr Baby wahrscheinlich etwas mehr Schlaf nach der Mahlzeit um 14 Uhr. Einige Babys halten dann ein kurzes Nickerchen nach der Mahlzeit um 14 Uhr – also für circa 15 Minuten gegen 15 Uhr – und ein weiteres Nickerchen gegen 16.30 – 17 Uhr.

Ihr Baby sollte nun zum Schlafen um 9 Uhr sowie um 19 Uhr nur zur Hälfte eingewickelt werden und im Alter von acht Wochen dann auch für den Mittagsschlaf und die Schlafzeit von 23 bis 7 Uhr. Einige Babys fangen wieder an, nachts aufzuwachen, sobald sie nicht mehr voll eingewickelt werden; versuchen Sie in diesem Fall, es wieder zum Schlafen zu bringen, ohne es zu füttern oder es wieder einzuwickeln.

Trinken

Sollte Ihr Baby wieder anfangen, früher aufzuwachen, warten Sie zehn Minuten ab, bevor Sie zu ihm gehen. Wenn es nicht selbstständig in den Schlaf findet, versuchen Sie es mit ein wenig Wasser zu beruhigen oder indem Sie es ein wenig streicheln. Wenn es dann immer noch unruhig ist und nicht einschlafen kann, füttern Sie es.

Erhöhen Sie weiterhin nur die Tagesmahlzeiten, nicht die Nachtmahlzeiten. Die meisten Babys halten nun länger durch nach der Mahlzeit um 7 Uhr, also können Sie die nächste Mahlzeit kontinuierlich nach hinten schieben, bis Ihr Baby erst um 10.45 Uhr wieder trinkt. Sollte Ihr Baby allerdings immer noch um 5 / 6 Uhr trinken und dann eine Ergänzung um 7 / 7.30 Uhr erhalten, dann hält es sicherlich noch nicht länger durch und braucht zumindest die Hälfte seiner nächsten Mahlzeit um 10 Uhr. Die meisten Babys machen mit sechs Wochen den nächsten Wachstumssprung durch. Reduzieren Sie dann das erste Abpumpen des Tages um weitere 30 ml und am Ende der acht Wochen streichen Sie das Abpumpen um 6.45 Uhr komplett, so dass Ihr Baby die zusätzliche Milch erhält, die es braucht. Während der Wachstumssprünge benötigt Ihr Baby eventuell auch etwas mehr Zeit an jeder Brust.

Mit der Flasche gefütterte Babys sollten während der Wachstumssprünge zunächst um 7, 10.45 und 18.15 Uhr größere Mahlzeiten erhalten. Die Mahlzeit um 22.30 Uhr sollte erst dann erhöht werden, wenn alle anderen Mahlzeiten bereits erhöht wurden und Ihr Baby es nicht schafft, in der Nacht eine längere Zeit am Stück zu schlafen. Versuchen Sie, zu dieser Mahlzeit nicht mehr als 180 ml zu geben. Einige Babys werden nun eventuell den mittelgroßen Sauger benötigen, der drei Löcher enthält.

Routine für das gestillte Baby im Alter von acht bis zwölf Wochen

Essenszeiten	Schlafzeiten zwischen 7.00 und 19.00 Uhr
7.00 Uhr	9.00 – 9.45 Uhr
10.45 / 11.00 Uhr	12.00 – 14.00 / 14.15 Uhr
14.00 / 14.15 Uhr	16.45 – 17.00 Uhr
17.00 Uhr	
18.15 Uhr	
22.30 Uhr	Maximale Schlafzeit insgesamt: 3,5 Stunden
	Abpumpen: 21.45 Uhr

7.00 Uhr

Ihr Baby sollte wach sein und mit frischer Windel nicht später als 7 Uhr anfangen, zu trinken.

Sie sollten ihm 20 Minuten an der ersten Brust geben und ihm dann zehn bis 15 Minuten von der zweiten Brust anbieten.

Füttern Sie Ihr Baby nicht nach 7.45 Uhr, da es sonst seine nächste Mahlzeit nicht einnehmen wird.

Es kann nun bis zu zwei Stunden wach bleiben.

8.00 Uhr

Versuchen Sie, nicht später als 8 Uhr Ihr Frühstück aus

Cerealien, Toast und einem großen Getränk zu sich zu nehmen. Waschen Sie Ihr Baby, cremen Sie es ein und ziehen es an.

8.50 Uhr
Prüfen Sie die Windel, bereiten Sie das Bettzeug vor und schließen Vorhänge oder Rollläden.

9.00 Uhr
Legen Sie das schläfrige Baby hin, wickeln Sie es zur Hälfte ein und lassen es im dunklen Raum und bei geschlossener Zimmertür nicht später als 9 Uhr einschlafen.
Es benötigt nun einen Schlaf von nicht mehr als 45 Minuten.
Waschen und sterilisieren Sie die Flaschen und die Utensilien zum Abpumpen.

9.45 Uhr
Öffnen Sie Vorhänge oder Rollläden, decken Sie Ihr Baby auf und lassen es selbstständig aufwachen.

10.00 Uhr
Ihr Baby sollte nun richtig wach sein, egal wie lange es vorher geschlafen hat.
Lassen Sie es ein wenig auf der Spieldecke strampeln.

10.45 / 11.00 Uhr
Geben Sie Ihrem Baby nun 20 Minuten an der Brust, von der es zuletzt getrunken hat und bieten Sie ihm dann zehn bis 15 Minuten von der zweiten Brust an, während Sie ein großes Glas Wasser trinken.
Füttern Sie es nicht nach 11.30 Uhr, da es sonst seine nächste Mahlzeit nicht einnehmen wird.

11.45 Uhr
Egal was Ihr Baby bisher gemacht hat, sollte es nun in sein Zimmer gebracht werden.
Bereiten Sie das Bettzeug vor und prüfen seine Windel.

Schließen Sie die Vorhänge oder Rollläden und legen Sie das Baby zur Hälfte eingewickelt hin. Lassen Sie es im dunklen Raum und bei geschlossener Zimmertür nicht später als 12 Uhr einschlafen.

12.00 – 14.00 / 14.15 Uhr
Ihr Baby benötigt nun ein Schläfchen von nicht mehr als zweieinviertel Stunden.
Reinigen und sterilisieren Sie die Flaschen und Utensilien zum Abpumpen.

14.00 / 14.15 Uhr
Ihr Baby sollte zweieinviertel Stunden, nachdem Sie es hingelegt haben, vollständig wach sein – egal, wie lange es tatsächlich geschlafen hat. Es sollte nicht später als 14.30 Uhr anfangen, zu trinken.
Öffnen Sie die Vorhänge oder Rollläden, decken Sie es auf und lassen es selbstständig aufwachen. Wechseln Sie seine Windel.
Geben Sie ihm 20 Minuten an der Brust, von der es zuletzt getrunken hat, und bieten Sie ihm dann zehn bis 15 Minuten von der anderen Brust an, während Sie ein großes Glas Wasser trinken.
Füttern Sie Ihr Baby nicht nach 15.15 Uhr, da es sonst seine nächste Mahlzeit nicht einnehmen wird.
Es ist sehr wichtig, dass es nun bis 16.45 Uhr wach bleibt, damit es um 19 Uhr gut einschlafen kann.

16.15 Uhr
Wechseln Sie seine Windel und bieten Sie ihm nicht später als 16.30 Uhr etwas kühles, abgekochtes Wasser oder stark verdünnten Saft an.
Zwischen 16.45 und 17 Uhr könnte Ihr Baby ein kurzes Nickerchen halten.

17.00 Uhr
Ihr Baby muss nun vollständig wach sein, wenn Sie möchten, dass es um 19 Uhr gut einschläft.

Sollte es sehr hungrig sein, bieten Sie ihm zehn bis 15 Minuten von der Brust an, von der es zuletzt getrunken hat. Lassen Sie es ansonsten bis nach seinem Bad warten und geben ihm dann seine volle Mahlzeit. Im Alter von 12 Wochen sollte es seine Mahlzeit erst nach dem Bad brauchen.

17.30 Uhr
Lassen Sie es ein wenig ohne Windel strampeln, während Sie das Bad vorbereiten.

17.45 Uhr
Mit dem Baden sollten Sie nicht später als 17.45 Uhr anfangen, damit Ihr Baby bis 18.15 Uhr massiert und angezogen ist.

18.15 Uhr
Sie sollten Ihr Baby nicht später als 18.15 Uhr im abgedunkelten Kinderzimmer, ohne viel zu sprechen oder Augenkontakt aufzunehmen füttern.
Geben Sie ihm 20 Minuten an jeder Brust, während Sie ein großes Glas Wasser trinken.
Es ist sehr wichtig, dass Ihr Baby zwei Stunden, nachdem es zuletzt aufgewacht ist, im Bett ist.

19.00 Uhr
Legen Sie das schläfrige Baby hin, wickeln Sie es zur Hälfte ein und lassen es im dunklen Raum und bei geschlossener Zimmertür nicht später als 19 Uhr einschlafen.

20.00 Uhr
Es ist sehr wichtig, dass Sie nun eine gute Mahlzeit einnehmen und sich ausruhen, bevor Sie wieder stillen oder abpumpen.

21.45 Uhr
Sollten Sie sich entschieden haben, die Stillmahlzeit um 22.30 Uhr mit einer Flasche abgepumpter oder Pulvermilch zu ersetzen, pumpen Sie jetzt von beiden Brüsten ab.

22.00 / 22.30 Uhr
Machen Sie das Licht an und decken Sie Ihr Baby auf, so dass es selbstständig aufwachen kann. Lassen Sie ihm mindestens zehn Minuten Zeit, bevor Sie mit dem Füttern anfangen, damit es vollständig wach ist und gut trinken kann. Ihr Baby sollte spätestens um 22.30 Uhr anfangen zu trinken.

Legen Sie alles bereit für das Windelwechseln sowie frisches Bettzeug, falls dies nachts gebraucht werden sollte.

Geben Sie Ihrem Baby 20 Minuten an der ersten Brust oder den Großteil seiner Flasche, wechseln Sie dann die Windel und wickeln es wieder ein.

Dunkeln Sie den Raum wieder ab und geben Sie ihm 20 Minuten an der anderen Brust oder den Rest seiner Flasche, ohne viel zu sprechen oder Augenkontakt aufzunehmen.

Die Mahlzeit sollte insgesamt nicht länger als eine Stunde dauern.

Nachts
Sollte Ihr Baby vor 5 Uhr gut trinken und sein Interesse an der Mahlzeit um 7 Uhr verlieren, versuchen Sie, es mit ein wenig abgekochtem, aber kühl gewordenem Wasser zu beruhigen. Denken Sie daran, dass es das Ziel ist, ihm seinen täglichen Milchbedarf zwischen 7 und 23 Uhr zu geben. Solange es 180 g pro Woche zunimmt, können Sie Ihr Baby dazu ermutigen, bis 5 Uhr ohne eine Milchmahlzeit durchzuhalten.

Wenn Ihr Baby um 5 Uhr aufwacht, geben Sie ihm die erste Brust und – falls notwendig – fünf bis zehn Minuten an der zweiten Brust.

Wenn es um 6 Uhr aufwacht, geben Sie die erste Brust und die zweite dann um 7.30 Uhr.

Vermeiden Sie nachts jegliche Stimulierung und wechseln Sie die Windel nur, wenn es absolut notwendig ist.

Veränderungen während der acht-bis-zwölf-Wochen-Routine

Schlafen

Die meisten Babys, die in diesem Alter nahezu 5,4 kg wiegen, sollten es schaffen, nach der Mahlzeit um 22.30 Uhr durchzuschlafen – vorausgesetzt, sie erhalten ihren täglichen Nahrungsbedarf zwischen 7 und 19 Uhr. Sie sollten nun auch zwischen 7 und 19 Uhr nicht mehr als insgesamt dreieinhalb Stunden schlafen. Ein ausschließlich gestilltes Baby könnte weiterhin einmal pro Nacht aufwachen – hoffentlich gegen 5 oder 6 Uhr. Reduzieren Sie nun die tägliche Schlafzeit Ihres Babys um weitere 30 Minuten, auf insgesamt drei Stunden. Das Nickerchen am Morgen sollte nicht länger als 45 Minuten dauern, aber wenn Ihr Baby mittags nicht gut schlafen sollte, könnten Sie dieses Nickerchen auf 30 Minuten beschränken. Der Mittagsschlaf sollte nicht länger als zweieinviertel Stunden dauern. In diesem Alter kann der Mittagsschlaf manchmal schief laufen. Das Baby kommt üblicherweise nach 30 bis 45 Minuten in einen leichten Schlaf, und einige Babys wachen dann vollständig auf. Es ist wichtig, dass sie lernen, selbstständig wieder einzuschlafen, wenn sie sich keine falschen Schlafassoziationen angewöhnen sollen. Für mehr Details dazu siehe Kapitel 4 und 8.

Die meisten Babys haben nun ihren Schlaf am Nachmittag gekürzt. Falls dem nicht so sein sollte, lassen Sie Ihr Baby nicht länger als 15 Minuten schlafen – es sei denn, der Mittagsschlaf ist aus irgendeinem Grund schief gelaufen. Dann sollte Ihr Baby nachmittags ein wenig länger schlafen, aber nicht mehr nach 17 Uhr. Die Babys sollten nun höchstens zur Hälfte eingewickelt sein und in ihrem Bettchen schlafen. Dass einige Babys in diesem Alter noch aufwachen, kann auch daran liegen, dass sie sich in ihrem Bettchen bewegen und mit den Armen oder Beinen in den Gitterstäben verhaken. Wenn das Ihrem Baby auch passiert, empfehle ich Ihnen, einen leichten Sommerschlafsack zu kaufen. Er sollte so leicht und dünn sein, dass Sie trotzdem noch eine Bettdecke benutzen und Ihr Baby einwickeln können, ohne Angst haben zu müssen vor Überhitzung (siehe Seiten 14 bis 16 für Details zu Bettchen und Bettzeug).

Trinken

Ihr Baby sollte nun an fünf Mahlzeiten pro Tag gewöhnt sein und nachts durchschlafen oder zumindest den Großteil der Nacht schlafen. Sollte Ihr Baby ausschließlich gestillt werden und wieder angefangen haben, früher am Morgen aufzuwachen, könnte es einen Versuch wert sein, nach der Mahlzeit um 22.30 Uhr eine Ergänzung von abgepumpter Milch oder Pulvermilch aus der Flasche anzubieten. Sollte Ihr Baby regelmäßig bis 7 Uhr durchschlafen, rücken Sie die Mahlzeit um 22.30 Uhr schrittweise alle drei Nächte um fünf Minuten nach vorne, bis es um 22 Uhr trinkt. Solange Ihr Baby weiterhin bis 7 Uhr schläft und dann eine volle Mahlzeit einnimmt, können Sie die Mahlzeit um 10.45 Uhr nach hinten schieben, bis Ihr Baby um 11 Uhr trinkt.

Sollte Ihr Baby nachts nicht durchschlafen, könnten Sie die Mahlzeit um 18.15 Uhr wieder aufteilen und ihm um 17 Uhr zehn bis 15 Minuten anbieten. Streichen Sie dann die Mahlzeit um 17 Uhr wieder, wenn Ihr Baby zwei bis drei Wochen lang regelmäßig durchschläft.

Wenn Sie darüber nachdenken, nun eine weitere Flaschenmahlzeit einzuführen, dann ist der beste Zeitpunkt dafür die Mahlzeit um 11 Uhr. Reduzieren Sie diese Mahlzeit täglich um zwei bis drei Minuten und ergänzen Sie dann mit Pulvermilch. Wenn Ihr Baby am Ende der ersten Woche eine Flaschenmahlzeit von 150 bis 180 ml zu sich nimmt, sollten Sie in der Lage sein, diese Stillmahlzeit zu streichen, ohne dass Sie einen Milchstau erleiden (siehe ab Seite 77 für zusätzliche Hinweise). Mit Pulvermilch ernährte Babys sollten während des nächsten Wachstumssprunges im Alter von neun Wochen zunächst um 7, 11 und 18.15 Uhr größere Mahlzeiten erhalten. Vergrößern Sie die Mahlzeiten entsprechend dem Bedürfnis Ihres Babys.

Routine für das gestillte Baby im Alter von drei bis vier Monaten

Essenszeiten	Schlafzeiten zwischen 7.00 und 19.00 Uhr
7.00 Uhr	9.00 – 9.45 Uhr
11.00 Uhr	12.00 – 14.00 / 14.15 Uhr
14.15 / 14.30 Uhr	
18.15 Uhr	
22.30 Uhr	Maximale Schlafzeit insgesamt: 3 Stunden
	Abpumpen: 21.45 Uhr

7.00 Uhr
Ihr Baby sollte wach und gewickelt sein und nicht später als 7.00 Uhr anfangen zu trinken.
Es sollte von beiden Brüsten trinken oder eine ganze Flaschenmahlzeit zu sich nehmen und dann zwei Stunden lang wach bleiben.

8.00 Uhr
Lassen Sie Ihr Baby circa 20 bis 30 Minuten lang auf der Spieldecke strampeln oder andere Aktivitäten ausprobieren.
Waschen Sie es, cremen Sie es ein und ziehen es an.

9.00 Uhr
Legen Sie Ihr schläfriges Baby ins Bett, wickeln Sie es zur Hälfte ein und lassen es bei geschlossener Zimmertür im dunklen Raum nicht später als 9 Uhr einschlafen. Es braucht nun einen Schlaf von nicht mehr als 45 Minuten.
Reinigen und sterilisieren Sie die Flaschen und die Utensilien zum Abpumpen.

9.45 Uhr
Öffnen Sie die Vorhänge oder Rollläden, decken Sie Ihr Baby auf und lassen es selbstständig aufwachen.

10.00 Uhr
Ihr Baby sollte nun vollkommen wach sein, egal wie lange es vorher geschlafen hat.
Lassen Sie es auf seiner Spieldecke strampeln.

11.00 Uhr
Nun sollten Sie es an beiden Brüsten stillen oder ihm eine ganze Flaschenmahlzeit geben.
Füttern Sie Ihr Baby nicht nach 11.30 Uhr, da es sonst seine nächste Mahlzeit nicht einnehmen wird.

11.50 Uhr
Bereiten Sie das Bettzeug vor und wechseln Sie die Windel.
Schließen Sie Vorhänge oder Rollläden und legen Sie das schläfrige Baby ins Bett, wickeln Sie es zur Hälfte ein und lassen es im dunklen Raum und bei geschlossener Zimmertür nicht später als 12 Uhr einschlafen.

12.00 – 14.00 / 14.15 Uhr
Ihr Baby braucht nun einen Mittagsschlaf von nicht mehr als zweieinviertel Stunden. Reinigen und sterilisieren Sie die Flaschen und die Utensilien zum Abpumpen.

14.00 / 14.15 Uhr
Ihr Baby muss zweieinviertel Stunden, nachdem Sie es hingelegt haben, wieder wach sein – egal wie lange es tatsächlich geschlafen hat. Es sollte nicht später als 14.30 Uhr anfangen, zu trinken. Öffnen Sie die Vorhänge oder Rollläden, decken Sie es auf und lassen es selbstständig aufwachen. Wechseln Sie dann die Windel. Es sollte nun von beiden Brüsten trinken oder eine ganze Flaschenmahlzeit einnehmen.
Füttern Sie Ihr Baby nicht mehr nach 15.15 Uhr, da es sonst seine nächste Mahlzeit nicht einnehmen wird.
Wenn Ihr Baby beide Nickerchen gut geschlafen hat, sollte es jetzt den gesamten Nachmittag wach bleiben können.

16.15 Uhr
Wechseln Sie seine Windel und bieten Sie ihm nicht später als
16.30 Uhr abgekochtes und abgekühltes Wasser oder gut verdünnten Saft an.

17.30 Uhr
Lassen Sie Ihr Baby ohne Windel ein wenig strampeln, während
Sie sein Bad vorbereiten.

17.45 Uhr
Sie sollten nicht später als 17.45 Uhr mit dem Baden anfangen
und Ihr Baby bis 18.15 Uhr massiert und angezogen haben.

18.15 Uhr
Es sollte nicht später als 18.15 Uhr anfangen, zu trinken.
Sie sollten von beiden Brüsten stillen oder ihm eine ganze Fla-
schenmahlzeit geben.
Dunkeln Sie den Raum ab und lassen Sie Ihr Baby für zehn
Minuten auf seinem Kissen oder dem Sofa liegen, während Sie
aufräumen.

19.00 Uhr
Legen Sie das schläfrige Baby ins Bett, wickeln Sie es zur Hälfte
ein und lassen es bei geschlossener Zimmertür im dunklen Raum
nicht später als 19 Uhr einschlafen.

21.45 Uhr
Sofern Sie sich entschieden haben, die Stillmahlzeit um 22.30
Uhr durch eine Flaschenmahlzeit mit abgepumpter oder Pulvermilch zu ersetzen, dann sollten Sie jetzt von beiden Brüsten
abpumpen.

22.30 Uhr
Machen Sie gedämpftes Licht an und wecken Ihr Baby soweit
auf, dass es wach genug ist zu trinken. Es sollte um 22.30 damit
anfangen.

Geben Sie ihm den Großteil seiner Still- oder Flaschenmahlzeit, wechseln Sie die Windel und wickeln es dann wieder zur Hälfte ein.

Dunkeln Sie den Raum wieder ab und geben Sie ihm den Rest seiner Mahlzeit, ohne zu sprechen oder Augenkontakt aufzunehmen. Sollte Ihr Baby nun nichts mehr trinken wollen, dann ist das in Ordnung. Diese Mahlzeit sollte sich nun langsam reduzieren.

Die Mahlzeit sollte insgesamt nicht länger als 30 Minuten dauern.

Veränderungen während der drei-bis-vier-Monate-Routine

Schlafen

Sofern Sie die Mahlzeiten und die Schlafenszeiten Ihres Babys nach den Routinen ausgerichtet haben, sollte es nun nachts nach seiner letzten Mahlzeit bis circa 6 / 7 Uhr durchschlafen. Sollte Ihr Baby wieder früher am Morgen aufwachen, ist anzunehmen, dass es hungrig ist. Dann sollten Sie die Mahlzeit um 22.30 Uhr erhöhen und, falls notwendig, Ihr Baby zu diesem Zeitpunkt wieder etwas länger wach halten (siehe Seite 156). Sie sollten außerdem sicherstellen, dass Ihr Baby zwischen 7 und 19 Uhr nicht mehr als insgesamt drei Stunden schläft. Die meisten Babys reduzieren nun ihr Nickerchen am Nachmittag und schaffen es an einigen Tagen, den Nachmittag ganz und gar ohne Schläfchen zu überstehen. Sie müssen dann eventuell abends einige Minuten früher ins Bett gebracht werden.

Sollte der Mittagsschlaf aus irgendeinem Grund kürzer als zwei Stunden ausgefallen sein, dann sollte ihr Baby möglichst zwischen 16 und 17 Uhr ein Schläfchen von nicht mehr als 30 Minuten machen. Andernfalls könnte es zur Bettzeit am Abend so übermüdet sein, dass es nicht mehr leicht einschlafen kann.

Die Dauer, die Ihr Baby zur Mahlzeit um 22.30 Uhr wach ist,

sollte nun schrittweise auf 30 Minuten reduziert werden – vorausgesetzt, es schläft danach regelmäßig bis 7 Uhr durch. Diese Mahlzeit sollte sehr ruhig verlaufen und wie eine nächtliche Mahlzeit behandelt werden. Sollte Ihr Baby immer noch zwischen 5 und 6 Uhr aufwachen, können Sie versuchen, es während der letzten Mahlzeit um 22.30 Uhr mindestens eine Stunde lang wach zu halten.

Selbst wenn Ihr Baby sich im zur Hälfte eingewickelten Zustand nicht selbst aufdecken sollte, ist nun ein guter Zeitpunkt, es an einen Schlafsack zu gewöhnen. Dieser sollte aus 100 % Baumwolle gemacht und sehr leicht sein. Da es immer noch fest – je nach Zimmertemperatur mit einem Laken und einer Überdecke – zugedeckt werden muss, und ist es wichtig, dass Sie einen sehr leichten Schlafsack kaufen, um Überhitzung zu vermeiden.

Trinken

Wenn Ihr Baby mit Pulvermilch gefüttert wird und zwischen 7 und 23 Uhr 1050 bis 1200 ml zu sich nimmt, sollte es nachts keine Milch brauchen. Sehr große Babys allerdings, die mehr als 6,8 kg wiegen, müssen eventuell weiterhin zwischen 5 und 6 Uhr gefüttert werden und benötigen dann eine Ergänzung um 7 / 7.30 Uhr, bis sie sechs Monate als sind und feste Nahrung bekommen. Aktuell wird empfohlen, Babys keine feste Nahrung zu geben, bevor sie sechs Monate als sind. Wenn Sie den Eindruck haben, dass Ihr Baby schon jetzt alle Anzeichen zeigt, dass es feste Nahrung braucht, sollten Sie dies auf jeden Fall mit Ihrem Kinderarzt besprechen.

Es ist besser, Ihr Baby noch ein wenig länger nachts füttern zu müssen, als es auf feste Nahrung umzustellen, bevor es wirklich dazu bereit ist. Ein noch ausschließlich gestilltes Baby muss eventuell auch noch gegen 5 / 6 Uhr gefüttert werden, da es zur letzten Mahlzeit nicht genug erhält. Egal ob Ihr Baby von der Brust oder aus der Flasche trinkt, ein guter Indikator dafür, ob es bereit ist, seine Nachtmahlzeit aufzugeben, ist die Art und Weise, wie es seine Ergänzung um 7 / 7.30 Uhr zu sich nimmt. Sollte es hier noch gierig trinken, dann ist es zwischen 5 und 6 Uhr tatsächlich hungrig. Sollte es die Ergänzung allerdings nur unwillig zu sich nehmen oder sie sogar verweigern, würde ich annehmen, dass das frühe Aufwachen eher eine Angewohnheit ist, als durch echten Hunger motiviert. Sie könnten es dann beim frühen Aufwachen mit ein wenig kühlgewordenem, abgekochten Wasser oder mit einer kleinen Streicheleinheit zu beruhigen versuchen.

Wenn Ihr Baby weiterhin bis 7 Uhr durchschläft, nachdem Sie die Dauer, die es zur Mahlzeit um 22.30 Uhr wach ist, auf 30 Minuten reduziert haben und es dazu noch weniger zu seiner Mahlzeit um 7 Uhr trinkt, dann können Sie anfangen, die Milchmenge der Mahlzeit um 22.30 Uhr reduzieren. Fahren Sie damit aber nur fort, wenn Ihr Baby weiterhin gut bis 7 Uhr schläft. Allerdings rate ich davon ab, diese Mahlzeit komplett zu streichen, bevor Ihr Baby sechs Monate alt ist und feste Nahrung eingeführt wurde. Sollten Sie die Mahlzeit um 22.30 Uhr streichen, bevor Ihr Baby feste Nahrung zu sich nimmt und es dann einen Wachstumssprung durchmacht, müssen Sie vielleicht wieder anfangen, mitten in der Nacht zu füttern.

Sollte Ihr Baby ausschließlich gestillt werden und mehr als 6,3 kg wiegen, werden Sie vielleicht sowieso feststellen, dass Sie während der Wachstumssprünge wieder mitten in der Nacht füttern müssen, bis die feste Nahrung eingeführt worden ist.

Routine für das gestillte Baby im Alter von vier bis sechs Monaten

Essenszeiten	Schlafzeiten zwischen 7.00 und 19.00 Uhr
7.00 Uhr	9.00 – 9.45 Uhr
11.00 Uhr	12.00 – 14.00 / 14.15 Uhr
14.15 / 14.30 Uhr	
18.00 Uhr	
22.30 Uhr	Maximale Schlafzeit insgesamt: 3 Stunden
	Abpumpen: 21.45 Uhr

7.00 Uhr
Ihr Baby sollte wach sein und mit frischer Windel nicht später als 7 Uhr anfangen zu trinken.
Es sollte von beiden Brüsten trinken oder eine ganze Flaschenmahlzeit zu sich nehmen und dann zwei Stunden wach bleiben.

8.00 Uhr
Ihr Baby sollte nun 20 bis 30 Minuten lang auf seiner Spieldecke strampeln oder zu einer anderen Aktivität motiviert werden.
Waschen und cremen Sie Ihr Baby ein und ziehen es an.

9.00 Uhr
Legen Sie das schläfrige Baby hin, wickeln Sie es zur Hälfte ein und lassen es im dunklen Raum bei geschlossener Zimmertür nicht später als 9 Uhr einschlafen. Es benötigt nun einen Schlaf von nicht mehr als 45 Minuten.
Waschen und sterilisieren Sie die Flaschen und die Utensilien zum Abpumpen.

9.45 Uhr
Öffnen Sie die Vorhänge oder Rollläden, decken Sie Ihr Baby auf und lassen es selbstständig aufwachen.

10.00 Uhr
Ihr Baby sollte nun vollkommen wach sein, egal wie lange es vorher geschlafen hat.
Lassen Sie es auf seiner Spieldecke strampeln oder gehen Sie mit ihm raus.

11.00 Uhr
Sie sollten ihm nun eine komplette Still- oder Flaschenmahlzeit anbieten, bevor Sie ihm feste Nahrung geben, sofern Ihnen empfohlen wurde, es frühzeitig auf feste Nahrung umzustellen (siehe Seite 201 folgende).
Lassen Sie es alleine in seinem Stühlchen oder seiner Wippe, während Sie aufräumen.

11.50 Uhr
Bereiten Sie das Bettzeug vor und wechseln die Windel.
Schließen Sie Vorhänge oder Rollläden und legen das schläfrige Baby hin. Wickeln Sie es zur Hälfte ein und lassen es im dunklen Raum und bei geschlossener Zimmertür nicht später als 12 Uhr einschlafen.
Es braucht nun einen Mittagsschlaf von nicht mehr als zweieinviertel Stunden.

14.00 / 14.15 Uhr
Öffnen Sie die Vorhänge, decken Sie Ihr Baby auf und lassen es selbstständig aufwachen.
Geben Sie ihm nun eine Stillmahlzeit von beiden Brüsten oder eine komplette Flaschenmahlzeit.
Füttern Sie Ihr Baby nicht mehr nach 15.15 Uhr, da es sonst seine nächste Mahlzeit nicht einnehmen wird.
Sollte es während der Nickerchen am Vormittag und Mittag gut geschlafen haben, wird es den Nachmittag wahrscheinlich ohne ein weiteres Schläfchen überstehen.

16.15 Uhr
Wechseln Sie die Windel und bieten Ihrem Baby nicht später als

16.30 Uhr etwas kühles, abgekochtes Wasser oder gut verdünnten Saft an.
Sollte es mittags nicht gut geschlafen haben, braucht es nun ein kurzes Nickerchen.

17.00 Uhr
Ihr Baby sollte seine Mahlzeit erst nach dem Baden benötigen. Wenn es jetzt jedoch schon hungrig wirkt, können Sie ihm einen Teil der Mahlzeit schon jetzt geben.
Lassen Sie es ein wenig ohne seine Windel strampeln, während Sie das Bad vorbereiten.

17.30 Uhr
Sie sollten jetzt mit dem Baden beginnen und Ihr Baby bis 18 Uhr massiert und angezogen haben.

18.00 Uhr
Je nachdem, wie müde Ihr Baby ist, sollte es zwischen 18 und 18.15 Uhr anfangen zu trinken.
Es sollte nun von beiden Brüsten trinken oder eine volle Flaschenmahlzeit erhalten.

19.00 Uhr
Legen Sie das schläfrige Baby – zur Hälfte eingewickelt oder im Schlafsack – hin und lassen es im dunklen Raum bei geschlossener Zimmertür nicht später als 19 Uhr einschlafen.

21.45 Uhr
Sollten Sie entschieden haben, die Stillmahlzeit um 22.30 Uhr mit einer Flaschenmahlzeit aus abgepumpter oder Pulvermilch zu ersetzen, dann können Sie nun von beiden Brüsten abpumpen.

22.30 Uhr
Machen Sie gedämpftes Licht an und wecken Ihr Baby soweit auf, dass es trinken kann. Es sollte nicht später als 22.30 Uhr damit anfangen.

Geben Sie ihm den Großteil seiner Still- oder Flaschenmahlzeit, wechseln Sie seine Windel und wickeln es wieder zur Hälfte ein. Dunkeln Sie den Raum wieder ab und geben ihm den Rest seiner Mahlzeit, ohne zu sprechen oder Augenkontakt aufzunehmen. Sollte es den Rest seiner Mahlzeit nicht mehr trinken wollen, dann versuchen Sie es nicht weiter. Ihr Baby wird nun wahrscheinlich anfangen, diese Mahlzeit zu reduzieren.

Die Mahlzeit sollte insgesamt nicht länger als 30 Minuten dauern.

Veränderungen während der vier-bis-sechs-Monate-Routine

Schlafen

Im Alter von vier und sechs Monaten sollte Ihr Baby nach seiner letzten Mahlzeit um 22.30 Uhr bis 6 / 7 Uhr durchschlafen – vorausgesetzt, es nimmt vier bis fünf ganze Milchmahlzeiten am Tag zu sich und schläft zwischen 7 und 19 Uhr nicht mehr als insgesamt drei Stunden. Sollten Sie bisher noch keinen Schlafsack eingeführt haben, ist es ratsam, das jetzt zu tun. Wenn Sie länger damit warten, könnte es sein, dass Ihr Baby ihn ablehnt, wenn Sie irgendwann einen benutzen möchten.

Bis Ihr Baby alleine in der Lage ist, in seinem Bettchen herumzukrabbeln, sollte es weiterhin fest zugedeckt werden. Bei sehr heißem Wetter können Sie ihm einen sehr leichten Schlafsack über seine Windel anziehen und es dann mit einem leichten Laken zudecken.

Sollte Ihr Baby keine ganzen zwei Stunden Mittagsschlaf machen, reduzieren Sie seinen Schlaf am Vormittag auf 20 bis 30 Minuten und rücken Sie die Mahlzeit um 11 Uhr nach vorne auf 10.30 Uhr. Geben Sie ihm dann mittags einen kleinen Zuschlag, bevor Sie es zum Mittagsschlaf hinlegen.

Trinken und Essen

Ich empfehle, Ihr Baby solange weiterhin um 22.30 Uhr zu füttern, bis Sie feste Nahrung eingeführt haben. Aktuell wird empfohlen, feste Nahrung erst mit sechs Monaten einzuführen und nicht schon mit vier Monaten, wie das früher angeraten wurde. Ihr Baby wird aber zwischen vier und sechs Monaten weitere Wachstumssprünge durchmachen und somit gesteigerten Nahrungsbedarf haben. Nach meiner Erfahrung kann dieser dann nicht mit vier Milchmahlzeiten pro Tag gedeckt werden. Sollten Sie die Mahlzeit um 22.30 Uhr gestrichen haben und Ihr Baby wieder früher aufwachen und dann nicht schnell wieder einschlafen können, müssen Sie annehmen, dass es vor Hunger aufwacht und es füttern. Es ist dann ratsam, die Mahlzeit um 22.30 Uhr vorübergehend wieder einzurichten, bis Sie feste Nahrung eingeführt haben. Sollte Ihr Baby die Mahlzeit nach 22 Uhr ablehnen, aber um 5 Uhr hungrig aufwachen, dann sollten Sie es füttern, es danach bis 7 Uhr schlafen lassen und ihm dann bis 8 Uhr eine Ergänzung anbieten. Sie müssen in diesem Fall die nächste Mahlzeit wahrscheinlich schon zwischen 10 und 10.30 Uhr geben, und ich empfehle, dem Baby dann eine weitere Ergänzung zu geben, direkt bevor Sie es zum Mittagsschlaf hinlegen. So stellen Sie sicher, dass es dann gut schlafen kann.

Während der Wachstumssprünge könnte es sein, dass Ihrem Baby die fünf Mahlzeiten pro Tag nicht ausreichen. Dann müssten Sie eine aufgeteilte Mahlzeit – wie oben beschrieben – am Morgen anbieten und auch die Mahlzeit um 17 Uhr wieder einführen.

Sollte Ihr Baby zwischen den Mahlzeiten unzufrieden wirken, obwohl Sie ihm mehr Milch anbieten als sonst und Sie den Eindruck haben, dass es bereits nach Beikost verlangen könnte (siehe Seite 203 für Details), ist es wichtig, dass Sie dies mit Ihrem Kinderarzt besprechen. Sollte Ihnen empfohlen werden, Ihr Baby bereits vor dem Alter von sechs Monaten auf feste Nahrung umzustellen, dann ist es wichtig, dass Sie diese sehr vorsichtig einführen. Die Beikost sollte zunächst der Geschmacksbildung dienen und nur eine Ergänzung zur Milch darstellen; diese aber keinesfalls ersetzen.

Um sicherzugehen, dass die Milchaufnahme nicht durch die feste Nahrung beeinträchtigt wird, geben Sie Ihrem Baby immer zuerst seine gesamte Milchmahlzeit. Fangen Sie mit einer kleinen Menge Reisbrei an, der mit Brust- oder Pulvermilch angerührt wird und den Sie nach der Mahlzeit um 11 Uhr verabreichen. Sobald Ihr Baby den Reisbrei isst, können Sie diesen nach der Mahlzeit um 18 Uhr geben und nach der Milchmahlzeit um 11 Uhr mit den ersten Obst- und Gemüsemahlzeiten anfangen, die ich ab Seite 110 empfehle.

Sollte Ihr Baby um 18 Uhr zu müde sein, um seine gesamte Milch zu trinken und dann noch die feste Nahrung zu sich zu nehmen, geben Sie ihm stattdessen um 17.15 Uhr zwei Drittel seiner Milch, gefolgt vom Brei, und die restliche Milchmahlzeit dann um 18.45 Uhr.

Sobald Ihr Baby zu dieser Mahlzeit auch die feste Nahrung zu sich nimmt und je größer die Menge dieser festen Nahrung mit der Zeit wird, desto mehr wird das Baby seine Mahlzeit um 22.30 Uhr automatisch reduzieren. Sobald es dann um 22.30 Uhr nur noch sehr kurz an der Brust oder nur wenige ml seiner Flaschenmahlzeit trinkt und weiterhin gut bis 7 Uhr durchschläft, können Sie die Mahlzeit um 22.30 Uhr komplett streichen, ohne befürchten zu müssen, dass Ihr Baby wieder früher am Morgen aufwachen wird.

Routine für das gestillte Baby im Alter von sechs bis neun Monaten

Essenszeiten	Schlafzeiten zwischen 7.00 und 19.00 Uhr
7.00 Uhr	9.00 – 9.30 / 9.45 Uhr
11.45 Uhr	12.30 – 14.30 Uhr
14.30 Uhr	
17.00 Uhr	
18.30 Uhr	Maximale Schlafzeit insgesamt: 3 Stunden

7.00 Uhr
Ihr Baby sollte wach und gewickelt sein und nicht später als 7 Uhr anfangen zu trinken.
Es sollte von beiden Brüsten trinken oder eine volle Flaschenmahlzeit einnehmen, gefolgt von einem Frühstücksbrei, angerührt mit abgepumpter oder Pulvermilch.
Es sollte nun zwei Stunden lang wach bleiben.

8.00 Uhr
Ihr Baby sollte 20 bis 30 Minuten lang auf seiner Spieldecke strampeln, oder Sie sollten andere Aktivitäten mit ihm unternehmen.
Waschen Sie Ihr Baby, cremen Sie es ein und ziehen es an.

9.00 Uhr
Legen Sie das Baby in schläfrigem Zustand und eingepackt in seinen Schlafsack (siehe Seite 184) hin und lassen es im dunklen Raum und bei geschlossener Zimmertür zwischen 9 und 9.30 Uhr einschlafen.
Es braucht nun einen Schlaf von 30 bis 45 Minuten.

9.30 / 9.45 Uhr
Öffnen Sie die Vorhänge oder Rollläden, decken Sie Ihr Baby aus dem Schlafsack auf und lassen es von sich aus aufwachen.

10.00 Uhr
Ihr Baby sollte nun vollkommen wach sein, egal wie lange es vorher geschlafen hat.
Lassen Sie es auf der Spieldecke strampeln oder gehen mit ihm raus.

11.45 Uhr
Es sollte nun den Großteil seines Mittagsbreis essen, bevor Sie ihm ein wenig Wasser oder stark verdünnten Saft aus dem Trinkbecher anbieten; wechseln Sie dann ab zwischen Brei und Getränk.
Lassen Sie es in seiner Wippe sitzen, während Sie aufräumen.

12.20 Uhr
Bereiten Sie das Bettzeug vor und wechseln Sie die Windel.
Schließen Sie die Vorhänge oder Rollläden und legen Ihr Baby in schläfrigem Zustand und eingepackt in seinen Schlafsack hin. Lassen Sie es im dunklen Raum und bei geschlossener Zimmertür nicht später als 12.30 Uhr einschlafen.

12.30 – 14.30 Uhr
Ihr Baby braucht nun einen Mittagsschlaf von nicht mehr als zwei Stunden.
Sollte es am Vormittag volle 45 Minuten geschlafen haben, braucht es nun eventuell einen kürzeren Mittagsschlaf.

14.30 Uhr
Ihr Baby sollte wach sein und nicht später als 14.30 Uhr anfangen zu essen – egal wie lange es vorher geschlafen hat.
Öffnen Sie die Vorhänge oder Rollläden, decken Sie Ihr Baby auf und lassen es selbstständig aufwachen. Wechseln Sie seine Windel.
Es braucht nun eine volle Mahlzeit von beiden Brüsten oder eine ganze Flasche.
Füttern Sie Ihr Baby nicht nach 15.15 Uhr, da es sonst seine nächste Mahlzeit nicht einnehmen wird.

16.15 Uhr
Wechseln Sie die Windel und bieten Ihrem Baby nicht später als 16.30 Uhr ein wenig kühles, abgekochtes Wasser oder gut verdünnten Saft an.

17.00 Uhr
Sie sollten Ihrem Baby nun den Großteil seiner Beikost geben, bevor Sie ihm ein wenig Wasser aus dem Trinkbecher anbieten. Es ist wichtig, dass es zur Bettzeit noch eine ordentliche Milchmahlzeit zu sich nimmt; geben Sie ihm jetzt also nur wenig zu trinken.

18.00 Uhr
Sie sollten nicht später als 18 Uhr mit dem Baden anfangen und Ihr Baby sollte bis 18.30 Uhr massiert und angezogen sein.

18.30 Uhr
Ihr Baby sollte nicht später als 18.30 Uhr anfangen zu trinken. Es sollte von beiden Brüsten trinken oder 210 ml Pulvermilch zu sich nehmen.
Dunkeln Sie den Raum ab und lassen es zehn Minuten in seiner Wippe sitzen, während Sie aufräumen.

19.00 Uhr
Legen Sie das Baby in schläfrigem Zustand ins Bett und lassen es nicht später als 19 Uhr im dunklen Raum und bei geschlossener Zimmertür einschlafen.

Veränderungen während der sechs-bis-neun-Monate-Routine

Schlafen

Sobald Ihr Baby sich an drei feste Mahlzeiten pro Tag gewöhnt hat, sollte es von 19 bis 7 Uhr schlafen können. Sollten Sie nach den neuesten Empfehlungen in Sachen fester Nahrung gegangen sein und Ihr Baby erst mit sechs Monaten darauf umgestellt haben, braucht es möglicherweise noch um 22.30 Uhr eine kleine Mahlzeit, bis es circa sieben Monate alt ist. Sollte Ihnen empfohlen worden sein, Ihr Baby schon früher auf feste Nahrung umzustellen und es mit sechs Monaten bereits gut daran gewöhnt sein, dann können Sie die Mahlzeit um 22.30 Uhr sicherlich schon früher streichen.
Wenn Ihr Baby sechs Monate alt ist und regelmäßig bis 7 Uhr durchschläft, sollten Sie versuchen, das Nickerchen von 9 Uhr schrittweise auf 9.30 Uhr zu schieben. So wird Ihr Baby seinen Mittagsschlaf erst gegen 12.30 Uhr machen. Dies ist wichtig, sobald die feste Nahrung stabil etabliert ist, Ihr Baby drei Mahl-

zeiten am Tag einnimmt und sein Mittagessen um 11.45 / 12 Uhr ansteht.

Einige Babys schlafen morgens bereits länger, sobald Sie an drei feste Mahlzeiten pro Tag gewöhnt sind. Sollte Ihr Baby erst gegen 8 Uhr aufwachen, braucht es wahrscheinlich kein Nickerchen am Vormittag, aber wird auch nur schwer bis 12.30 Uhr für seinen Mittagsschlaf durchhalten können. Es braucht daher möglicherweise sein Mittagessen schon um 11.20 Uhr und muss um 12.15 Uhr bereits zum Mittagsschlaf hingelegt werden.

Zwischen sechs und neun Monaten wird Ihr Baby sicherlich auch anfangen, sich auf den Bauch zu drehen und es bevorzugen, auf dem Bauch zu schlafen. Dann ist es ratsam, die Decken und Laken zu entfernen, damit es sich nicht zu sehr darin einwickelt. Im Winter sollte der leichte Schlafsack dann durch einen wärmeren ersetzt werden.

Trinken und Essen

Wenn Sie Ihrem Baby mit sechs Monaten Beikost geben, ist es wichtig, dass Sie sich möglichst schnell durch die verschiedenen Nahrungsmittel arbeiten (siehe Seite 210 folgende). Führen Sie den Reisbrei im Anschluss an die Mahlzeit um 11 Uhr ein und dann alle paar Tage ein neues Nahrungsmittel. Erhöhen Sie außerdem kontinuierlich die Mengen. Sobald Ihr Baby eine gute Menge an fester Nahrung zur Mittagszeit und zum Abendessen zu sich nimmt, können Sie auch zum Frühstück einen Brei einführen. Im Alter von sieben Monaten sollte Ihr Baby zum Mittagessen Proteine bekommen, da es das vor der Geburt gespeicherte Eisen aufgebraucht haben wird.

Sollte Ihnen empfohlen worden sein, Ihr Baby früher als mit sechs Monaten an feste Nahrung zu gewöhnen, dann sollten Sie ihm bereits im Alter von sechs Monaten Proteine geben können, da Ihr Baby inzwischen verschiedenartige Nahrungsmittel wird verdauen können.

Es ist wichtig, dass Sie Ihr Baby im Alter von sechs bis sieben Monaten zur Mittagszeit an den Trinkbecher gewöhnen und dass

Sie nun anfangen, zwischen Essen und Getränk abzuwechseln. Sobald Ihr Baby zum Mittagessen nur noch wenige Milliliter Milch zu sich nimmt, ersetzen Sie diese durch Wasser oder stark verdünnten Saft aus dem Trinkbecher. Es ist wichtig, dass Sie dies zur Protein-Mittagsmahlzeit einführen. Sobald die Milch zum Mittagessen komplett gestrichen wurde, könnte es sein, dass Ihr Baby um 14.30 Uhr etwas mehr benötigt. Sollten Sie jedoch feststellen, dass Ihr Baby daraufhin die Abendmahlzeit zu sehr einschränkt, dann erhöhen Sie die Mahlzeit um 14.30 Uhr nicht.

Im Alter von sechs bis sieben Monaten sollte die feste Mahlzeit dann auf 17 Uhr verlegt und zu einem richtigen Abendessen werden, ergänzt durch ein wenig Wasser aus dem Trinkbecher. Um 18.30 Uhr erhält Ihr Baby dann eine volle Milchmahlzeit.

Mit neun Monaten sollte Ihr Baby – sofern es mit Pulvermilch gefüttert wird – sein gesamtes Wasser, verdünnten Saft und den Großteil seiner Milchmahlzeiten aus dem Trinkbecher einnehmen.

Routine für das gestillte Baby
                              im Alter von neun bis zwölf Monaten

Essenszeiten	Schlafzeiten zwischen 7.00 und 19.00 Uhr
7.00 Uhr	9.15 / 9.30 – 10.00 Uhr
11.45 Uhr	12.30 – 14.30 Uhr
14.30 Uhr	
17.00 Uhr	
18.30 Uhr	Maximale Schlafzeit insgesamt: 3 Stunden

7.00 Uhr
Ihr Baby sollte wach und gewickelt sein und nicht später als 7 Uhr anfangen zu trinken.

Es sollte von beiden Brüsten trinken oder Pulvermilch aus dem Trinkbecher zu sich nehmen, gefolgt von Frühstücksbrei, angerührt mit abgepumpter oder Pulvermilch und Früchten.

Es sollte nun zwei Stunden wach bleiben.

8.00 Uhr
Es sollte nun 20 bis 30 Minuten auf der Spieldecke strampeln oder ähnliches.
Waschen Sie Ihr Baby, cremen Sie es ein und ziehen es an.

9.15 / 9.30 Uhr
Legen Sie das Baby in schläfrigem Zustand ins Bett und lassen es bei geschlossener Zimmertür im dunklen Raum einschlafen.
Es braucht nun ein Nickerchen von 30 bis 45 Minuten.

9.30 – 9.45 Uhr
Öffnen Sie die Vorhänge oder Rollläden, so dass Ihr Baby selbstständig aufwachen kann.

10.00 Uhr
Nun sollte das Baby vollkommen wach sein, egal wie lange es vorher geschlafen hat.
Lassen Sie es auf der Spieldecke strampeln oder gehen mit ihm raus.

11.45 Uhr
Sie sollten ihm nun den Großteil seiner Beikost geben, bevor Sie ihm Wasser oder gut verdünnten Saft aus dem Trinkbecher anbieten; wechseln Sie dann ab zwischen dem Essen und dem Getränk.
Lassen Sie es in seiner Wippe sitzen, während Sie aufräumen.

12.20 Uhr
Bereiten Sie das Bettzeug vor und wechseln die Windel.
Schließen Sie die Vorhänge oder Rollläden, legen Sie Ihr Baby im schläfrigen Zustand ins Bett und lassen es im dunklen Raum und bei geschlossener Zimmertür nicht später als 12.30 Uhr einschlafen. Es braucht nun einen Mittagsschlaf von nicht mehr als zwei Stunden.
Sollte es am Vormittag ganze 45 Minuten geschlafen haben, braucht es nun eventuell einen kürzeren Mittagsschlaf.

14.30 Uhr
Ihr Baby sollte wach sein und nicht später als 14.30 Uhr zu trinken anfangen – egal wie lange es vorher geschlafen hat.
Öffnen Sie die Vorhänge oder Rollläden und lassen es selbstständig aufwachen. Wechseln Sie die Windel.
Ihr Baby braucht nun eine volle Still- oder Flaschenmahlzeit und Wasser oder gut verdünnten Saft aus dem Trinkbecher.
Füttern Sie Ihr Baby nicht nach 15.15 Uhr, da es sonst sein Abendessen nicht einnehmen wird.

16.15 Uhr
Wechseln Sie die Windel und bieten Ihrem Baby nicht später als um 16.30 Uhr etwas kühles, sterilisiertes Wasser oder gut verdünnten Saft an.

17.00 Uhr
Sie sollten ihm nun den Großteil seiner Beikost geben, bevor Sie ihm ein wenig Wasser oder Milch aus dem Trinkbecher anbieten.
Es ist wichtig, dass es zur Bettzeit noch gut trinkt – halten Sie also das Getränk zu dieser Mahlzeit auf einem Minimum.

18.00 Uhr
Sie sollten nicht später als 18 Uhr mit dem Baden anfangen und Ihr Baby bis 18.30 Uhr massiert und angezogen haben.

18.30 Uhr
Ihr Baby sollte nicht später als 18.30 Uhr anfangen zu trinken.
Es sollte nun von beiden Brüsten trinken oder eine volle Flaschenmahlzeit einnehmen; die Menge wird sich schrittweise auf 150 bis 180 ml reduzieren, sobald Sie im Alter von einem Jahr auch hier den Trinkbecher einführen.
Dunkeln Sie den Raum ab und lassen Ihr Baby in seiner Wippe sitzen, während Sie aufräumen.

19.00 Uhr
Legen Sie Ihr Baby im dunklen Raum in sein Bett, und lassen Sie

es bei geschlossener Zimmertür nicht später als 19 Uhr einschlafen.

Veränderungen während der neun-bis-zwölf-Monate-Routine

Schlafen

Die Mehrzahl der Babys reduziert in diesem Alter seinen täglichen Schlafbedarf drastisch. Sollten Sie feststellen, dass Ihr Baby morgens wieder früher aufwacht, ist es wichtig, dass Sie seinen Schlaf am Tage reduzieren.

Das erste Nickerchen, das Sie kürzen sollten, ist das am Vormittag. Sollte Ihr Baby bisher 45 Minuten schlafen, dann wecken Sie es nun bereits nach 30 Minuten. Sollte es bisher 30 Minuten geschlafen haben, reduzieren Sie dieses Nickerchen auf zehn bis 15 Minuten. Einige Babys verkürzen auch Ihren Mittagsschlaf auf eineinhalb Stunden, so dass sie am späten Nachmittag eventuell müde und quengelig werden. Versuchen Sie dann, das Nickerchen am Vormittag komplett zu streichen, und schauen Sie, ob Ihr Baby dann mittags wieder länger schläft. Sie müssen dann das Mittagessen eventuell etwas vorverlegen, sollte Ihr Baby nicht bis 12.30 Uhr durchhalten, also bis zum Mittagsschlaf.

Ihr Baby könnte nun auch anfangen, sich in seinem Bettchen hochzuziehen und dann sehr unzufrieden werden, wenn es sich nicht selbst wieder hinlegen kann. Es ist dann ratsam, das Hinsetzen und Hinlegen mit Ihrem Baby zu üben, wenn Sie es zum Schlafen in sein Bettchen legen. Bis es sich eigenständig wieder hinlegen kann, müssten Sie in diesem Fall zu ihm reingehen und ihm dabei helfen. Es ist wichtig, dass Sie dies möglichst leise und ohne viel Aufheben machen.

Trinken und Essen

Sollte Ihr Baby seine letzte Milchmahlzeit nicht mehr gut zu sich nehmen, dann reduzieren Sie die Mahlzeit um 14.30 Uhr oder streichen Sie diese komplett. Viele Babys benötigen diese Mahlzeit im Alter von einem Jahr nicht mehr. Solange Ihr Baby mindestens 350 ml Milch pro Tag zu sich nimmt – und das beinhaltet die Milch, die für den Brei oder andere Speisen verwendet wird –, ist sein Bedarf gedeckt.

Es sollte nun an drei feste Mahlzeiten pro Tag gewöhnt sein und teilweise auch schon selbstständig essen. Mit neun Monaten sollte ein mit Pulvermilch ernährtes Baby seine Milch zum Frühstück sowie die um 14.30 Uhr aus dem Trinkbecher zu sich nehmen. Im Alter von einem Jahr sollte es dann seine gesamte Milch sowie sonstigen Getränke aus dem Trinkbecher trinken.

7. Der Einstieg in die Beikost

Ihr Baby an die Beikost gewöhnen

Die aktuellsten Empfehlungen der Weltgesundheitsorganisation WHO und ihrer Abteilungen für die Gesundheit von Säuglingen und Kindern besagen nach wie vor: Es angeraten, ein Baby während der ersten sechs Lebensmonate ausschließlich zu stillen, das heißt ihm keine feste Nahrung oder Pulvermilch zu geben. Vor diesen Veröffentlichungen lautete der Rat der WHO, das Baby ab dem Alter von vier und sechs Monaten an feste Nahrung zu gewöhnen und ihm keine feste Nahrung zu geben, bevor es 17 Wochen alt ist. Es dauert nämlich bis zu vier Monaten, bis der Darm und die Nieren des Babys soweit entwickelt sind, dass sie die Abfallstoffe fester Nahrung verarbeiten können. Wenn feste Nahrung eingeführt wird, bevor das Baby mit den notwendigen Enzymen ausgestattet ist, um die Nahrung richtig zu verdauen, dann könnte sein Verdauungssystem insgesamt Schaden nehmen. Viele Experten sehen die Ursache des heftigen Anstiegs an Allergien während der letzten 20 Jahre darin begründet, dass Babys auf feste Nahrung umgestellt werden, bevor ihr Verdauungssystem dafür bereit ist.

Während ich die letzte Version dieses Buches geschrieben habe, habe ich mit vielen Ernährungswissenschaftlern und Kinderärzten sowie mit Hunderten von Müttern über meine Website korrespondiert. Es ist klar geworden, dass diese Ratschläge kontrovers sind. Sicherlich gibt es Ärzte, die die Gefahr für die Gesundheit des Babys weniger darin sehen, dass es zwischen vier und sechs Monaten bereits an feste Nahrung gewöhnt wird, sondern eher darin, welche Art von Nahrung es erhält. Und sicherlich ist es auch so, dass nicht alle Babys sechs Monate lang nur von Milch satt werden. Ich lege Ihnen nahe, alle Ihre Fragen und Bedenken diesbezüglich mit Ihrem Kinderarzt zu besprechen.

Die goldenen Regeln lauten: Ihr Baby sollte keinerlei feste Nahrung erhalten, bevor es 17 Wochen alt ist; außerdem sollte es nicht an feste Nahrung gewöhnt werden, bevor seine neuromuskuläre Koordination ausreichend entwickelt ist – das heißt das Baby muss seinen Kopf und Hals kontrollieren können, während es in einem Stühlchen sitzt. Es sollte auch in der Lage sein, Nahrung mit Leichtigkeit hinunter zu schlucken, indem es sie vom vorderen Bereich des Mundes in den hinteren schiebt.

Wenn Sie dem Plan dieses Buches folgen und die empfohlenen Nahrungsmittel in der angegebenen Reihenfolge einführen, können Sie sicher sein, dass Sie Ihr Baby nicht der Gefahr von Lebensmittelallergien aussetzen. Babys sind auf die Einführung eisenhaltiger Nahrung im Alter von sechs Monaten angewiesen, da ihre körperlichen Vorräte, mit denen sie geboren werden, in diesem Alter aufgebraucht sein werden. Eisen ist notwendig für gesunde rote Blutkörperchen, die den Sauerstoff im Körper transportieren. Kinder, die nicht genügend Eisen zu sich nehmen, können eine Eisenmangelanämie entwickeln, die zu Müdigkeit, Reizbarkeit und einem Mangel an Energie und Enthusiasmus führt. In Großbritannien zeigen ein Viertel der 18-Monate-alten Kinder Anzeichen der Eisenmangelanämie. Wenn also ein ausschließlich gestilltes Baby mit sechs Monaten auf feste Nahrung umgestellt wird, ist es wichtig, dass eisenhaltige Nahrungsmittel wie Frühstücksbrei, Broccoli, Linsen und sonstige eisenhaltige Babynahrung schnell eingeführt werden. Sie werden sich also rasch durch das Nahrungsmittelangebot durcharbeiten müssen, damit Sie bald schon Fleisch oder den entsprechenden vegetarischen Ersatz geben können. Babys, die mit Pulvermilch gefüttert werden, erhalten ihren Eisenbedarf über die Milch.

Ich kenne Ihr Baby nicht und kann Ihnen daher nicht sagen, wann es bereit ist, auf feste Nahrung umzusteigen. Bei jedem Baby sollte auf Anzeichen geachtet werden, ob es bereits feste Nahrung benötigt – diese können eventuell schon früher auftreten als die aktuellen Richtlinien der WHO vorgeben. Sollte Ihr Baby jünger als sechs Monate sein und die unten aufgeführten Anzeichen bereits zeigen, dann ist es dringend notwendig, dass Sie dies mit Ihrem Kinderarzt besprechen und mit ihm zusammen entscheiden, ob Ihr Baby frühzeitiger feste Nahrung erhalten sollte.

Ich hoffe, dass Ihnen die unten genannten Richtlinien eine Hilfestellung sind, anhand der Sie mögliche Anzeichen für den Bedarf fester Nahrung bei Ihrem Baby identifizieren können. Ihr Baby könnte bereit dafür sein, wenn:

• Es bisher vier oder fünf Mal am Tag eine volle Stillmahlzeit von beiden Brüsten oder 240 ml Pulvermilch zu sich genommen hat und dann vier Stunden lang zufrieden war bis zur nächsten Mahlzeit und nun auf einmal reizbar und unzufrieden wird und an seiner Hand lutscht, lange bevor die nächste Mahlzeit fällig wäre.

• Es bisher eine volle Stillmahlzeit von beiden Brüsten oder 240 ml Pulvermilch zu sich genommen hat, nun aber nach mehr schreit, sobald es die Mahlzeit beendet hat.

• Es gewöhnlich während der Tagesnickerchen und nachts gut schläft, nun aber immer früher aufwacht.

• Es außergewöhnlich viel an seiner Hand lutscht oder kaut, gute Augen-Hand-Koordination aufweist und versucht, Dinge in den Mund zu stecken.

Sollte Ihr Baby älter als vier Monate sein, sein Geburtsgewicht verdoppelt haben und die genannten Anzeichen konsistent zeigen, dann könnte es bereit dafür sein, auf feste Nahrung umzusteigen. Ist Ihr Baby allerdings jünger als sechs Monate alt, sollten Sie dies zunächst mit Ihrem Kinderarzt besprechen. Sollten Sie sich entscheiden, bis zum Alter von sechs Monaten abzuwarten, bevor Sie feste Nahrung einführen, dann ist es wichtig, dass der erhöhte Hunger Ihres Babys durch die Einführung weiterer Milchmahlzeiten gestillt wird. Babys, die die Nacht durchgeschlafen haben, nachdem Sie um 22.30 Uhr eine kleine Milchmahlzeit zu sich genommen haben, müssten zu dieser Mahlzeit nun mehr erhalten. Sollten sie zusätzlich noch einen Wachstumssprung durchmachen, bevor sie sechs Monate alt sind, dann müssten Sie eventuell sogar noch eine weitere Milchmahlzeit in der Nacht einführen. Es ist sehr wichtig zu verstehen, dass je mehr Ihr Baby wächst, desto mehr auch sein Appetit wächst. Sollten Sie weiterhin ausschließlich stillen wollen, dann können Sie nicht erwarten, dass Ihrem Baby die vier Mahlzeiten pro Tag ausreichen werden.

Gestillte Babys

Bei Babys, die ausschließlich gestillt werden, ist es schwieriger festzustellen, wie viel Milch sie eigentlich zu sich nehmen. Sollte Ihr Baby über vier Monate sein und die meisten der oben genannten Anzeichen aufweisen, dann sollten Sie mit Ihrem Kinderarzt besprechen, wie Sie weiter verfahren sollen.

Ist Ihr Baby jünger als vier Monate alt und nimmt es nicht ausreichend an Gewicht zu, dann nimmt möglicherweise Ihre Milchproduktion am Abend ab. Hier könnte dann schlichtweg zusätzliche Milch notwendig sein. Ich empfehle, Ihrem Baby eine Ergänzung zur Stillmahlzeit bestehend aus abgepumpter oder Pulvermilch zu geben – und zwar nach dem Stillen um 22.30 Uhr. Sollte das nicht funktionieren oder Ihr Baby mehr als einmal pro Nacht aufwachen, empfehle ich diese Mahlzeit komplett durch eine Flaschenmahlzeit zu ersetzen, sofern Sie das nicht schon getan haben. Bringen Sie Ihren Partner dazu, diese Mahlzeit zu übernehmen, so dass Sie früh ins Bett gehen können, nachdem Sie zwischen 21.30 und 22 Uhr abgepumpt haben, um einen weiteren Rückgang der Milchproduktion zu verhindern. Mütter, die sich in dieser Situation befinden und dann abpumpen, stellen oft fest, dass sie dann circa 90 bis 120 ml Milch zusammen bekommen – das ist weniger, als ihr Baby zu dieser Mahlzeit benötigen würde. Die abgepumpte Milch kann, falls notwendig, zu einer anderen Tagesmahlzeit mit verabreicht werden, so dass nicht noch mehr Pulvermilch gegeben werden muss.

Üblicherweise wird mit diesem Vorgehen der zusätzliche Hunger des Babys gestillt und seine Gewichtszunahme verbessert. Sie sollten Ihrem Baby niemals andere Nahrung geben, bevor es 17 Wochen alt ist und auch nur nach medizinischer Konsultation, bevor es sechs Monate alt ist.

Nahrungsmittel, die Sie vermeiden sollten

Während der ersten beiden Lebensjahre Ihres Babys gilt es, bestimmte Nahrungsmittel nur äußerst sparsam zu verwenden oder sie komplett zu vermeiden, da sie der Gesundheit Ihres Babys schaden könnten. Die größten Übeltäter in dieser Hinsicht sind Zucker und Salz.

Zucker

Während des gesamten ersten Lebensjahres ist es ratsam, keinen Zucker zu verwenden, da Ihr Baby sonst einen besonderen Appetit auf Süßes entwickeln könnte. Der Appetit eines Babys auf herzhafte Nahrungsmittel kann erheblich beeinträchtigt werden, wenn es viel Süßes oder Nahrungsmittel mit Zuckerersatzstoffen zu sich nimmt. Beim Kauf von fertiger Nahrung lassen sich diese Inhaltsstoffe allerdings nur schwer vermeiden. Eine Studie des Consumer's Association Magazine *Which?* testete 420 Babyprodukte und berichtete, dass 40% Zucker oder Fruchtsaft oder beides enthielten. Prüfen Sie also die Angaben der Inhaltsstoffe sorgfältig, wenn Sie Babybrei oder Gläschen auswählen; Zucker kann auch als Dextrose, Fructose, Glucose oder Sucrose angegeben werden. Halten Sie auch Ausschau nach Sirup oder Fruchtsaftkonzentrat, die manchmal als Süßungsmittel verwendet werden.

Zu viel Zucker in der Nahrung kann nicht nur dazu führen, dass Ihr Baby herzhafte Nahrung ablehnt, sondern dass es ernsthafte Probleme erleidet wie Zahnfäule und Fettsucht. Weil Zucker sich außerdem sehr schnell in Energie umwandelt, verhalten sich Babys und Kinder, die zu viel Zucker zu sich nehmen, auch hyperaktiv. Cornflakes, Fischstäbchen, Marmelade, Tomatenketchup, Dosensuppen und manche Joghurtsorten sind nur einige Beispiele alltäglicher Lebensmittel, die versteckten Zucker enthalten – es ist also wichtig, dass Ihr Kind nicht zu viel davon verzehrt, wenn es das Kleinkindalter erreicht. Es ist ebenso wichtig, dass Sie die Inhaltsstoffe von Fruchtsäften prüfen.

Salz

Kinder, die jünger als zwei Jahre alt sind, sollten kein Salz in Ergänzung zu ihren Speisen erhalten – sie bekommen das Salz, das sie benötigen, über die natürlichen Quellen wie das Gemüse. Wenn Sie den Speisen Ihres Kindes Salz hinzufügen, kann das seine noch unausgereiften Nieren gefährlich belasten. Außerdem zeigt die Forschung, dass Kinder, die viel Salz zu sich nehmen, später zu Herzkrankheiten neigen. Sobald Ihr Baby also das wichtige Stadium erreicht, in dem es an den Familienmahlzeiten teilnimmt und die gleichen Speisen zu sich nimmt wie Sie, sollten Sie kein Salz mehr hinzufügen. Nehmen Sie die Portion für Ihr Baby zur Seite und fügen Sie dann erst das Salz für sich hinzu.

Ähnlich wie im Falle des Zuckers, haben viele der fertig käuflichen Nahrungsmittel einen hohen Salzgehalt. Es ist wichtig, dass Sie die Inhaltsstoffe genau prüfen, bevor Sie Ihrem Kleinkind diese Nahrung geben.

Essen für Ihr Baby zubereiten und kochen

Wenn Sie das Essen für Ihr Baby selbst zubereiten, werden Sie nicht nur weniger Geld dafür ausgeben, sondern den Nährwert für Ihr Baby erheblich erhöhen. Und die Zubereitung des Essens muss auch nicht umständlich und zeitaufwändig sein, wenn Sie größere Mengen auf einmal machen und die Mahlzeiten dann portionsweise einfrieren. Halten Sie sterilisierte Utensilien zum Füttern, Eiswürfelbehälter und gefrierkühltaugliche Tupperdosen bereit und gehen Sie nach folgenden Hinweisen vor:

• Stellen Sie vor der Zubereitung des Essens sicher, dass alle Arbeitsflächen mit einem anti-bakteriellen Reinigungsmittel gereinigt wurden. Benutzen Sie Haushaltsrollen zur Reinigung und zum Abtrocknen der Ablagen, da das hygienischer ist als die Nutzung von Küchenlappen und -handtüchern, die Bakterien enthalten könnten.

• Frisches Obst und Gemüse sollte sorgfältig geschält werden,

Kerne oder braune Stellen sollten entfernt sein. Danach sollte das Obst und Gemüse mit gefiltertem Wasser abgespült werden.

• Sollte Ihnen empfohlen worden sein, Ihr Baby bereits etwas früher an feste Nahrung zu gewöhnen, beachten Sie bitte, dass es Obst und Gemüse nur gekocht zu sich nehmen darf, bis es sechs Monate alt ist. Sie können es in gefiltertem Wasser dämpfen oder kochen; fügen Sie weder Salz noch Zucker oder Honig hinzu.

• In der Anfangsphase müssen alle Nahrungsmittel gekocht werden, bis sie so weich sind, dass sie zu einer weichen Konsistenz püriert werden können. Sie können ein wenig von dem Wasser, in dem sie die Nahrungsmittel gekocht haben, beim Pürieren hinzufügen, damit die Mixtur so cremig wird wie Joghurt.

• Wenn Sie ein Püriergerät benutzen, stellen Sie sicher, dass keine Klumpen enthalten sind, indem Sie einen Löffel benutzen und die Masse in ein anderes Behältnis umfüllen. Geben Sie die Masse dann in den Eiswürfelbehälter oder in kleine Tupperdosen zur Aufbewahrung im Gefrierschrank.

Utensilien sterilisieren

Alle Gerätschaften, die Sie zum Füttern verwenden, sollten während der ersten sechs Lebensmonate Ihres Babys steril sein; sterilisieren Sie Eiswürfelbehälter oder Tupperdosen für den Gefrierschrank, indem Sie sie fünf Minuten lang in einem Topf mit Wasser abkochen. Benutzen Sie einen Sterilisator, sofern Sie einen haben, für die kleineren Utensilien wie Löffel oder Schälchen, und folgen Sie der Gebrauchsanweisung für Ihr Gerät. Das Kochgeschirr können Sie wie üblich im Geschirrspüler reinigen oder es manuell mit Wasser aus dem Wasserkocher abspülen.

Mahlzeiten einfrieren

• Stellen Sie sicher, dass gekochte und pürierte Lebensmittel so schnell wie möglich abgedeckt werden und, sobald sie ausreichend abgekühlt sind, im Gefrierschrank verwahrt werden.

• Stellen Sie Essen niemals in den Kühl- oder Gefrierschrank, solange es noch warm ist.

• Die Temperatur Ihres Gefrierschrankes sollte −18 °C betragen. Sie können dies mit einem Gefrierthermometer überprüfen, erhältlich in Fachgeschäften für Haushaltswaren.

• Wenn Sie einen Eiswürfelbehälter zum Portionieren und Einfrieren verwenden, füllen Sie die pürierte Masse zunächst in den Eiswürfelbehälter, lassen Sie die Würfel gefrieren und füllen die festen Würfel dann in eine sterilisierte Plastikdose. Nicht sterilisierte Behältnisse wie Gefriertüten können Sie verwenden, sobald Ihr Baby älter als sechs Monate ist. Versiegeln Sie sie gut und lassen sie weiterhin im Gefrierschrank.

• Beschriften Sie die Behältnisse und versehen sie mit Datum.

• Verbrauchen Sie die eingefrorenen Mahlzeiten innerhalb von sechs Monaten.

• Frieren Sie bereits aufgetaute Mahlzeiten niemals wieder ein. Sie können Lebensmittel nur dann wieder in den Gefrierschrank geben, wenn sie ursprünglich im rohen Zustand eingefroren worden waren, dann aufgetaut und gekocht wurden, nicht jedoch, wenn sie bereits in zubereitetem Zustand eingefroren worden waren – eine roh eingefrorene Hähnchenbrust kann zum Beispiel gekocht und zu einem Auflauf verarbeitet werden und dann wieder eingefroren werden.

Tipps zum Auftauen

• Lassen Sie die Portionen abgedeckt im Kühlschrank über Nacht auftauen, oder lassen Sie sie bei Zimmertemperatur stehen, falls Sie es über Nacht vergessen haben sollten.

• Stellen Sie das Essen jedoch sofort in den Kühlschrank, wenn es aufgetaut ist, und lassen Sie es immer abgedeckt. Lassen Sie

es außerdem auf einem Teller stehen, um das Wasser abzufangen.
• Beschleunigen Sie den Auftauvorgang nicht, indem Sie das Essen in warmes oder heißes Wasser stellen.
• Verbrauchen Sie aufgetaute Mahlzeiten immer innerhalb von 24 Stunden.

Tipps zum Aufwärmen

• Die Lebensmittel sollten immer vollständig erhitzt werden, um sicher zu stellen, dass keine Bakterien vorhanden sind. Wenn Sie Gläser zum Portionieren verwenden, geben Sie das Essen stets auf einen Teller, und füttern Sie nicht direkt aus dem Glas. Übrig gebliebene Reste des Essens sollten Sie entsorgen und nicht wieder erwärmen und verbrauchen.
• Wenn Sie eine ganze Ladung kochen, entnehmen Sie gleich eine Portion für den sofortigen Verzehr, und frieren Sie die restliche Menge ein. Lassen Sie sich nicht dazu verleiten, die gesamte Menge nochmals zu erwärmen und dann erst den Rest einzufrieren.
• Sollte Ihr Baby nur ein wenig seiner Mahlzeit gegessen haben, ist es verlockend, den Rest später aufzuwärmen und noch einmal zu servieren. Bitte tun Sie das nicht – Babys sind noch anfälliger für Lebensmittelvergiftungen als wir Erwachsenen; gewöhnen Sie sich daher an, übrig gebliebene Reste immer sofort zu entsorgen.
• Wärmen Sie Mahlzeiten immer nur einmal auf.

Frühes Einführen von Beikost

Sollte Ihnen empfohlen worden sein, Ihr Baby bereits vor dem empfohlenen Alter von sechs Monaten an feste Nahrung zu gewöhnen, dann beachten Sie trotzdem, dass die Milch immer noch das Hauptnahrungsmittel für Ihr Baby darstellt. Sie gibt ihm die richtige Mischung aus Vitaminen und Mineralien. Feste Nahrung, die vor dem Alter von sechs Monaten gegeben wird, dient vor allem der ersten Geschmacksbildung und als sättigende Ergänzung zur Milch. Die Beikost sollte in diesem Fall langsam über einen Zeitraum von mehreren Wochen erhöht werden und ihr Baby schließlich auf drei feste Mahlzeiten pro Tag vorbereiten. Indem Sie Ihrem Baby immer zuerst die Milch anbieten, stellen Sie sicher, dass sich sein Milchkonsum nicht zu drastisch reduziert, bevor es sechs Monate alt ist.

Forschungen der University of Surrey zur Umstellung von Milch auf feste Nahrung haben gezeigt, dass Babys, die schon früh viel Obst erhalten haben, anfälliger sind für Durchfall, was wiederum das Wachstum verlangsamt. Als erstes Nahrungsmittel zur Umstellung wird daher der Reisbrei empfohlen, da Obst möglicherweise nicht so gut verträglich ist für den noch nicht voll entwickelten Verdauungstrakt des Babys.

Denken Sie daran, dass die Zähne Ihres Babys zweimal täglich gereinigt werden müssen – am besten jedoch nach jeder Mahlzeit –, sobald es seine ersten Zähnchen bekommen hat und feste Nahrung zu sich nimmt.

Wie man anfängt

• Führen Sie die Beikost erstmals nach der Mahlzeit um 11 Uhr ein. Stellen Sie alles bereit: Ein Stühlchen oder eine Sitzgelegenheit für Ihr Baby, das Lätzchen, den Löffel, das Schälchen und einen frischen, feuchten Lappen.

• Bieten Sie Ihrem Baby zunächst einen Teelöffel reinen Bio-Reisbrei an, den Sie mit abgepumpter Milch, Pulvermilch oder kühlem, gefiltertem und frisch abgekochtem Wasser zu einer weichen Konsistenz verrührt haben.

• Stellen Sie sicher, dass der Reisbrei abgekühlt ist, bevor Sie Ihr Baby damit füttern. Benutzen Sie einen flachen Plastiklöffel und niemals einen aus Metall – dieser könnte zu scharfe Kanten haben und zu heiß werden.

• Einige Babys brauchen Unterstützung beim Lernen, mit dem Löffel zu essen. Indem Sie den Löffeln weit genug in seinem Mund platzieren und ihn dann nach oben gegen den Gaumen drücken, bevor Sie ihn wieder herausziehen, kann Ihr Baby das Essen mit dem Gaumen vom Löffel nehmen und den Vorgang gut lernen.

• Sobald Ihr Baby zur Mahlzeit um 11 Uhr von dem Reisbrei isst und diesen verträgt, geben Sie den Reisbrei stattdessen nun nach der Mahlzeit um 18 Uhr. Wenn Ihr Baby einen Teelöffel davon isst und mehr möchte, können Sie die Menge des Breis erhöhen, solange Ihr Baby zur Mahlzeit um 18 Uhr die empfohlene Milchmenge zu sich nimmt.

• Wenn Ihr Baby dann ein bis zwei Teelöffel mit Milch oder Wasser angerührten Reisbrei nach der Mahlzeit um 18 Uhr zu sich nimmt, können Sie ein wenig pürierte Birne nach der Mahlzeit um 11 Uhr einführen. Babys unter sechs Monaten sind gewöhnlich zwischen dem vierten und sechsten Tag bereit dafür; Babys, die schon älter als sechs Monate sind, können das möglicherweise schon zwischen dem zweiten und vierten Tag vertragen.

• Lassen Sie sich von Ihrem Baby dabei leiten, wie schnell Sie die Mengen der festen Nahrung erhöhen. Es wird seinen Kopf wegdrehen und unzufrieden werden, wenn es genug gehabt hat.

• Wenn Ihr Baby die pürierte Birne verträgt, verlegen Sie auch diese auf die Mahlzeit um 18 Uhr. Der Reisbrei wird durch das Mischen mit der pürierten Birne schmackhafter, und Sie vermeiden so auch die Gefahr von Verstopfung.

• Jetzt können Sie nach und nach kleine Mengen unterschiedlicher, biologisch angebauter Obst- und Gemüsesorten einführen – immer nach der Mahlzeit um 11 Uhr. Um zu vermeiden, dass Ihr Baby einen übermäßigen Appetit auf Süßes entwickelt, versuchen Sie, ihm mehr Gemüse als Obst zu geben. Vermeiden Sie in diesem Stadium die Gemüsesorten mit starkem Geschmack wie Spinat oder Broccoli, und konzentrieren Sie sich eher auf Wurzelgemüse (zum Beispiel Karotten, süße Kartoffeln und Kohlrüben). Sie enthalten natürlichen Zucker, schmecken süßer und milder und sagen Ihrem Baby möglicherweise am ehesten zu.

• Babys unter sechs Monaten sollten sich nur alle drei bis vier Tage an neue Lebensmittel gewöhnen und diese zunächst in nur kleinen Mengen erhalten. Es ist ratsam, die Mahlzeit pro Woche um ein bis zwei Teelöffel zu erhöhen. Babys, die älter als sechs Monate sind, werden sicherlich schon alle zwei Tage eine größere Menge brauchen, und solange Sie sich an die Lebensmittelsorten halten, die für die erste Phase aufgeführt werden, können Sie neue Sorten auch innerhalb kürzerer Abstände einführen. Indem Sie eine Art Tagebuch über die eingeführten Lebensmittel führen, können Sie leicht feststellen, wie Ihr Baby auf jedes einzelne reagiert.

• Wenn Ihr Baby Essen ausspuckt, heißt das noch nicht, dass es das nicht mag. Bedenken Sie immer, dass das alles neu für Ihr Baby ist und unterschiedliche Lebensmittel eben unterschiedliche Reaktionen hervorrufen. Sollte es etwas jedoch wirklich nicht mögen, lassen Sie das Lebensmittel einfach weg und bieten es eine Woche später noch einmal an.

• Bieten Sie Ihrem Baby immer zuerst die Milch an, da diese noch seine Hauptnahrungsquelle ist. Obwohl der Appetit natürlich variiert, habe ich die Erfahrung gemacht, dass die meisten Babys 840 bis 900 ml Pulvermilch pro Tag trinken oder vier bis fünf volle Stillmahlzeiten zu sich nehmen. Vorausgesetzt, dass Ihr Baby zufrieden ist und gut gedeiht, sollte es eine Mindestmenge von 600 ml Milch pro Tag zu sich nehmen, sobald es auch feste Nahrung erhält.

Umfangreichere Hinweise zur Umstellung der Nahrung von Milch auf Brei – inklusive Tagespläne und Rezepte – finden Sie in *The Contented Little Baby Book of Weaning*. Viele einfache Rezepte für Babys und Kleinkinder gibt es außerdem in *The Gina Ford Baby and Toddler Cook Book* (siehe *www.contentedbaby.com*).

ERSTE STUFE: Sechs bis sieben Monate

Wenn Ihr Baby schon vor dem Alter von sechs Monaten mit der festen Nahrung angefangen hat, wird es nun bereits den Reisbrei probiert haben und eine Auswahl verschiedener Gemüse- und Obstsorten. Folgen Sie meinen Richtlinien (siehe Seite 210 folgende) zur ersten Einführung von Reisbrei sowie von Obst und Gemüse. Sobald Sie feste Nahrung eingeführt haben, ist es wichtig, immer wieder neue der unten für die erste Stufe aufgeführten Obst- und Gemüsesorten einzuführen. Jede Obst- und Gemüseart sollte in gefiltertem Wasser gedämpft oder gekocht werden, bis sie weich ist, und dann püriert werden. Mischen Sie entweder ein wenig Kochwasser darunter, um die gewünschte Konsistenz zu erhalten, oder verwenden Sie bei einigen Gemüsesorten auch Hühnerbrühe.

Vermeiden sollten Sie Milchprodukte, Weizen, Eier, Nüsse und Zitrusfrüchte, da diese Lebensmittel Allergien auslösen können. Honig sollte Ihr Baby überhaupt nicht zu sich nehmen, bevor es ein Jahr alt ist. Fleisch, Hähnchen und Fisch sollten Sie erst einführen, wenn Ihr Baby in der Lage ist, größere Mengen der bisherigen festen Nahrung zu verdauen. Manche Ernährungswissenschaftler sind der Ansicht, dass Proteine die Nieren und den Verdauungstrakt des Babys belasten. Ich stimme dem zu. Nur zu oft habe ich feststellen müssen, dass Ernährungsprobleme auftreten, weil Fleisch, Geflügel oder Fisch zu früh eingeführt wurden. Sobald Sie sich also durch die ersten Nahrungsmittel gearbeitet haben, können Sie Proteine einführen. In der Zwischenzeit bezieht Ihr Baby seinen Eisenbedarf aus Linsen, Broccoli und eisenhaltigen Frühstückscerealien.

Sollten Sie mit der Umstellung auf feste Nahrung anfangen, wenn Ihr Baby sechs Monate alt ist, müssen Sie sich schnell durch die ersten Lebensmittel arbeiten, damit die eisenhaltigen Fleisch- und vegetarischen Gerichte bald eingeführt werden können. Sie können sich dabei an die grobe Richtlinie halten, alle zwei Tage den Reisbrei zur Abendmahlzeit um einen Teelöffel und den herzhaften Brei zur Mittagszeit um einen Würfel zu erhöhen. Es ist auch wichtig, die Milchaufnahme Ihres Babys schnell auf vier Mahlzeiten pro Tag zu reduzieren, sobald die feste Nahrung etabliert wurde.

Im Alter zwischen sechs und sieben Monaten – je nachdem, wann genau Sie mit der Umstellung angefangen haben – sollte Ihr Baby pro Tag zwei bis drei Portionen Kohlenhydrate in Form von Getreidebrei, Vollkornbrot, Nudeln oder Kartoffeln zu sich nehmen. Es sollte außerdem täglich drei Portionen Obst oder Gemüse erhalten sowie eine Portion tierischen oder pflanzlichen Proteins.

Einzuführende Lebensmittel

Die idealen ersten Lebensmittel sind rein biologischer Reisbrei, Birne, Apfel, Karotte, süße und reguläre Kartoffel, grüne Bohnen, Zucchini und die Kohlrübe. Sobald Ihr Baby sich an diese Lebensmittel gewöhnt hat, können Sie Pastinake, Mango, Pfirsiche, Broccoli, Avocado, Gerste, Erbsen und Blumenkohl einführen. Proteine sollten Sie ab dem siebten Lebensmonat einführen, wenn die feste Nahrung bereits etabliert ist: Linsen, Geflügel, Fisch und Fleisch. Prüfen Sie immer, dass alle Knochen entfernt sind sowie jegliches Fett und die Haut. Manchen Babys schmecken gekochte Proteine pur nicht. Kochen Sie das Hähnchen oder das Fleisch stattdessen zusammen mit bereits bekanntem Wurzelgemüse und Fisch zum Beispiel in einer Milchsoße, bis sich Ihr Baby an alle Geschmacksrichtungen und Konsistenzen gewöhnt hat. Kochen Sie Fleisch zusammen mit Gemüsen in der Kasserole und Hülsenfrüchte im Gartopf.

Führen Sie die Proteine erstmals zur Mittagszeit ein, da sie schwerer zu verdauen sind als Kohlenhydrate und so bis zur Schlafenszeit am Abend verdaut sein werden.

Frühstück

Ihr Baby ist bereit, sich an ein Frühstück zu gewöhnen, wenn es bereits lange vor der Mahlzeit um 11 Uhr hungrig wird. Das passiert meistens zwischen dem sechsten und siebten Lebensmonat (und nachdem die letzte Mahlzeit spät abends weggefallen ist). Die Getreidesorten sollten weizen- und glutenfrei sein, bis Ihr Baby sechs Monate alt ist. Ich stelle immer wieder fest, dass ein Bio-Haferbrei zusammen mit einer kleinen Menge püriertem Obst den Babys am besten schmeckt.

Sie sollten Ihrem Baby zunächst immer noch die Milch zuerst anbieten. Nach rund zwei Wochen können Sie ihm zwei Drittel seiner Milch geben, gefolgt vom Getreidebrei und ihm dann den Rest der Milch anbieten. Sollte Ihr Baby im Alter von sieben Monaten immer noch keine Anzeichen machen, nach einem Frühstück zu verlangen, ist es ratsam, seine Milchmahlzeit leicht zu reduzieren und ihm eine kleine Menge fester Nahrung anzubieten.

Mittagessen

Ersetzen Sie zunächst einige der Gemüsewürfel, die Sie zur Mahlzeit um 11 Uhr eingeführt haben, mit zwei Würfeln der ganz schlichten Hähnchen-, Fisch-, Fleisch- oder Hülsenfrucht-Gerichte (siehe *The Contented Little Baby Book of Weaning* auf *www.contentedbaby.com* und *The Gina Ford Baby and Toddler Cook Book*, ebendort). Neue proteinhaltige Lebensmittel sollten Sie sehr langsam einführen. Grundsätzlich sollte ein neues Lebensmittel alle drei Tage angeboten werden, und Sie sollten genau darauf achten, was Ihr Baby isst und welche Reaktionen möglicherweise auftreten. Erhöhen Sie dann die Menge um ein oder zwei Würfel pro Tag, bis die Mahlzeit Ihres Babys aus einem kompletten Proteingerichte besteht.

Den Trinkbecher einführen

Sobald das Mittagessen aus einer Proteinmahlzeit besteht, sollte die Milchmahlzeit ersetzt werden durch Wasser oder gut verdünnten Saft aus dem Trinkbecher. Die meisten Babys sind im Alter von sechs Monaten in der Lage, in Schlückchen zu trinken, und das sollten Sie fördern, indem Sie das Getränk zur Mittagszeit immer konsequent aus dem Trinkbecher anbieten. Machen Sie sich keine Sorgen, wenn Ihr Baby nur wenig trinkt zu dieser Mahlzeit; Sie werden feststellen, dass es das mit der Milchmahlzeit um 14.30 Uhr wieder ausgleicht.

Abendessen

Während des sechsten Lebensmonats können Sie den Obstbrei um 18 Uhr ersetzen durch ein richtiges (vegetarisches) Abendessen, das Sie um 17 Uhr geben. Wenn Sie immer sicherstellen, dass Ihr Baby ein ausgewogenes Frühstück und Mittagessen erhält, dann können Sie hinsichtlich der Abendmahlzeit relativ entspannt sein. Sobald Frühstück und Mittagessen fest etabliert sind, können Sie Ihr Baby um 17 Uhr hinsetzen und ihm ein kleines Abendessen anbieten. Einige Babys werden zu dieser Tageszeit sehr reizbar und quengelig – bieten Sie nun also Gerichte an, die Sie schnell und einfach zubereiten können. Dicke Gemüsesuppen oder Gemüseaufläufe, die Sie vorher tief gefroren haben, sind immer eine gute Lösung. Nudeln oder eine Kartoffel, die Sie mit Gemüse und einer Soße servieren, sind auch nahrhaft und einfach zuzubereiten. Einem sehr hungrigen Baby können Sie alternativ einen Milchpudding oder einen Joghurt anbieten.

Der Tagesbedarf

Ein Baby, das etwas früher an die feste Nahrung gewöhnt wurde, wird im Alter von sechs Monaten wahrscheinlich an zwei feste Mahlzeiten gewöhnt sein und gerade dabei sein, die dritte zu etablieren. Es ist wichtig, dass die feste Nahrung ausgewogen ist und Ihr Baby weiterhin die nötige Menge an Milch zu sich nimmt. Obwohl es seine Still- oder Flaschenmahlzeit um 11 Uhr reduziert haben wird, sobald es mehr feste Nahrung zu sich nimmt, benötigt es weiterhin eine Mindestmenge von 600 ml Milch pro Tag, aufgeteilt auf vier bis fünf Mahlzeiten. Babys, die erst mit sechs Monaten auf feste Nahrung umgestellt werden, nehmen täglich möglicherweise vier bis sechs Milchmahlzeiten zu sich – diese müssen Sie dann aber schnell reduzieren, damit Ihr Baby die feste Nahrung nicht ablehnt.

Einige Babys, die mit sechs Monaten immer noch große Mengen Milch zu sich nehmen, lehnen das möglicherweise zugefütterte Essen ab. Sollten Sie feststellen, dass Ihr Baby quengelig wird, wenn Sie ihm feste Nahrung anbieten, dann geben Sie ihm zunächst nur die Hälfte seiner Milchmahlzeit um 11 Uhr und versuchen Sie so, sein Interesse an der festen Nahrung zu steigern. Sie sollten darauf hinwirken, dass Ihr Baby rund zwei Wochen, nachdem Sie die feste Nahrung erstmals eingeführt haben, an zwei feste Mahlzeiten pro Tag gewöhnt ist. Im Alter von sieben Monaten sollten dann alle Babys – egal, wann sie mit der festen Nahrung angefangen haben – zwei feste Mahlzeiten pro Tag zu sich zu nehmen und dabei sein, sich an die dritte zu gewöhnen. Die Mahlzeiten sollten jetzt aus einer großen Auswahl an Lebensmitteln der verschiedenen Gruppen zusammengestellt sein.

Am Ende des sechsten Lebensmonats könnte die typische Tagesdiät Ihres Babys folgendermaßen aussehen:

7.00 – 7.30 Uhr	**Frühstück**
	Stillen *oder* 210 – 240 ml Pulvermilch.
	Haferbrei mit Milch und Obst *oder*
	Toast / Zwieback mit Fruchtaufstrich.
11.30 Uhr	**Mittagessen**
	Hähnchenauflauf *oder*
	Gemüse- und Linsen-Shepherd's pie *oder*
	Gedämpfter Fisch mit Gemüse in Butter- / Sahnesoße.
	Nachmittag
	Stillen *oder* 150 – 210 ml Pulvermilch.
17.00 Uhr	**Abendessen**
	Kartoffel mit Gemüse in Butter- / Sahnesoße *oder*
	Nudeln mit Soße aus roter Paprika.
	Milchpudding oder Joghurt.
	Wasser aus dem Trinkbecher.
18.30 Uhr	Stillen *oder* 180 – 240 ml Pulvermilch.

Sobald Ihr Baby an drei gute feste Mahlzeiten pro Tag gewöhnt ist und dazu drei bis vier volle Milchmahlzeiten zu sich nimmt, sollte es bis zu 12 Stunden ohne Mahlzeit aushalten können.

Sollte Ihr Baby seine Mahlzeit um 22 Uhr nicht reduzieren, obwohl die feste Nahrung bereits eingeführt worden ist, dann könnte es sein, dass es nicht die angemessene Menge Beikost für sein Alter und Gewicht erhält oder seine Mahlzeit um 18.30 Uhr zu klein ausfällt. Erstellen Sie ein Tagebuch der eingenommenen Lebensmittel und Milchmengen über einen Zeitraum von vier Tagen, um so identifizieren zu können, warum es seine letzte Mahlzeit nicht streichen will.

Am Ende des sechsten Lebensmonats wird Ihr Baby sicherlich in der Lage sein, in einem Hochstühlchen zu sitzen, während es seine Mahlzeiten zu sich nimmt. Stellen Sie aber immer sicher, dass es korrekt in seinem Gurt sitzt und niemals unbeaufsichtigt ist.

ZWEITE STUFE: Sieben bis neun Monate

Während der zweiten Stufe der Einführung von Beikost wird sich die Menge an Milch, die Ihr Baby zu sich nimmt, schrittweise reduzieren, je mehr sich die feste Nahrung erhöht. Es ist aber immer noch wichtig, dass Ihr Baby eine Mindestmenge von 500 bis 600 ml Brust- oder Pulvermilch pro Tag erhält. Diese setzt sich üblicherweise zusammen aus drei täglichen Milchmahlzeiten und der Milch, die Sie in der Zubereitung der Speisen verwenden, vor allem wenn Sie Soßen einführen. In diesem Stadium der Nahrungsumstellung sollte es Ihr Ziel sein, drei gute feste Mahlzeiten pro Tag zu etablieren, damit Ihr Baby im Alter von neun Monaten den Großteil seines Tagesbedarfs aus den festen Mahlzeiten bezieht. Während dieser Zeit ist es weiterhin wichtig, eine große Auswahl an Lebensmitteln aus den einzelnen Gruppen (Kohlenhydrate, Proteine, Milchprodukte, Obst und Gemüse) einzuführen, so dass der Nährstoffbedarf Ihres Babys gedeckt wird.

Die meisten Babys akzeptieren nun auch Lebensmittel mit einem stärkeren Geschmack. Sie erfreuen sich nun an unterschiedlichen Konsistenzen, Farben und der Präsentation. Die Lebensmittel sollten püriert sein und auseinander gehalten werden, statt alles zu einem Brei zusammen zu rühren. Obst muss nicht gekocht werden; es kann gerieben oder zerdrückt werden. In diesem Alter wird Ihr Baby auch anfangen, Essen selbst in den Mund zu stecken. Rohes, weiches Obst, kurz gekochtes Gemüse oder Brot können Sie gut als „Finger Food" anbieten. Ihr Baby wird vielmehr daran saugen und darauf herumkauen, als wirklich zu essen – aber indem Sie Ihrem Baby die Möglichkeit geben, sich selbst zu füttern, fördern Sie langfristig ein gutes Essverhalten. Sobald Ihr Baby das Essen jedoch selbst in die Finger bekommt, waschen Sie stets seine Hände vor den Mahlzeiten und lassen Sie es während der Mahlzeit nicht allein.

Im Alter zwischen acht und neun Monaten wird Ihr Baby möglicherweise auch anfangen wollen, den Löffel selbst zu benutzen. Fördern Sie das, indem Sie zwei Löffel benutzen, wenn Sie füttern. Geben Sie Ihrem Baby einen vollen Löffel und lassen Sie es versuchen, ihn selbst in den Mund zu führen. Den anderen Löffel benutzen Sie, um es tatsächlich zu füttern! Sie können Ihr Baby bei der Koordination unterstützen, indem Sie sein Handgelenk halten und den Löffel sanft in seinen Mund führen.

Einzuführende Lebensmittel

In diesem Stadium können Sie Milchprodukte, Nudeln und Weizen einführen. Vollmilch von der Kuh können Sie zum Zubereiten der Speisen verwenden, sollten Sie Ihrem Baby aber nicht als Getränk anbieten, bevor es ein Jahr alt ist. Kleine Mengen ungesalzener Butter können auch beim Kochen verwendet werden. Sie können nun auch Eigelb einführen, allerdings muss es hart gekocht sein. Käse sollte den vollen Fettgehalt haben, pasteurisiert sein und idealerweise biologisch hergestellt; Sie sollten ihn immer gerieben anbieten. Olivenöl können Sie zum Zubereiten der Aufläufe verwenden.

Fisch aus der Dose, zum Beispiel Thunfisch kann nun auch angeboten werden; allerdings sollten Sie nur Fisch in pflanzlichem Öl kaufen und keinen im Salzwasser. Sie können nun zudem weitere Gemüsesorten einführen, wie Paprika, Bohnensprossen, Kürbis,

Kohl und Spinat. Tomaten sowie gut verdünnte Fruchtsäfte können verwendet werden, sofern keine Allergien bekannt sind. Sie
sollten alle Speisen schrittweise einführen und immer auf möglicherweise auftretende Reaktionen bei Ihrem Baby achten.

Sobald Ihr Baby daran gewöhnt ist, die Speisen vom Löffel zu
essen, können Sie das Gemüse einfach zerdrücken, anstatt es zu
pürieren. Wenn es sich dann an die gröbere, zerdrückte Konsistenz gewöhnt hat, können Sie das Gemüse als „Finger Food",
also in kleinen Stücken geben. Das Gemüse sollten Sie kochen,
bis es weich ist und dann in kleine, würfelförmige Stücke schnei-
den oder es dämpfen und dann zur richtigen Konsistenz zerdrücken. Sobald Ihr Baby weich gekochte Gemüsestückchen und
weiches, rohes Obst isst, können Sie ihm ein Stück Brot oder
einen Zwieback geben (achten Sie auf einen niedrigen Zuckergehalt). Im Alter von neun Monaten sollte Ihr Baby in der Lage
sein, einige rohe, in Stücke geschnittene Gemüsesorten zu essen –
vorausgesetzt, es hat schon ein paar Zähne. Sie können ihm nun
auch getrocknete Früchte anbieten, aber diese sollten vorher gewaschen und über Nacht eingeweicht werden.

Frühstück

Zuckerfreie, nicht raffinierte Weizen-Cerealien können nun eingeführt werden; suchen Sie welche mit Eisen und B-Vitaminen
aus. Sind in Ihrer Familie allerdings Allergien bekannt, dann sollten Sie Weizen erst zu einem späteren Zeitpunkt einführen – besprechen Sie dies mit Ihrem Kinderarzt, Hausarzt oder einem Er-
nährungsberater. Sollte Ihr Baby den Brei ablehnen, können Sie
etwas zerdrücktes oder geriebenes Obst untermischen. Versuchen
Sie, zwischen Hafer- und Weizenbrei abzuwechseln, auch wenn
Ihr Baby eine klare Präferenz zeigt. Das selbstständige Essen können Sie fördern, indem Sie Ihrem Baby nun regelmäßig ein wenig
Brot mit Butter anbieten. Sobald Ihr Baby die Technik be-
herrscht, können Sie eine Auswahl an Obst und Joghurt zusammen mit dem Butterbrot anbieten.

Die meisten Babys sehnen sich morgens zunächst jedoch immer

noch nach ihrer Milch. Geben Sie ihm dann zwei Drittel seiner Milchmahlzeit. Mit neun Monaten, wird Ihr Baby gewöhnlich nicht mehr so heißhungrig auf seine Milch sein. Jetzt können Sie versuchen, ihm seine Milch aus dem Trinkbecher anzubieten.

Mittagessen

Wenn Ihr Baby ein richtiges Frühstück zu sich nimmt, können Sie das Mittagessen auf die Zeit zwischen 11.45 und 12 Uhr schieben. Sollte es allerdings nur wenig zum Frühstück essen, braucht es sein Mittagessen ein wenig früher. Ebenso brauchen Babys, die am Vormittag nur sehr kurz schlafen, ihr Mittagessen etwas früher. Bedenken Sie immer, dass übermüdete, hungrige Babys nicht gut essen werden – lassen Sie sich also bei der Zeitplanung der Mahlzeiten von Ihrem Baby leiten.

In diesem Stadium der Nahrungsumstellung wird die Proteinmahlzeit zum Mittag etabliert sein. Versuchen Sie, so oft wie möglich Bio-Hühnchen und Bio-Fleisch zu kaufen, das frei ist von Zusätzen und Wachstumshormonen. Schweinefleisch, Speck und verarbeiteten Schinken sollten Sie aufgrund ihres hohen Salzgehalts vermeiden. Sie sollten weiterhin ohne die Verwendung von Salz und Zucker kochen, können aber sparsam damit anfangen, Kräuter hinzuzufügen, wenn Ihr Baby neun Monate alt ist.

Sobald die Proteinmahlzeit gut eingeführt ist, sollten Sie die Milchmahlzeit am Mittag durch kühles, abgekochtes Wasser oder gut verdünnten Saft aus dem Trinkbecher ersetzen. Sie werden dann möglicherweise feststellen, dass Ihr Baby nur wenig aus dem Trinkbecher trinkt, das aber mit ein wenig mehr Milch um 14.30 Uhr ausgleicht oder später am Tag noch mehr kühles, abgekochtes Wasser trinkt.

Sollten Sie Ihr Baby vegetarisch ernähren, ist es wichtig, dass Sie sich Expertenrat zur richtigen Zusammensetzung der Aminosäuren einholen. Gemüsesorten, die einzeln zubereitet werden, sind kein ausreichender Lieferant von Aminosäuren und müssen richtig kombiniert werden, um Ihr Baby mit seinem Bedarf an Proteinen zu versorgen.

Sollte Ihr Baby nach seiner Hauptmahlzeit immer noch hungrig sein, bieten Sie ihm ein Stück Käse, Brot, Obst oder Joghurt an.

Abendessen

Sobald Ihr Baby sich selbst mit den Händen füttern kann, können Sie zum Abendessen kleine Stückchen Brot und Reiswaffeln mit Aufstrich anbieten. Manche Babys sind zu dieser Mahlzeit bereits sehr müde und reizbar. Sollte Ihr Baby nicht viel zu sich nehmen, bieten Sie ihm etwas Milchreis oder Joghurt an. Nach der Mahlzeit können Sie ihm etwas Wasser aus dem Trinkbecher geben. Lassen Sie Ihr Baby zu diesem Zeitpunkt aber nicht zu viel trinken, da es sonst seine nächste Milchmahlzeit nicht einnehmen wird; die Milch zur Schlafenszeit ist aber weiterhin wichtig. Sollte Ihr Baby diese letzte Milchmahlzeit bereits reduzieren, stellen Sie sicher, dass Sie ihm nicht zu viel an fester Nahrung oder zu trinken geben.

Der Tagesbedarf

In dieser zweiten Stufe der Nahrungsumstellung ist es vorrangig wichtig, dass Sie Ihr Baby an drei feste Mahlzeiten pro Tag gewöhnen. Diese sollten drei Portionen Kohlenhydrate enthalten, wie Cerealien / Brei, Brot und Nudeln sowie mindestens drei Portionen Gemüse und Obst und eine Portion von püriertem Fleisch, Fisch oder Hülsenfrüchten. Im Alter von sechs Monaten hat Ihr Baby seinen gesamten Vorrat an Eisen aufgebraucht, mit dem es geboren wurde. Da der Bedarf an Eisen aber zwischen dem sechsten und zwölften Lebensmonat besonders hoch ist, ist es wichtig, dass es die notwendige Menge über seine Ernährung erhält. Um die Aufnahme des in Getreide und Fleisch enthaltenen Eisens zu unterstützen, sollten Sie immer Obst oder Gemüse geben und niemals Milch dazu zu trinken geben, da sie die Eisenaufnahme um 50 % reduziert.

Ihr Baby braucht immer noch rund 500 bis 600 ml Brust- oder Pulvermilch pro Tag, inklusive der Milch, die Sie zur Zubereitung der Speisen verwenden. Sollte Ihr Baby anfangen, seine Milch abzulehnen, versuchen Sie sie zu ersetzen durch Käse, Milchsoßen und Joghurt. Am Ende des neunten Lebensmonats sollte Ihr Baby seine gesamte Frühstücksmilch aus dem Trinkbecher einnehmen. Abgesehen von der Milch zur Schlafenszeit sollten auch alle anderen Milchmahlzeiten und Getränke aus dem Trinkbecher getrunken werden.

Ein sehr hungriges Baby, das drei volle Milchmahlzeiten am Tag zu sich nimmt ebenso wie drei feste Mahlzeiten, braucht möglicherweise zusätzlich noch ein kleines Getränk und ein wenig Obst am Vormittag.

Ein typischer Tag des acht bis neun Monate alten Babys könnte so aussehen:

7.00 – 7.30 Uhr	**Frühstück**
	Stillen *oder* 210 – 240 ml Pulvermilch aus dem Trinkbecher.
	Gemischtes, zerdrücktes Obst und Joghurt *oder* Weizen- oder Haferbrei mit Milch und zerdrücktem Obst.
11.45 / 12.00 Uhr	**Mittagessen**
	Hähnchen, Broccoli und Nudeln mit einer Sahnesoße *oder* Fisch mit Kohl und Kartoffeln.
	Obst und Joghurt.
	Wasser *oder* gut verdünnter Saft aus dem Trinkbecher.
17.00 Uhr	**Abendessen**
	Kartoffeln mit geriebenem Käse und Apfel *oder* Gemüselasagne.
	Wasser *oder* gut verdünnter Saft aus dem Trinkbecher.
18.30 Uhr	Stillen *oder* 180 – 240 ml Pulvermilch.

DRITTE STUFE: Neun bis zwölf Monate

Im Alter zwischen neun und zwölf Monaten sollte Ihr Baby alle Lebensmittelsorten essen und genießen, mit Ausnahme von Lebensmitteln, die viel Fett, Salz oder Zucker enthalten. Erdnüsse und Honig sollten auch weiterhin vermieden werden. Es ist sehr wichtig, dass Ihr Baby nun lernt, richtig zu kauen. Das Essen sollte zerhackt oder in kleine Stückchen geschnitten werden, wobei Fleisch immer noch püriert oder sehr klein gehackt werden muss. Am Ende seines ersten Lebensjahres sollte Ihr Baby in der Lage sein, Fleisch in sehr kleinen Stückchen zu essen. In dem Alter können Sie auch rohes Gemüse und Salat einführen. Versuchen Sie, zu jeder Mahlzeit auch ein wenig „Finger Food" anzubieten und wenn Ihr Baby Interesse zeigt, seinen Löffel selbst zu halten, unterbinden Sie diese Versuche nicht. Es ist wichtig, dass Ihr Baby seine Mahlzeiten genießt – auch wenn ein Teil davon immer auf dem Boden landet.

Frühstück

Ermutigen Sie Ihr Baby, wenigstens einen Teil seiner Frühstücksmilch aus dem Trinkbecher einzunehmen. Am Ende seines ersten Lebensjahres sollte es seine gesamte Frühstücksmilch aus dem Trinkbecher trinken. Versuchen Sie, ihm zu dieser Mahlzeit 210 ml Milch zu geben, aufgeteilt auf den Trinkbecher und den Brei. Zur Abwechslung können Sie ein- bis zweimal pro Woche auch Rührei anbieten.

Mittagessen

Das Mittagessen sollte aus einer Reihe von leicht gekochtem, klein geschnittenem Gemüse bestehen, einer Portion Kohlenhydrate in Form von Kartoffeln, Nudeln oder Reis, ergänzt mit einer Portion tierischer oder pflanzlicher Proteine. In diesem Alter sind Babys sehr aktiv und können bis 17 Uhr bereits sehr müde und quengelig werden. Indem Sie ein ausgewogenes Mittagessen sicherstellen, müssen Sie sich nicht so große Gedanken um das Abendessen machen. Am Ende des ersten Lebensjahres kann das Mittagessen Ihres Babys mit dem der Familie zusammengelegt werden. Bereiten Sie das Essen Ihres Babys jedoch ohne Salz, Zucker oder Gewürze zu; nehmen Sie also eine Portion für Ihr Baby zur Seite, bevor Sie diese Zutaten für den Rest der Familie beifügen.

Versuchen Sie, die Mahlzeiten Ihres Babys attraktiv zu präsentieren mit einer Auswahl von unterschiedlich farbigem Gemüse und Obst. Laden Sie seinen Teller nicht zu voll; geben Sie ihm lieber eine kleine Menge und legen Sie dann nach, wenn es aufgegessen hat. So vermeiden Sie auch das Spiel, dass Ihr Baby Essen auf den Boden wirft, was in diesem Alter sehr beliebt ist. Wenn Ihr Baby anfängt, mit seinem Hauptgang zu spielen, das Essen ablehnt und es herumwirft, sagen Sie ruhig und bestimmt „nein" und nehmen Sie ihm seinen Teller weg. Bieten Sie ihm auf keinen Fall eine halbe Stunde später einen Keks oder Frischkäse an, denn dann entsteht ganz schnell ein Muster: Ihr Kind begreift schnell, dass es beim Essen Theater machen muss, um wenig später etwas Süßes zu erhalten. Sie können ihm stattdessen am Nachmittag ein wenig Obst anbieten, damit es bis zum Abendessen durchhält, und es wird dann sicherlich sehr gut essen.

Gut verdünnter, reiner und ungesüßter Orangensaft aus dem Trinkbecher unterstützt die Eisenaufnahme dieser Mahlzeit. Stellen Sie aber sicher, dass Ihr Baby den Großteil seiner Mahlzeit gegessen hat, bevor es das gesamte Getränk austrinkt.

Abendessen

Viele Babys streichen nun ihre Milchmahlzeit um 14.30 Uhr. Sollten Sie sich Sorgen machen, dass Ihr Baby zu wenig Milch zu sich nimmt, geben Sie ihm vermehrt Speisen wie Nudeln mit Gemüse in einer Milchsoße, Kartoffeln mit geriebenem Käse, einen Gemüse-Käse-Auflauf oder kleine Quiches. Zum Abendessen würde ich üblicherweise kleine Portionen von Milchpudding oder Frischkäse anbieten, was auch gute Alternativen sind, wenn

Ihr Baby Milch vermehrt ablehnt. Versuchen Sie, zum Abendessen regelmäßig „Finger Food" anzubieten.

Mit einem Jahr sollte Ihr Baby zur Schlafenszeit schrittweise immer weniger Milch bekommen, bis ihm die Flasche komplett abgewöhnt wurde. Das erreichen Sie, indem Sie ihm zunächst ein wenig Milch zum Abendessen anbieten und dann zur Schlafenszeit rund 150 bis 180 ml Milch aus dem Trinkbecher geben.

Der Tagesbedarf

Im Alter von einem Jahr sollte Ihr Baby keine großen Mengen an Milch mehr trinken; mehr als 600 ml pro Tag – inklusive der Milch, die Sie für die Zubereitung von Speisen verwenden – sollten Sie ihm nicht mehr geben. Mit einem Jahr benötigt Ihr Baby eine Mindestmenge von 350 ml Milch pro Tag. Die Einnahme verteilt sich üblicherweise auf zwei bis drei Getränke am Tag sowie die Speisen und Breie, die Ihr Kind zu sich nimmt.

Mit einem Jahr kann Ihr Baby auch pasteurisierte Vollmilch von der Kuh trinken. Sollte Ihr Baby Kuhmilch zunächst ablehnen, versuchen Sie, diese schrittweise unter seine Pulvermilch zu mischen, bis es nur noch Vollmilch trinkt. Geben Sie Ihrem Baby möglichst Bio-Vollmilch, da sie mehr Omega-3-Fettsäuren enthält als herkömmliche Vollmich. Omega-3-Fettsäuren sind wichtig für ein gesundes Herz, dehnbare Gelenke, ein gesundes Wachstum und starke Knochen und Zähne. Stellen Sie also sicher, dass Ihr Baby genug davon über seine Ernährung erhält.

Fördern Sie drei ausgewogene Mahlzeiten pro Tag und vermeiden Sie Zwischenmahlzeiten aus Keksen, Kuchen oder Chips. Versuchen Sie, Ihrem Baby täglich drei bis vier Portionen Kohlenhydrate, drei bis vier Portionen Obst und Gemüse und eine Portion tierischer oder pflanzlicher Proteine zu geben.

Im Alter von einem Jahr sollte die Tagesdiät Ihres Babys wie folgt aussehen:

7.00 – 7.30 Uhr	**Frühstück**
	Stillen *oder* Pulvermilch aus dem Trinkbecher.
	Weizen- / Haferbrei mit Milch und Obst
	oder Müsli mit Milch und Obst
	oder Rührei auf Brot
	oder Joghurt und klein geschnittenes Obst.
12.00 Uhr	**Mittagessen**
	Hähnchen in Sahne mit Apfel- und Selleriesalat
	oder Rindfleischbällchen in Tomatensoße
	mit Kohl und Kartoffelbrei
	oder Thunfischburger und gemischtes Gemüse
	oder Eintopf mit Petersilienknödeln.
	Wasser *oder* gut verdünnter Saft aus dem Trinkbecher.
	Joghurt und frisches Obst.
	Nachmittag
	Milch, Wasser *oder* gut verdünnter Saft
	aus dem Trinkbecher.
17.00 Uhr	**Abendessen**
	Dicke Suppe und herzhaftes Sandwich *oder*
	Vegetarische Pizza mit grünem Salat *oder*
	Kroketten aus Kichererbsen und Spinat
	mit selbst gemachter Tomatensoße *oder*
	Linsen- / Gemüselasagne.
	Milch, Wasser *oder* gut verdünnter Saft
	aus dem Trinkbecher.
18.30 Uhr	Stillen *oder* 180ml Pulvermilch aus dem Trinkbecher.

Antworten auf Ihre Fragen

Frage: *Woher weiß ich, wann mein Baby bereit ist, feste Nahrung zu bekommen?*
Antwort: • Wenn Ihr Baby bereits regelmäßig durchgeschlafen hat und nun wieder in der Nacht oder sehr früh am Morgen aufwacht und sich nicht wieder beruhigen lässt.

• Wenn Ihr mit der Flasche gefüttertes Baby weit mehr als 960 bis 1140 ml pro Tag trinkt, zu jeder Mahlzeit eine Flasche von 240 ml leert und lange vor der nächsten Mahlzeit wieder Hunger hat.

• Wenn Ihr gestilltes Baby alle zwei bis drei Stunden Hunger hat.

• Wenn mit der Brust sowie mit der Flasche gefütterte Babys ausgiebig an ihren Händen lutschen und zwischen den Mahlzeiten reizbar und quengelig sind.

Sind Sie unsicher, sprechen Sie bitte immer mit Ihrem Kinder- oder Hausarzt – vor allem, wenn Ihr Baby jünger als sechs Monate alt ist.

Frage: **Was könnte passieren, wenn ich meinem Baby feste Nahrung gebe, bevor es dazu bereit ist?**
Antwort: Sie könnten sein Verdauungssystem schädigen, wenn noch nicht alle Enzyme vorhanden sind, die zur Verdauung fester Nahrung notwendig sind.

Die Einführung fester Nahrung, bevor Ihr Baby dafür bereit ist, könnte Allergien verursachen.

Forschung aus diversen Ländern zeigt, dass anhaltender Husten und Schnupfen häufiger bei Babys vorkommt, die vor dem Alter von 17 Wochen an feste Nahrung gewöhnt wurden.

Frage: **Zu welcher Milchmahlzeit soll ich die feste Nahrung erstmals einführen?**
Antwort: Ich fange üblicherweise mit der Mahlzeit um 11 Uhr an, da diese mit der Zeit auf 12 Uhr mittags geschoben werden wird und somit ein richtiges Mittagessen darstellt, sobald die feste Nahrung am Ende des ersten Lebensjahres vollständig etabliert ist.

Milch ist immer noch die wichtigste Nahrungsquelle Ihres Babys. Indem Sie ihm seine feste Nahrung nach der Milchmahlzeit um 11 Uhr geben, stellen Sie sicher, dass es zumindest die Hälfte seines täglichen Milchbedarfs bereits bis zum Mittag gedeckt haben wird. Wenn die feste Nahrung zur Mahlzeit um 14.30 Uhr angeboten wird, verlieren die Babys oftmals das Interesse an der sehr wichtigen Mahlzeit um 18 Uhr.

Sofern Ihr sehr hungriges Baby innerhalb von drei Tagen keine negative Reaktion auf den Reisbrei zeigt, würde ich ihn dann nach der Milchmahlzeit um 18 Uhr geben.

Frage: *Welches Lebensmittel eignet sich am besten für den Anfang?*
Antwort: Ich habe die Erfahrung gemacht, dass reiner Bio-Reisbrei den Hunger der meisten Babys am besten stillt. Sofern Ihr Baby ihn verträgt, würde ich darauf folgend pürierte Bio-Birne einführen.
Sobald diese beiden Lebensmittel etabliert sind, sollten Sie sich auf die Einführung einer Bandbreite von Gemüsesorten konzentrieren (siehe „Wie man anfängt" auf Seite 210 folgende).
Eine Studie der University of Surrey hat gezeigt, dass Babys, die zunächst an Obst gewöhnt wurden, weniger gut gediehen sind als Babys, bei denen mit Reisbrei angefangen wurde. Diese Studie empfiehlt, dass man grundsätzlich mit Reisbrei anfangen sollte.

Frage: *Woher weiß ich, wie viel der festen Nahrung ich meinem Baby geben soll?*
Antwort: Während der ersten sechs Monate ist Milch immer noch der wichtigste Nahrungslieferant Ihres Babys. Sie versorgt es mit der richtigen Konzentration von Vitaminen und Mineralien. Sobald die feste Nahrung eingeführt wurde, benötigt Ihr Baby weiterhin eine Mindestmenge von 600 ml Milch pro Tag. Wenn Sie während der ersten Wochen der Nahrungsumstellung immer erst die Milch anbieten und danach die feste Nahrung, können Sie sicher sein, dass Ihr Baby nur soviel an fester Nahrung zu sich nimmt, wie es braucht. So vermeiden Sie, dass Ihr Baby seine Milch zu schnell durch feste Nahrung ersetzt.
Sobald Sie den Reisbrei und einige pürierte Obst- und Gemüsesorten eingeführt haben, können Sie bei der Mahlzeit um 11 Uhr anfangen, Ihrem Baby zunächst nur die Hälfte seiner Milchmahlzeit zu geben, gefolgt von der festen Nahrung und dann dem Rest der Milch. So wird Ihr Baby seine Milcheinnahme ein wenig reduzieren und mehr feste Nahrung zu sich nehmen, und Sie

bereiten es langsam darauf vor, im Alter von sieben Monaten schließlich drei feste Mahlzeiten zu sich zu nehmen.

Bei gestillten Babys zählt das Trinken von einer Brust als halbe Milchmahlzeit.

Frage: *In welchem Alter soll ich anfangen, Milchmahlzeiten komplett zu streichen?*

Antwort: Angenommen, Ihr Baby erhielt fünf Milchmahlzeiten pro Tag, als Sie mit der Nahrungsumstellung anfingen, dann sollte es seine Milchmahlzeit um 22 Uhr automatisch reduzieren, sobald es seine feste Nahrung im Anschluss an die Mahlzeit um 18 Uhr erhält, und schließlich sollte es diese letzte Mahlzeit komplett streichen. Sollten Sie mit der Nahrungsumstellung anfangen, wenn Ihr Baby sechs Monate alt ist, müssen Sie die Mahlzeit um 22.30 Uhr wahrscheinlich zunächst beibehalten. Sobald die feste Nahrung dann etabliert ist, sollte es einfach sein, diese letzte Mahlzeit weg zu lassen.

Die nächste Milchmahlzeit, die Sie dann streichen sollten, ist die um 11 / 11.30 Uhr. Sobald Ihr Baby zum Mittagessen Hähnchen oder Fisch erhält, sollte die Milchmahlzeit durch Wasser oder gut verdünnten Saft aus dem Trinkbecher ersetzt werden.

Die Milchmahlzeit um 14.30 Uhr muss oftmals zunächst für ein paar Monate erhöht werden, dann jedoch – im Alter zwischen neun und zwölf Monaten – verliert Ihr Baby sicherlich das Interesse an dieser Mahlzeit und Sie können sie weglassen.

Frage: *In welchem Alter würden Sie einen Trinkbecher einführen und zu welchen Mahlzeiten?*

Antwort: Das beste Alter ist zwischen sechs und sieben Monaten. Wenn Sie die Milch zum Mittagessen durch Wasser oder gut verdünnten Saft ersetzt haben, versuchen Sie, dieses Getränk nun mit dem Trinkbecher zu geben oder aus einer Flasche mit einem festen Plastiksauger.

Bieten Sie den Trinkbecher nach der Hälfte der Mahlzeit an und dann immer wieder nach einigen Löffeln mit Essen.

Ausdauer ist hier ganz wichtig. Probieren Sie einfach verschiedene Arten von Trinkbechern aus, bis sie einen finden, den Ihr Baby mag.

Sobald es einige Milliliter aus dem Trinkbecher trinkt, bieten Sie ihn auch zu anderen Mahlzeiten an und erhöhen Sie so die Trinkmenge.

Frage: *Wann kann ich Kuhmilch einführen?*

Antwort: Ich verwende schon ab dem sechsten Lebensmonat eine kleine Menge Bio-Kuhmilch bei der Zubereitung von Speisen.

Als Getränk sollte Kuhmilch allerdings erst gegeben werden, wenn Ihr Baby ein Jahr alt ist.

Sie sollten immer pasteurisierte Vollmilch geben, vorzugsweise Bio-Milch.

Sollte Ihr Baby die Kuhmilch ablehnen, versuchen Sie, zunächst die Hälfte der Pulvermilch durch Kuhmilch zu ersetzen. Sobald Ihr Baby damit zufrieden ist, erhöhen Sie kontinuierlich den Anteil der Kuhmilch, bis Ihr Baby nur noch Kuhmilch und keine Pulvermilch mehr trinkt.

Frage: *In welchem Alter kann ich aufhören, das Essen meines Babys zu pürieren?*

Antwort: Sobald Ihr Baby die pürierte Nahrung gerne zu sich nimmt (hoffentlich am Ende des sechsten Lebensmonats), können Sie anfangen, das Gemüse und das Obst zu zerdrücken, so dass keine Klümpchen mehr übrig sind, es aber etwas gröber ist als die pürierte Nahrung.

Zwischen sechs und neun Monaten zerdrücke ich die Nahrung immer weniger, so dass das Baby sie auch mit vorhandenen Klümpchen noch isst.

Hähnchen und Fleisch sollten püriert werden, bis Ihr Baby circa zehn Monate alt ist.

Frage: *Wann ist mein Baby in der Lage, Stückchen mit den Fingern zu essen?*

Antwort: Sobald Ihr Baby nach dem Löffel greift, geben Sie ihm auch einen, den es selbst halten darf.

Wenn es immer wieder versucht, den Löffel in den Mund zu stecken, laden Sie ihm etwas Essen darauf und lassen es versuchen, sich den vollen Löffel in den Mund zu stecken. Sie können den Brei, der daneben geht, selbst mit Ihrem Löffel abfangen und in seinen Mund schieben.

Mit ein wenig Unterstützung sind die meisten Babys ab zwölf Monaten in der Lage, einen Teil ihrer Mahlzeit selbständig zu sich zu nehmen.

Beaufsichtigen Sie Ihr Baby immer während des Essens. Lassen Sie es niemals dabei alleine.

Frage: *Wann kann ich aufhören, die Utensilien zu sterilisieren?*
Antwort: Die Flaschen sollten Sie sterilisieren, bis Ihr Baby ein Jahr alt ist.

Das Geschirr und Besteck müssen Sie nicht mehr sterilisieren, sobald Ihr Baby sechs Monate alt ist. Es kann dann im Geschirrspüler gewaschen werden oder in heißem Seifenwasser, anschließend abgespült und an der Luft getrocknet werden.

Wenn Ihr Baby älter als sechs Monate ist, können die Töpfe und sonstigen Kochutensilien sowie Eiswürfelbehälter im Geschirrspüler oder in heißem Seifenwasser gewaschen werden, anschließend abgespült und mit kochendem Wasser übergossen werden, bevor Sie sie an der Luft trocknen lassen. Wenn Sie Ihr Baby auf feste Nahrung umstellen, bevor es sechs Monate alt ist, sollten alle Utensilien sterilisiert werden.

Frage: *Welche Nahrungsmittel lösen am ehesten Allergien aus und was sind die häufigsten Symptome?*
Antwort: Am ehesten lösen Milchprodukte, Weizen, Fisch, Eier und Zitrusfrüchte Allergien aus.

Zu den Symptomen gehören Hautausschlag, Niesen, Husten, eine laufende Nase, ein wunder Po, Durchfall und gereizte oder angeschwollene Augen.

Um die oben genannten Symptome zu identifizieren und zuordnen zu können, ist es eine große Hilfe, wenn Sie die Einführung der Nahrungsmittel detailliert aufschreiben.

Die oben genannten Symptome können natürlich auch durch die Hausmilbe, Tierfell, Wolle und Seifen und sonstige Reinigungsmittel hervorgerufen werden.

Wenn Sie Zweifel haben, kontaktieren Sie immer Ihren Arzt, um andere mögliche Ursachen der oben genannten Symptome oder andere Krankheiten auszuschließen.

8. Häufige Probleme im ersten Jahr

Ich hoffe, dass die CLB-Routinen und die Ratschläge dieses Buches Ihnen ein Stück weit dabei helfen, mögliche Probleme zu bewältigen oder ganz und gar zu vermeiden. Aber natürlich treten aus den unterschiedlichsten Gründen doch immer wieder einige Probleme im ersten Lebensjahr auf – das ist ganz normal. In diesem Kapitel fasse ich die häufigsten Probleme zusammen, denen Eltern im ersten Jahr begegnen und behandle damit hoffentlich auch die meisten Ihrer Anliegen. Denken Sie aber immer daran, Ihren Arzt zu konsultieren, wenn Sie Sorgen oder Fragen haben – auch wenn sie Ihnen wie Lappalien erscheinen und Sie befürchten, wie eine hysterische Mutter zu wirken. Es wird Ihnen besser gehen, wenn Sie jegliche Sorgen und Zweifel aus dem Weg räumen und Ihr Baby und sein wertvolles erstes Lebensjahr voll und ganz genießen können.

Über das Inhaltsverzeichnis finden Sie die Kapitelabschnitte, die Sie gerade betreffen. Ich habe die Informationen in drei Abschnitte geteilt – allgemeine Probleme, sowie Probleme mit dem Trinken und Essen und Probleme mit dem Schlafen – aber viele Themen überschneiden sich. Schlaf- und Essverhalten sind so eng miteinander verknüpft, dass Sie es möglicherweise am hilfreichsten finden werden, das gesamte Kapitel zu lesen.

Allgemeines

Aufstoßen

Es ist wichtig, dass Sie sich von Ihrem Baby anzeigen lassen, wann Sie seine Mahlzeit unterbrechen und es aufstoßen lassen sollten. Wenn Sie das ständig während einer Mahlzeit versuchen, ist es allerdings wahrscheinlicher, dass Ihr Baby umso mehr Luft schluckt, weil es unruhig wird und möglicherweise anfängt, zu weinen. Immer wieder muss ich beobachten, wie Babys viel zu lange auf dem Rücken herum geklopft wird und die Mutter einfach nicht weiter füttert, weil sie meint, das Baby müsse nun aufstoßen. Es ist aber tatsächlich so, dass die wenigsten Babys mehr als einmal während einer Mahlzeit aufstoßen müssen und dann am Ende der Mahlzeit noch einmal.

Ein gestilltes Baby hört selbst auf, zu trinken, wenn es aufstoßen muss. Sollte es das nicht getan haben, bis es fertig ist mit der ersten Brust, dann können Sie es dabei unterstützen, bevor Sie es an der zweiten Brust anlegen. Mit der Flasche gefütterte Babys trinken üblicherweise die Hälfte bis drei Viertel der Flasche aus und hören dann selbst auf, um aufzustoßen. Egal ob Sie stillen oder mit der Flasche füttern – wenn Sie Ihr Baby beim Füttern richtig halten (siehe Abbildungen Seite 71 und 85), sollte Ihr Baby während sowie am Ende einer Mahlzeit leicht und unproblematisch aufstoßen können. Sollte Ihr Baby nicht innerhalb von wenigen Minuten aufstoßen, ist es am besten, es erst einmal in Ruhe zu lassen und es später noch einmal zu probieren. Sehr oft kann es dann aufstoßen, wenn es vorher kurz flach gelegen hat, während ihm zum Beispiel die Windel gewechselt wurde.

Unter Blähungen kann ein Baby auch stark leiden. Als stillende Mutter sollten Sie genau auf Ihre Ernährung achten und beobachten, ob ein bestimmtes Getränk oder Lebensmittel Blähungen bei Ihrem Kind verursacht. Der Verzehr von Zitrusfrüchten und Getränken aus Zitrusfrüchten ist oft Schuld an starken Blähungen des Babys. Schokolade und der übermäßige Konsum von Milchprodukten gelten aber auch als Verursacher.

Vor allem sollten Sie darauf achten, dass Ihr Baby beim Stillen die Hintermilch erhält. Wenn es zu viel der Vordermilch trinkt, kann sich viel Luft im Bauch bilden und die Verdauung wird schmerzhaft.

Bei einem mit der Flasche gefütterten Baby, das bereits aus einer speziellen Anti-Kolik-Flasche trinkt, können starke Blähungen durch Überfüttern verursacht werden. Sollte Ihr Baby regelmäßig 90 bis 180 ml mehr am Tag trinken als die Packungsangabe empfiehlt und kontinuierlich mehr als 240 g pro Woche zunehmen, dann sollten Sie einige seiner Mahlzeiten (entweder die um 14.30 Uhr oder die um 17 Uhr) für ein paar Tage reduzieren und schauen, ob eine Verbesserung eintritt. Sollte Ihr Baby ein starkes Saugbedürfnis haben, können Sie ihm nach den reduzierten Mahlzeiten einen Schnuller anbieten.

Manchmal kann aber auch ein Sauger, dessen Löcher für Ihr Baby entweder zu klein oder zu groß sind, die Ursache starker Blähungen sein. Probieren Sie also unterschiedliche Sauger aus; manchmal hilft es schon, einigemale einen mit kleineren Löchern zu benutzen, wenn Ihr Baby zu schnell trinkt.

Kolik

Unter Koliken leiden ganz viele Babys in den ersten drei Monaten. Sie machen den Eltern und dem Baby das Leben schwer und bis heute gibt es kein richtiges Heilmittel dafür. Es gibt zwar einige Mittel in der Apotheke zu kaufen, aber die meisten Eltern, deren Babys unter Koliken leiden, berichten mir, dass sie wenig helfen. Obwohl eine Kolik jederzeit auftreten kann, scheint die übliche Tageszeit dafür zwischen 18 Uhr und Mitternacht zu sein. Verzweifelte Eltern versuchen es mit stundenlangem Füttern, Wiegen, Auf-den-Rücken-klopfen und Fahren das Baby sogar im Auto herum – aber alles bringt wenig Erleichterung. Die Koliken verschwinden meist mit dem vierten Lebensmonat, aber bis dahin hat das Baby oft schon die falschen Schlafassoziationen gelernt, so dass es den Eltern dann nicht wirklich besser geht.

Eltern, die mich wegen der Koliken Ihres Babys kontaktieren, beschreiben, wie ihr Baby oftmals stundenlang schreit, mit den Armen fuchtelt und die Beine unter Schmerzen anzieht. Diese Babys scheinen eins gemeinsam zu haben: Sie werden alle nach Bedarf gestillt beziehungsweise gefüttert. Das führt häufig dazu, dass das Baby eine Mahlzeit zu sich nimmt, bevor die letzte richtig verdaut worden ist, was meiner Meinung nach eine der Hauptursachen der Kolik ist (siehe auch die Hinweise zum Füttern mit der Flasche auf Seite 85).

Keins der Babys, um die ich mich bisher gekümmert habe, hat unter Koliken gelitten und ich bin davon überzeugt, dass dies an meiner Strukturierung ihrer Essens- und Schlafenszeiten vom ersten Tag an liegt. Wenn ich später zu einem Baby komme, das bereits unter Koliken leidet, dann scheinen diese innerhalb von 24 Stunden zu verschwinden, nachdem das Baby meiner Routine folgt.

Zunächst würde ich im Falle von auftretenden Koliken also prüfen, ob es am Füttern nach Bedarf liegen könnte und nicht an den Lebensmitteln, die die Mutter zu sich genommen hat. Dann – abhängig vom Alter des Babys, der Symptome und der Anzahl der abendlichen und nächtlichen Mahlzeiten – würde ich Zuckerwasser einführen. Bei einem Baby im Alter zwischen einem und drei Monaten, das in der Nacht sehr viel trinkt und kontinuierlich mehr als die wöchentlich empfohlene Menge an Gewicht zunimmt, würde ich eine der nächtlichen Mahlzeiten durch Zuckerwasser ersetzen. Wenn das Baby nachts also aufwacht, würde ich einen halben Teelöffel Zucker aufgelöst in 120 ml kühlem, abgekochtem Wasser geben und versuchen, das Baby so wieder zum Schlafen zu bringen. In diesem Stadium muss ich immer wieder feststellen, dass Wasser ohne Zucker nicht mehr den gleichen Effekt hat. Am folgenden Morgen würde ich das Baby um 7 Uhr wecken – egal, wie lange es in der Nacht geschlafen hat – und mit der Routine bis 18.30 Uhr fortfahren. Um diese Zeit würde ich einem gestillten Baby immer eine Ergänzung abgepumpter Milch anbieten um sicher zu gehen, dass es genügend Milch erhalten hat. So vermeiden Sie, dass es nach zwei Stunden wieder trinken muss – das ist das häufige Schema von Babys, die unter Koliken leiden. Bei einem mit der Flasche gefütterten Baby stelle ich immer sicher, dass die Mahlzeit um 14.30 Uhr kleiner ist, so dass es um 18.30 Uhr gut trinkt.

Bei einem Baby, das drei Monate oder älter ist, würde ich versuchen, die nächtlichen Mahlzeiten komplett zu streichen oder sie zumindest auf eine einzige Mahlzeit zu reduzieren. In jedem Fall ist es wichtig sicher zu stellen, dass das Baby um 18.15 Uhr gut trinkt – falls nötig, indem Sie eine Ergänzung abgepumpter Milch anbieten. Die geringere Milchproduktion der Mutter am Abend führt oft dazu, dass das Baby häufig, aber jeweils wenig trinkt, was wiederum die Verdauung erschwert.

Meistens schläft das Baby dann zunächst gut in der Nacht ein, hat aber bereits durch die Koliken der vergangenen Wochen die falschen Schlafassoziationen entwickelt. In diesem Fall wende ich die Schlaftrainingsmethode des kontrollierten Schreiens an, und innerhalb von drei bis vier Nächten schlafen auch diese Babys zufrieden bis zur Mahlzeit um 22.30 Uhr. Weil das Baby dann gut geschlafen hat und vier ganze Stunden zwischen der letzten und der anstehenden Mahlzeit liegen, trinkt es nun sehr gut und kann danach sogar noch etwas länger am Stück schlafen. Je nach Alter sollte es dann entweder Milch oder das Zuckerwasser erhalten, wenn es nachts aufwacht. Ein Baby im Alter von drei Monaten oder mehr, das in der Lage ist, von der letzten Mahlzeit bis 6 oder 7 Uhr zu schlafen, sollte eine Woche lang Zuckerwasser erhalten. Sobald es nur noch einmal pro Nacht aufwacht, reduzieren Sie den Zuckergehalt langsam, bis Ihr Baby nur noch reines Wasser trinkt.

Mit dieser Methode und den Routinen können Sie Ihr Baby üblicherweise innerhalb von rund zwei Wochen dazu bringen, die Nacht durch zu schlafen – auch wenn es vorher aufgrund der Koliken die falschen Schlafassoziationen gelernt hatte. Ich kann aber nicht genug betonen, dass der Erfolg dieser Methode entscheidend vom Einsatz des Zuckerwassers in der ersten Woche abhängt. Reines Wasser hat nicht die gleiche Wirkung. Die Verwendung des Zuckerwassers ist ein Tipp, den ich vor mehr als 25 Jahren von einer älteren Hebamme erhalten habe, und er hat mir immer weitergeholfen. Eltern machen sich oft Sorgen, dass Ihr Baby durch das Zuckerwasser einen besonderen Appetit auf Süßes entwickeln könnte oder – noch schlimmer – dass seine Zähne ernsthaften Schaden nehmen könnten. Da das Zuckerwasser aber nur über solch einen kurzen Zeitraum verabreicht wird, habe ich keins dieser Probleme je auftreten sehen. Ich freue mich außerdem feststellen zu können, dass mein Ratschlag nun durch aktuelle Forschung über Koliken von Dr. Peter Lewindon des Royal Children's Hospital in Brisbane, Australien, bestätigt worden ist. Diese Forschung zeigt, dass Zucker die natürlichen Schmerzstiller des Körpers anregt und so einigen

Babys bei schmerzhaften Koliken mit dem Zuckerwasser geholfen werden kann.

Schreien

In vielen der führenden Babyratgeberbüchern konnte ich nachlesen, dass junge Babys durchschnittlich insgesamt zwei Stunden pro Tag weinen. Diese Größenordnung wird auch durch die Thomas Coram Research Unit der London University bestätigt. Dort wird außerdem festgestellt, dass das Weinen mit dem Alter von sechs Wochen seinen Höhepunkt erreicht und 25 % der Babys dann mindestens vier Stunden pro Tag weinen und quengeln. Dr. St. James-Roberts stellt fest, dass 40 % des Weinens und Schreiens zwischen 18 Uhr und Mitternacht stattfindet. Die niederländischen Forscher Van de Rijt und Plooij, Autoren von *Why They Cry: Understanding Child Development in the First Year,* haben mehr als 20 Jahre mit der Erforschung der kindlichen Entwicklung verbracht und geben an, dass Babys besonders quengelig und fordernd werden, wenn sie eine der sieben großen neurologischen Entwicklungen des ersten Lebensjahres durchmachen.

Bei sehr jungen Babys konnte ich tatsächlich feststellen, dass sie mit drei Wochen und mit sechs Wochen sehr unruhig werden und dann tatsächlich einen Wachstumssprung durchmachen. Allerdings wäre ich ziemlich entsetzt, wenn eins „meiner" Babys auch nur eine Stunde am Tag weinen würde, geschweige denn zwei bis vier! Eltern berichten mir immer und immer wieder, wie glücklich und zufrieden ihr Baby ist, wenn sie meine Routinen befolgen. Natürlich weinen auch „meine" Babys – einige, wenn sie die Windel gewechselt bekommen, andere, wenn sie gewaschen werden, und wieder andere kämpfen gegen den Schlaf an, wenn sie in ihr Bettchen gelegt werden. Mit den Letzteren bin ich konsequent – vorausgesetzt ich weiß, dass sie gut getrunken und aufgestoßen haben und bereit sind zu schlafen. Ich lasse sie zehn bis 12 Minuten quengeln und weinen, bis sie selbst in den Schlaf gefunden haben. Das ist das einzige richtige Weinen oder Schreien, das ich bei „meinen" Babys erfahre, und auch dann betrifft es nur eine Minderheit der Babys und hat sich meistens nach ein bis zwei Wochen wieder gelegt. Verständlicherweise können es Eltern kaum ertragen, ihr Baby weinen zu hören. Viele haben Angst, dass sie ihrem Baby psychisch schaden könnten, wenn sie es allein ins Bett legen und kurz schreien lassen. Ich möchte Sie gerne darin vergewissern, dass Sie – sofern Sie Ihr Baby gut gefüttert haben und den Routinen gefolgt sind hinsichtlich der Schlafens- und Wachzeiten und dem „Runterkommen" am Abend – Ihrem Baby keinerlei psychischen Schaden zufügen werden. Langfristig werden Sie stattdessen ein glückliches, zufriedenes Kind haben, das gelernt hat, selbständig einzuschlafen. Viele Eltern, die ihr erstes Kind „nach Bedarf" gefüttert haben und haben schlafen lassen und beim zweiten Kind dann meine Routinen angewandt haben, bestätigen mit voller Überzeugung, dass meine Methode die mit Abstand beste und langfristig auch die einfachste ist.

Marc Weissbluth MD, Direktor des Sleep Disorders Center am Children's Memorial Hospital in Chicago, betont in seinem Buch *Healthy Sleep Habits, Happy Child*, dass Eltern es so betrachten sollten: Sie *bringen* Ihr Baby nicht zum weinen, sondern Sie *erlauben* Ihrem Baby zu weinen. Er stellt auch fest, dass es einem älteren Baby wesentlich schwerer fällt, das selbstständige Einschlafen zu lernen. Fühlen Sie sich daher keinesfalls schuldig oder unbarmherzig, wenn Sie Ihrem Baby eine kurze Schreiphase lassen müssen, bevor es in den Schlaf findet. Es wird sehr schnell lernen, sich selbst zu beruhigen, solange Sie sichergestellt haben, dass es gut getrunken hat und am Tag lange genug wach war – nur nicht so lange, dass es überreizt wird.

Unten aufgeführt finden Sie die häufigsten Ursachen für anhaltendes Weinen oder Schreien. Benutzen Sie diese als Checkliste, um mögliche Gründe bei Ihrem Baby auszuschließen. Ganz oben auf der Liste steht „Hunger". Ein kleines Baby, das vor Hunger weint, sollte immer gefüttert werden ohne Beachtung der Routinen.

Hunger

Solange Ihr Baby noch sehr klein ist und unruhig und quenglig wird, dann ist es ratsam anzunehmen, dass es Hunger hat, und dann sollte es gefüttert werden, auch wenn eine Mahlzeit nach der für sein Alter angemessenen Routine noch nicht anstehen sollte. Einer der Hauptgründe, warum sehr kleine Babys vor allem am Abend unruhig werden, ist meiner Erfahrung nach der Hunger. Sollte Ihr Baby grundsätzlich gut trinken, nach einer Mahlzeit kurz wach bleiben können und dann gut bis zur nächsten Mahlzeit schlafen und am Abend unruhig und quengelig sein, dann ist es aller Wahrscheinlichkeit nach hungrig. Selbst wenn Ihr Baby jede Woche gut zunimmt, sollten Sie den Hunger als Ursache nicht ausschließen. Viele Mütter, die ich kenne, können tagsüber viel Milch produzieren, aber gegen Abend, wenn die Müdigkeit sie überfällt, kann die Milchproduktion drastisch abnehmen. Ich empfehle dann dringend, ein paar Tage lang nach dem Bad eine kleine Menge abgepumpter Milch anzubieten. Sollte Ihr Baby sich dann beruhigen und gut zum Schlafen legen lassen, wissen Sie, dass Ihre Milchproduktion am Abend niedrig ist. Sehen Sie auf Seite 259 nach Hinweisen, wie Sie dieses Problem beheben können.

Wenn Sie allerdings feststellen, dass Ihr Baby am Abend oder auch zu anderen Zeiten des Tages unruhig ist, obwohl es getrunken hat und gut genährt ist, dann ist es wichtig, dass Sie mögliche Ursachen für seine Unruhe ausschließen können. Ich höre allzu oft, dass es normal ist, wenn Babys in den ersten Wochen viel schreien – weil das nun mal das sei, was Babys so tun. Und in den vielen Jahren, die ich mich nun schon um Babys kümmere, habe ich tatsächlich einige kennen gelernt, die in den ersten Tagen einfach unzufrieden waren und sich durch nichts beruhigen ließen. Allerdings muss ich betonen, dass gerade mal eine Handvoll Babys von den Hunderten, die ich bisher betreut habe, betraf. Wenn ich solch ein unruhiges Baby vor mir hatte, bin ich zunächst alle möglichen Ursachen durchgegangen, bevor ich akzeptiert habe, dass ich nichts Weiteres tun konnte, um seine Stimmung zu verbessern. Babys haben tatsächlich noch weitere Bedürfnisse neben dem Essen, Schlafen und dem Körperkontakt.

Müdigkeit

Babys, die jünger als sechs Wochen alt sind, werden üblicherweise nach einer Stunde Wachsein wieder müde. Auch wenn sie nicht direkt bereit sind einzuschlafen, brauchen sie dann doch Ruhe. Nicht alle Babys senden offensichtliche Signale der Müdigkeit aus; daher rate ich – vor allem in den ersten Wochen – das Baby in sein Zimmer zu bringen, nachdem es rund eine Stunde wach gewesen ist, so dass es dort langsam „runterkommen" kann. Sollte das nicht möglich sein, dann lassen Sie es zumindest in einem ruhigen, friedlichen Plätzchen des Hauses oder der Wohnung. Vermeiden Sie übermäßige Stimulation durch Besucher während dieser Ruhephasen.

Übermüdung

Ein Baby unter drei Monaten sollte nie länger als zwei Stunden am Stück wach bleiben, da es sehr übermüden kann und dann nur schwer zu beruhigen ist.
Übermüdung ist oft das Ergebnis von übermäßiger Stimulierung. Ein übermüdetes Baby erreicht das Stadium, in dem es nicht mehr in der Lage ist, natürlich in den Schlaf zu gleiten und je müder es dann wird, desto mehr kämpft es gegen den Schlaf an. Ein Baby, das jünger als drei Monate alt ist, länger als zwei Stunden wach bleibt und das in dieses Stadium gerät, ist fast nicht mehr zu beruhigen.
In dieser Situation hilft oft nur noch eine kurze Phase des Schreiens, um das Problem zu lösen. Das ist die einzige Situation in der ich empfehlen würde, ein so junges Baby für eine kurze Zeit schreien zu lassen. Und auch dann sollten Sie das nur angehen, wenn Sie überzeugt sind, dass Ihr Baby gut genährt ist und aufgestoßen hat.

Langeweile

Selbst das neugeborene Baby muss eine Zeit lang wach sein. Ermuntern Sie es also, nach seinen Tagesmahlzeiten kurz wach zu bleiben. Babys, die jünger als einen Monat alt sind, schauen sich sehr gerne schwarz/weiße Bilder, vor allem von Gesichtern an, und die von Mama und Papa werden sie am meisten faszinieren. Versuchen Sie, das Spielzeug Ihres Babys einzuteilen für die Wachzeiten und für die Zeit zum „Runterkommen" vor dem Schlafengehen. Farbenfrohe, geräuschvolle Spielsachen eignen sich für die Spielzeiten am Tag und beruhigende Spielsachen für die Schlafenszeiten.

Blähungen

Alle Babys schlucken Luft, wenn sie trinken; mit der Flasche gefütterte Babys neigen eher dazu als gestillte Babys. Sobald sie die Gelegenheit dazu haben, können sie sich dieser Luft relativ leicht durch Aufstoßen wieder entledigen. Wenn Sie den Verdacht haben, dass das ausgeprägte Schreien Ihres Babys durch Luft im Bauch verursacht werden könnte, stellen Sie sicher, dass Sie genügend Zeit zwischen den Mahlzeiten verstreichen lassen. Ich habe festgestellt, dass vor allem das übermäßige Füttern und das Füttern nach Bedarf Koliken bei sehr kleinen Babys verursachen. Ein gestilltes Baby braucht mindestens drei Stunden zur Verdauung einer ganzen Mahlzeit, und einem mit der Flasche gefütterten Baby sollten mindestens dreieinhalb bis vier Stunden Zeit gelassen werden. Die Zeit berechnet sich immer vom Anfang der ersten Mahlzeit zum Anfang der zweiten Mahlzeit.

Außerdem rate ich Ihnen, die Gewichtszunahme Ihres Babys genau zu beobachten. Sollte es mehr als 240 bis 300 g pro Woche zunehmen und unter übermäßig viel Luft im Bauch leiden, dann könnte es sein, dass es überfüttert wird – besonders wenn es bereits mehr als 3,6 kg wiegt und nachts zwei bis drei Mal trinken will. Hinweise, wie Sie mit diesem Problem umgehen können, finden Sie auf Seite 88.

Schnuller

Die Mehrheit der Experten zur Babypflege lehnen den Schnuller ab und meinen, ein Baby, das saugen möchte, sollte seinen eigenen Daumen dazu benutzen. Obwohl die meisten sehr jungen Babys schon in der Lage sind, ihren Daumen zu finden, habe ich noch keins gesehen, das ihn so lange im Mund behalten konnte, um sein Saugbedürfnis wirklich befriedigen zu können. Es dauert tatsächlich bis zu drei Monaten, bis das Baby eine ausreichende Koordination entwickelt hat, um den Daumen längere Zeit im Mund zu behalten.

Es erstaunt mich auch immer wieder, wie viele Eltern es vorziehen, dem Baby ihren eigenen Finger in den Mund zu stecken und es lieber stundenlang wiegen und in der Wohnung herumtragen, anstatt ihm einen Schnuller zu geben. Sie entscheiden sich, lieber ein sehr forderndes Kind zu haben, das sich nicht ablegen lässt oder eine Viertelstunde in seiner Wippe sitzen kann, als ihm einen Schnuller zu geben.

Solange er mit Vorsicht genossen wird, halte ich den Schnuller für ein äußerst wirkungsvolles Einsatzmittel, besonders bei einem Baby mit einem starken Saugbedürfnis. Ich muss allerdings betonen, wie wichtig es ist, dass Ihr Baby den Schnuller niemals alleine in seinem Bettchen haben und ihn zum Einschlafen benutzen darf. Verwenden Sie den Schnuller, um Ihr Baby zu beruhigen und notfalls auch, um es zum Einschlafen zu bringen – aber entfernen Sie ihn immer, bevor Ihr Baby richtig einschläft. Es wird möglicherweise für eine kurze Zeit schreien, aber es wird schnell lernen, dass der Schnuller nicht während des Schlafens da ist. Das Baby mit dem Schnuller einschlafen zu lassen, ist eine der am schwierigsten aufzuhebenden Schlafassoziationen. Ihr Baby könnte möglicherweise mehrmals in der Nacht aufwachen und immer wieder den Schnuller benötigen, um zurück in den Schlaf zu finden. Das Problem können Sie vermeiden, indem Sie den Schnuller entfernen, bevor Ihr Baby tief einschläft.

Ich habe Schnuller schon bei einer großen Anzahl von Babys angewandt und noch nie ernsthafte Folgeprobleme feststellen können. Indem ich sie nur sehr selektiv einsetze, lehnen die meisten „meiner" Babys sie bereits im Alter von drei Monaten ab. Sollte Ihr Baby im Alter von vier Monaten immer noch ein Bedürfnis nach dem Schnuller haben, würde ich ihn schrittweise über einen Zeitraum von zwei Wochen abgewöhnen; wenn Sie länger warten, könnte Ihr Baby eine zu große Schnullerfixierung entwickeln.

Es gibt zwei Sorten von Schnullern: Die einen haben einen eher runden Sauger, die anderen einen eher flachen, der sich orthopädisch nennt. Einige Experten meinen, dass die orthopädischen Schnuller besser für die Kiefer- und Gaumenentwicklung des Babys sind, aber die meisten kleinen Babys können sie nicht lange im Mund behalten. Ich benutze daher meistens den rund geformten Sauger und bisher scheint keins der Babys, um die ich mich gekümmert habe, einen offenen Biss entwickelt zu haben – dieser tritt meistens ein, wenn der Schnuller exzessiv benutzt wird, und zwar nachdem das Baby Zähne bekommen hat. Egal welche Art von Schnuller Sie auswählen, kaufen Sie einige Exemplare, so dass Sie sie häufig austauschen können. Sie sollten bei der Benutzung eines Schnullers sehr auf Sauberkeit achten; er sollte nach jedem Gebrauch gewaschen und sterilisiert werden. Säubern Sie ihn niemals, indem Sie ihn selbst ablutschen – wie das so viele Eltern tun! –, denn es befinden sich mehr Bakterien und Keime in Ihrem Mund, als Sie sich vorstellen können.

Schluckauf

Es ist ganz normal für kleine Babys, häufig Schluckauf zu bekommen und die wenigsten stören sich daran. Der Schluckauf tritt häufig nach dem Trinken auf. Wenn er nach einer Abend- oder Nachtmahlzeit auftritt, können Sie Ihr Baby ruhig wie gewohnt zum Schlafen legen. Wenn Sie warten, bis der Schluckauf sich gelegt hat, ist die Wahrscheinlichkeit groß, dass Ihr Baby in Ihrem Arm einschläft – und das sollten Sie in jedem Fall vermeiden. Sollte Ihr Baby eins der Wenigen sein, das sich von seinem Schluckauf irritieren läßt, dann versuchen Sie es mit der empfohlenen Menge des Kolikmittels gripe water, das kann eine Hilfe sein.

Spucken

Es ist ganz normal und kommt häufig vor, dass kleine Babys geringe Mengen der getrunkenen Milch wieder ausspucken, vor allem wenn sie nach dem Trinken ihr Bäuerchen machen. In den meisten Fällen stellt das kein Problem dar. Sollte Ihr Baby allerdings regelmäßig mehr als 240 g pro Woche zunehmen, dann könnte es sein, dass es zu viel trinkt. Bei einem mit der Flasche gefütterten Baby ist es leicht zu sehen, wie viel es tatsächlich trinkt. Sie können ihm dann etwas weniger geben zu den Mahlzeiten, nach denen es mehr zu spucken scheint. Bei einem gestillten Baby ist das etwas schwieriger. Aber indem Sie dokumentieren, nach welchen Mahlzeiten Ihr Baby mehr spuckt, können Sie genauso vorgehen und die Zeit an der Brust ein wenig verkürzen, um so das übermäßige Spucken zu vermeiden.

Sollte Ihr Baby viel spucken, aber nicht genügend Gewicht zunehmen, dann könnte es unter einem Reflux leiden (siehe unten). Babys, die zum Spucken neigen, sollten nach dem Trinken möglichst aufrecht gehalten werden, und Sie sollten besonders aufpassen, wenn Sie Ihr Baby beim Aufstoßen unterstützen.

Wenn Ihr Baby zweimal hintereinander seine gesamte Mahlzeit ausspuckt, sollten Sie sofort mit ihm zum Arzt gehen.

Reflux

Manche Babys, die alle Symptome einer Kolik aufzeigen, leiden tatsächlich unter einem gastroösophagealen Reflux. Weil der Muskel am unteren Ende der Speiseröhre zu schwach ist, um die Milch im Magen zu behalten, kommt sie zusammen mit Magensäure wieder hoch und verursacht ein schmerzhaftes Aufstoßen in der Speiseröhre. Übermäßiges Spucken ist daher ein Symptom für den Reflux. Aber nicht alle Babys mit einem Reflux spucken ihre Milch tatsächlich aus, sondern können auch unter dem so genannten „stillen" Reflux leiden. Diese Babys werden oft fälschlicherweise als unter einer Kolik leidend diagnostiziert. Sie sind sehr schwierige Trinker, beugen ihren Rücken während des Trinkens und schreien oft dabei. Sie werden auch sehr unruhig, wenn sie gerade auf dem Rücken liegen und lassen sich durch nichts beruhigen. Sollte Ihr Baby diese Symptome zeigen, dann bestehen Sie darauf, dass Ihr Kinderarzt auf einen Reflux untersucht. Ich habe schon zu viele Fälle erlebt, in denen Babys mit einer Kolik diagnostiziert wurden, während sie eigentlich unter einem Reflux litten, obwohl sie keine Milch ausspuckten. Wenn Sie den Eindruck haben, dass Ihr Baby unter einem Reflux leidet, ist es ungeheuer wichtig, dass Sie sich nicht von Dritten einreden lassen, bei den Schmerzen handle es sich um eine (vorübergehende) Kolik. Ein Reflux kann äußerst viel Stress für Eltern und Kind bedeuten, und es ist essentiell, dass Sie guten Rat und Beistand erhalten. Wenn Sie das Gefühl haben, dass Ihnen die notwendige Unterstützung versagt bleibt, scheuen Sie sich nicht davor, eine weitere Meinung einzuholen. Sollte Reflux nicht das Problem sein, dann haben Sie diese Möglichkeit zumindest mit Sicherheit ausgeschlossen. Sollte es sich aber als tatsächliche Ursache herausstellen, dann bleiben Ihrem Baby mit der richtigen Behandlung monatelange Schmerzen erspart. Es ist wichtig, dass ein Baby mit Reflux nicht überfüttert wird und während sowie nach der Mahlzeit so aufrecht wie möglich gehalten wird. Manche Babys benötigen eine monatelange Medikation, bis sich der Muskel gestärkt und ausgebildet hat. Glücklicherweise verwächst sich der Reflux aber bei den meisten Babys bis zum Alter von einem Jahr.

Trinken und Essen

Schwierigkeiten beim Trinken

Die Mehrzahl der Babys nimmt die Brust oder Flasche schnell und unkompliziert an. Anders als die Mutter, die so viel zu lernen hat über das Füttern, weiß das Baby instinktiv, was es zu tun hat. Es gibt allerdings auch Babys, die vom ersten Tag an unheimlich unruhig werden und zappeln, wenn sie an der Brust angelegt werden oder die Flasche bekommen. Ich habe schon oft festgestellt, dass besonders die Babys Schwierigkeiten beim Trinken haben, die eine schwere Geburt erlitten haben.
Wenn Sie feststellen, dass Ihr Baby während des Trinkens angespannt und unruhig wird, vermeiden Sie es zunächst, zu diesen Zeiten Besucher im Haus zu haben. Egal wie gut es die Ver-

wandten und Freunde mit Ihnen meinen, ist es schier unmöglich, die Umgebung ruhig und gelassen zu halten, wenn Besuch da ist, mit dem Sie sich unterhalten. Die folgenden Hinweise sollten Ihnen das Füttern eines Babys mit Trinkschwierigkeiten etwas vereinfachen – egal ob Sie stillen oder mit der Flasche füttern:

• Gerade bei angespannten Babys ist es wichtig, dass Sie das Herumtragen und Herumreichen auf ein Minimum reduzieren. Vermeiden Sie übermäßige Stimulation und dass das Baby von Person zu Person gereicht wird – besonders vor einer Mahlzeit.

• Die Mahlzeit sollte in einem ruhigen Raum bei entspannter Atmosphäre stattfinden. Außer einer Person, die eventuell praktisch unterstützen oder emotionalen Beistand geben soll, sollte keiner weiteren Person die Anwesenheit gestattet sein.

• Bereiten Sie alles, was Sie zum Füttern benötigen, im Voraus vor. Sie sollten ausgeruht sein und etwas gegessen haben.

• Vermeiden Sie es, den Fernseher während des Fütterns anzustellen. Stellen Sie das Telefon ab und spielen Sie stattdessen ein wenig beruhigende Musik, während Sie füttern.

• Wenn Ihr Baby aufwacht, um zu trinken, dann wechseln Sie nicht zuerst die Windel, da es davon anfangen könnte zu weinen.

• Versuchen Sie, das Baby in eine weiche Wolldecke einzuwickeln, damit es nicht zu sehr mit Armen und Beinen fuchteln kann. Stellen Sie sicher, dass Sie selbst bequem sitzen, bevor Sie mit dem Füttern anfangen.

• Versuchen Sie gar nicht, das Baby an der Brust anzulegen oder ihm den Flaschensauger in den Mund zu stecken, wenn es gerade weint. Halten Sie es stattdessen fest in der Position zum Füttern und beruhigen Sie es erst, indem Sie ihm gleichmäßig und sanft auf den Rücken klopfen.

• Versuchen Sie, ihm einen Schnuller in den Mund zu stecken. Sobald es sich beruhigt hat und für ein paar Minuten daran gesaugt hat, versuchen Sie, ihn herauszunehmen und ihm die Brust oder die Flasche anzubieten.

Sollte Ihr Baby bereits gut getrunken haben und plötzlich anfangen, die Brust oder Flasche abzulehnen, dann geht es ihm möglicherweise nicht gut. Ohrenentzündungen werden zum Beispiel oft nicht erkannt, sind aber eine häufige Ursache dafür, dass das Baby auf einmal nicht mehr trinken möchte. Sollte Ihr Baby eins der unten stehenden Symptome aufweisen, ist es ratsam, Ihren Arzt zu kontaktieren:

• Plötzliche Appetitlosigkeit und Unruhe beim Versuch, das Baby zu füttern.
• Veränderung des normalen Schlafverhaltens.
• Plötzliche Anhänglichkeit und Quengeligsein.
• Eintretende Lethargie und Kontaktunfreudigkeit.

Übermäßiges Trinken in der Nacht

Ich habe festgestellt, dass alle Babys – auch die, die „nach Bedarf" gefüttert werden – im Alter von vier bis sechs Wochen in der Lage sind, eine längere Zeit am Stück zwischen den Mahlzeiten auszuhalten. Beatrice Hollyer und Lucy Smith, Autorinnen des exzellenten Buches *Sleep: the Secret of Problem-free Nights*, bezeichnen diese längere Schlafphase als „Kernnacht" und ich habe mich bereits auf Seite 163 und folgende darauf bezogen. Sie raten Eltern, sich von dieser Phase leiten zu lassen und glauben, dass sie die Grundlage bildet, das Baby zum vollständigen Durchschlafen zu bringen.

Ich bin der Meinung, dass ein Baby mit einem Geburtsgewicht von 2,1 kg oder mehr ab dem Ende der zweiten Lebenswoche nur noch eine nächtliche Mahlzeit braucht (zwischen Mitternacht und 6 Uhr). Voraussetzung hierfür ist natürlich, dass es zu seinen täglichen Mahlzeiten gut trinkt und zwischen 22 und 23 Uhr eine volle Mahlzeit zu sich nimmt. Nach meiner Erfahrung wird ein Baby, das weiterhin zwei oder drei Mal pro Nacht trinkt, irgendwann seine Tagesmahlzeiten reduzieren – und das betrifft gestillte sowie mit der Flasche gefütterte Babys. So entsteht ein Teufelskreis, in dem das Baby nachts ernsthaft hungrig ist und trinken muss, um seinen Tagesbedarf an Milch zu decken.

Bei mit der Flasche gefütterten Babys ist es leichter, das übermäßige Trinken in der Nacht in den Griff zu bekommen oder gar von Anfang an zu vermeiden, weil die tatsächliche Menge, die

das Baby tagsüber an Milch zu sich nimmt, genauestens überprüft werden kann. Die Tabelle auf Seite 81 gibt Auskunft darüber, wieviel Milch ein mit der Flasche gefüttertes Baby pro Tag
braucht, um seinen Nahrungsbedarf im ersten Lebensmonat zu
decken. Wenn Sie diesen Hinweisen folgen, gekoppelt mit den
Hinweisen zur Kernnacht (ab Seite 249), können Sie übermäßiges Trinken in der Nacht bei einem mit der Flasche gefütterten
Baby vermeiden.

Bei gestillten Babys wird übermäßiges Trinken in der Nacht für
normal gehalten und sogar von einigen Stillberatern gefördert.
Müttern wird empfohlen, das Baby direkt bei sich im Bett schlafen zu lassen, damit sie es nachts immer wieder stillen können.
Dabei wird oft betont, dass das Hormon Prolaktin, das notwendig ist für die Produktion von Brustmilch, vornehmlich nachts
produziert wird. Die Theorie basiert also darauf, dass Mütter, die
ihr Baby noch mehr in der Nacht füttern als am Tage, eine sehr
gute Milchproduktion aufrecht halten. Es mag sein, dass dies für
einige Mütter funktioniert, aber für viele andere scheint es ein
Trugschluss zu sein, da so viele Mütter das Stillen innerhalb des
ersten Monats aufgeben. Wie ich bereits zuvor gesagt habe, sehe
ich den Grund für das frühe Abbrechen der Stillversuche in
genau der Übermüdung, die das nächtliche Stillen eben mit sich
bringt.

Nach meiner Erfahrung aus der Arbeit mit Hunderten stillender
Mütter bringt eher eine etwas längere Schlafphase in der Nacht
eine gute Milchproduktion hervor. Eine volle, sättigende Mahlzeit in der Mitte der Nacht stellt sicher, dass das Baby schnell und
zufrieden wieder einschläft und bis zum Morgen schläft.

Im Folgenden nenne ich die häufigsten Ursachen für übermäßiges Trinken in der Nacht und wie Sie sie vermeiden können:

• Ein zu früh geborenes Baby oder eines mit sehr geringem Geburtsgewicht muss öfter als alle drei Stunden gefüttert werden,
und Sie sollten in dieser besonderen Situation medizinischen Rat
suchen.

• Sollte Ihr Baby zu jeder Mahlzeit gut trinken (einem Baby von
mehr als 3,6 kg sollte immer auch die zweite Brust angeboten

werden) und zu den sonstigen Schlafzeiten immer gut schlafen, könnte es sein, dass es zur Mahlzeit um 22.30 Uhr nicht genug Milch erhält.

• Sollte die niedrige Milchproduktion während der letzten Mahlzeit das Problem sein, können Sie mit abgepumpter oder Pulvermilch aus der Flasche ergänzen. Wenn Sie abgepumpte Milch geben möchten, müssen Sie sich genügend Zeit lassen, für diese Mahlzeit abzupumpen und Milch zu „sammeln" – Sie können die abends abgepumpte Milch mit der vom Morgen mischen.

• Viele Frauen befürchten, dass das zu frühe Einführen der Flasche zur Ablehnung der Brust führen könnte. Allen „meiner" Babys wird jedoch prinzipiell eine Flaschenmahlzeit pro Tag angeboten und ich habe noch nie einen Fall von „Saugverwirrung" oder Ablehnung der Brust erlebt. Die Flaschenmahlzeit bietet außerdem den Vorteil, dass der Vater die letzte Mahlzeit geben und die Mutter um 22 Uhr ins Bett gehen kann.

• Sollte Ihr Baby immer noch mehrmals in der Nacht aufwachen, nachdem es eine Woche lang eine volle (ergänzte) letzte Mahlzeit zu sich genommen hat, dann hat es wahrscheinlich eher ein Schlaf- als ein Trinkproblem. Ich empfehle in diesem Fall, dass Sie eine weitere Woche lang die Flasche in Ergänzung zur letzten Mahlzeit anbieten und darüber hinaus den Hinweisen zum nächtlichen Aufwachen auf Seite 271 folgen.

• Babys, die weniger als 3,6 kg wiegen und an der zweiten Brust angelegt werden, bevor sie die reichhaltigere Hintermilch der ersten Brust erreicht haben, werden nachts womöglich mehr als einmal aufwachen.

• Sollte ein Baby mit einem Geburtsgewicht von mehr als 3,6 kg pro Mahlzeit nur von einer Brust trinken, könnte es sein, dass es nicht genug Milch erhält. Sie sollten ihm die zweite Brust zu einigen oder allen seiner Mahlzeiten anbieten. Wenn es 20 bis 25 Minuten an der ersten Brust getrunken hat, versuchen Sie, ihm fünf bis zehn Minuten an der zweiten Brust zu geben. Sollte es das ablehnen, warten Sie 15 bis 20 Minuten und bieten Sie dann die zweite Brust noch einmal an.

Die Mehrheit der Babys, die meinen Routinen folgen und nur

einmal pro Nacht trinken, schafft es irgendwann von selbst, die ganze Nacht durch zu schlafen. Sobald sie körperlich dazu in der Lage sind, geben sie die nächtliche Mahlzeit auf. Allerdings gibt es ab und zu auch ein Baby, das auch nach sechs Wochen noch um 2 Uhr aufwacht und nach einer Mahlzeit verlangt. Wenn Sie es weiterhin um diese Zeit füttern, führt das nach meiner Erfahrung dazu, dass es um 7 Uhr weniger trinkt oder diese Morgenmahlzeit komplett ablehnt. Sollte das passieren, empfehle ich die Anwendung der Kernnacht-Methode. So stellen Sie sicher, dass es die nächtliche Mahlzeit ist, die Ihr Baby zuerst aufgibt, sobald es dazu in der Lage ist, die Anzahl seiner Mahlzeiten innerhalb des 24-Stunden-Zeitraumes zu reduzieren.

Die Kernnacht

Die Kernnacht-Methode wird nun seit vielen Jahren von Hebammen und Eltern angewandt, die Routine für wichtig halten. Sie basiert auf folgendem Prinzip: Sobald ein Baby nachts eine längere Zeit am Stück schläft, sollte es niemals mehr während dieser Stunden (der Kernnacht) gefüttert werden. Wacht es in dieser Zeit doch auf, dann sollte es ein paar Minuten allein gelassen werden, um sich selbst zu beruhigen und wieder in den Schlaf zu finden. Bleibt dieser Versuch erfolglos, dann sollten andere Maßnahmen ergriffen werden als das Füttern, um das Kind wieder zum einschlafen zu bringen. Hollyer und Smith empfehlen das Streicheln, einen Schnuller oder ein wenig Wasser anzubieten. Ihre Aktivität und Zuwendung sollte aber auf ein Minimum beschränkt bleiben, während Sie Ihrem Baby versichern, dass Sie da sind. Die Experten meinen, dass Ihr Baby mit dieser Methode innerhalb von wenigen Tagen wieder die Stunden seiner Kernnacht durchschlafen wird. Außerdem lernt Ihr Baby durch diese Methode die zwei wichtigsten Elemente eines gesunden Schlafverhaltens: abends einzuschlafen und erneut einzuschlafen, nachdem es aus einer leichten Schlafphase vollständig erwacht ist.
Dr. Brian Symon, Autor von *Silent Nights* und Senior Dozent der Humanmedizin an der University of Adelaide, empfiehlt einen

ähnlichen Ansatz für Babys, die älter als sechs Wochen sind. Babys, die regelmäßig an Gewicht zunehmen, aber immer noch gegen 3 Uhr aufwachen, sollte dann ein Schnuller angeboten werden oder etwas kühles, abgekochtes Wasser. Sollte sich Ihr Baby so nicht beruhigen lassen, geben Sie ihm eine so kurze Mahlzeit wie möglich, nur damit es wieder einschläft.

Keine dieser Methoden, zum Umgang mit dem nächtlichen Füttern, ist neu. Die Expertin für Babypflege Christine Bruell, die während ihrer 40jährigen Laufbahn mehr als 35 000 Mütter beraten hat, empfiehlt auch, dem Baby, das älter als vier Wochen ist und gut an Gewicht zunimmt, aber regelmäßig gegen 2 Uhr aufwacht, etwas kühles, abgekochtes Wasser anzubieten.

Bevor Sie diese Methoden allerdings anwenden, sollten Sie die folgenden Punkte gründlich lesen um sicher zu stellen, dass Ihr Baby wirklich in der Lage ist, nachts eine längere Zeit am Stück zu schlafen:

• Die Methoden sollten niemals bei einem sehr kleinen Baby angewandt werden oder einem, das nicht genügend Gewicht zunimmt. Ein Baby, das nicht ausreichend zunimmt, sollte sowieso direkt zum Arzt gebracht werden.

• Die Methoden sollten nur angewandt werden, wenn Ihr Baby regelmäßig zwischen 180 und 240 g pro Woche zunimmt und wenn Sie sicher sind, dass seine letzte Abendmahlzeit ausgereicht hat, um es eine längere Zeit am Stück schlafen zu lassen.

• Die wichtigsten Anzeichen dafür, dass Ihr Baby bereit ist, seine nächtliche Mahlzeit aufzugeben, sind die regelmäßige Gewichtszunahme und eine zunehmende Ablehnung der Mahlzeit um 7 Uhr.

• Das Ziel der oben genannten Methoden ist nicht, die Nachtmahlzeit mit einem Mal zu streichen. Es geht vielmehr darum, langsam die Zeitspanne zu verlängern, die Ihr Baby ab seiner letzten Abendmahlzeit am Stück schlafen kann.

• Die Kernnacht-Methode kann angewandt werden, wenn Ihr Baby über drei oder vier Nächte hinweg gezeigt hat, dass es eine längere Zeit am Stück schlafen kann.

• Die Methode kann dafür benutzt werden, bei einem „nach

Bedarf" gefütterten Baby die Anzahl der nächtlichen Mahlzeiten
zu reduzieren und längere Abstände zwischen den Mahlzeiten zu
fördern, ebenso wie nach der letzten Abendmahlzeit.

Der schlechte Esser

Werden die Milchmahlzeiten in den ersten Tagen der Umstellung
von Milch auf feste Nahrung korrekt strukturiert, nehmen die meisten Babys das neu angebotene Essen zum größten Teil gerne an.
Im Alter von neun Monaten sollten Babys dann den Hauptanteil
ihrer Nahrung über die drei festen Mahlzeiten am Tag erhalten.
Eltern sind gut beraten, ihren Babys eine möglichst große Bandbreite an Lebensmitteln anzubieten, um sicher zu stellen, dass sie
alle Nährstoffe erhalten, die sie brauchen. Allerdings fangen
Babys oft in genau diesem Alter an, Speisen abzulehnen, die sie
vorher bereits mit Genuss verzehrt haben.
Sollte Ihr Baby zwischen neun und zwölf Monaten alt sein und
plötzlich anfangen, sein Essen zu verweigern oder während der
Mahlzeiten quengelig und reizbar zu werden, sollen Ihnen die
folgenden Hinweise dabei helfen, den Ursachen für sein Verhalten näher zu kommen:
• Eltern haben oft unrealistische Vorstellungen von der Menge,
die ihr Baby essen sollte. Indem sie ihm zu große Portionen anbieten, entsteht dann oft ihr Eindruck, ihr Kind hätte ein Ess-
problem. Die folgenden Mengenangaben für den Bedarf eines
Babys im Alter von neun bis zwölf Monaten sollen Ihnen helfen
herauszufinden, ob Ihr Baby tatsächlich genügend feste Nahrung
zu sich nimmt:
a) Drei bis vier Portionen Kohlenhydrate, zusammengesetzt aus
Cerealien, Vollkornbrot, Nudeln oder Kartoffeln. Eine Portion
entspricht einer Scheibe Brot, 30 g Cerealien, zwei Esslöffeln Nudeln oder einer kleinen gebackenen Kartoffel.
b) Drei bis vier Portionen Obst und Gemüse, inklusive rohes Gemüse. Eine Portion entspricht einem kleinen Apfel, einer Birne
oder Banane, einer Karotte, einigen Blumenkohl- oder Broccoli-
röschen oder zwei Esslöffeln grüner Bohnen.

c) Eine Portion tierischer Proteine beziehungsweise zwei Portionen pflanzlicher Proteine. Eine Portion entspricht 30 g Geflügel, Fleisch oder Fisch oder 60 g Linsen oder sonstiger Hülsenfrüchte.

• Das selbstständige Essen ist wichtig für die mentale und körperliche Entwicklung Ihres Babys, da es seine Koordination zwischen Hand und Auge fördert sowie sein Gefühl der Unabhängigkeit. Im Alter zwischen sechs und neun Monaten werden die meisten Babys damit anfangen, sich selbst füttern zu wollen. Das Füttern wird also zunächst eine ziemlich chaotische Angelegenheit und die Mahlzeiten nehmen nun wesentlich mehr Zeit in Anspruch. Wenn Sie das natürliche Bedürfnis Ihres Babys, selbstständig zu essen, unterdrücken, fördern Sie jedoch nur seine Frustration und möglicherweise seine Ablehnung, von Ihnen gefüttert zu werden. Wenn Sie viele finger- und mundgerechte Speisen anbieten und es Ihrem Baby gestatten, einen Teil der Mahlzeit selbst zu sich zu nehmen – egal wie viel dabei daneben geht – stärken Sie seine Selbstständigkeit und es wird den Rest seiner Mahlzeit viel bereitwilliger von Ihrem Löffel entgegen nehmen.

• Im Alter von neun Monaten wird Ihr Baby auch interessierter an der Farbe, Form und Konsistenz seines Essens werden. Ein Baby, das seine Speisen immer noch komplett zu einem einzigen Brei verrührt bekommt, wird viel schneller selbst von seinem Lieblingsessen gelangweilt sein. Das ist der Hauptgrund dafür, dass Babys das Interesse an Gemüse verlieren.

• Indem Sie Ihrem Baby zu seinen Mahlzeiten eine Auswahl an Gemüsesorten der unterschiedlichsten Konsistenzen und Farben anbieten, machen Sie ihm das Gemüse eher schmackhaft, als wenn Sie ihm große Mengen von demselben Gemüse anbieten.

• Das regelmäßige Angebot von süßem Pudding oder Eis zum Nachtisch ist einer der Hauptgründe für die Ablehnung des Hauptgangs der Mahlzeit. Selbst so junge Babys von neun Monaten lernen ganz schnell, dass sie ihre Hauptspeise nur lange genug ablehnen und quengeln müssen, um dann den ersehnten Nachtisch zu erhalten. Es ist also besser, Pudding und sonstige Süßigkeiten für besondere Anlässe vorzusehen und dem Baby zum Nachtisch frisches Obst, Joghurt oder Käse anzubieten.

• Sollte Ihr Baby ein bestimmtes Lebensmittel ablehnen, dann bieten Sie es einige Wochen später noch einmal an. Ob ein Baby eine bestimmte Speise mag oder nicht mag, variiert im ersten Lebensjahr enorm. Eltern, die bereits abgelehnte Speisen nicht noch einmal anbieten, haben auf einmal ein Kind, das nur eine sehr limitierte Auswahl von Lebensmitteln zu sich nimmt.

• Wenn Ihr Baby vor einer Mahlzeit viel trinkt, isst es möglicherweise nicht mehr gut. Versuchen Sie, Getränke immer halbwegs zwischen den einzelnen Mahlzeiten anzubieten und nicht genau eine Stunde vor einer Mahlzeit. Während des Fütterns sollten Sie darauf achten, dass Ihr Baby die Hälfte seiner Mahlzeit bereits verzehrt hat, bevor Sie ihm Wasser oder gut verdünnten Saft zum Trinken anbieten.

• Weiter spielt das genaue Timing der Mahlzeiten eine große Rolle hinsichtlich des Essverhaltens Ihres Babys. Ein Baby, das seinen Frühstücksbrei erst nach 8 Uhr bekommt, wird kaum vor 13 Uhr wieder Appetit auf sein Mittagessen haben. Und ein Baby, das seine Abendmahlzeit erst nach 17 Uhr bekommt, könnte bereits zu müde sein, um noch richtig zu essen.

• Außerdem kann der Appetit Ihres Babys getrübt werden, wenn Sie zwischen den Mahlzeiten zu viele Snacks gestatten – vor allem solche, die schwer verdaulich sind wie Bananen oder Käse. Versuchen Sie, diese Snacks für ein paar Tage auszusetzen und prüfen Sie, ob sich der Appetit Ihres Babys verbessert.

Sollten Sie sich Sorgen machen, dass Ihr Baby nicht genug feste Nahrung zu sich nimmt, sollten Sie in jedem Fall Ihren Arzt aufsuchen. Indem Sie eine Woche lang Tagebuch führen über die Zeiten und die Mengen aller Nahrungsmittel und Getränke, die Ihr Baby zu sich nimmt, helfen Sie Ihrem Arzt, die möglichen Ursachen der Essprobleme zu identifizieren.

Geringe Milchproduktion

Je mehr die Babys wachsen, desto mehr werden sie trinken müssen. Allerdings müssen die Mahlzeiten auf das Wachstum abgestimmt und strukturiert werden, indem Sie Ihr Baby dazu bringen, zu einzelnen Mahlzeiten mehr zu trinken. Ansonsten wird Ihr Baby damit fortfahren, oft und wenig zu trinken.

Allzu oft erhalte ich Anrufe von Eltern älterer Babys, die immer noch „nach Bedarf" füttern. Obwohl die Mehrheit dieser Babys über zwölf Wochen alt ist und physisch in der Lage, an einzelnen Mahlzeiten eine größere Menge zu sich zu nehmen, trinken sie immer noch wie Neugeborene – oftmals acht bis zehn Mal am Tag. Viele gestillte Babys erhalten immer noch nur eine Brust zu einer Mahlzeit, während mit der Flasche gefütterte Babys nur 90 bis 120 ml Pulvermilch auf einmal zu sich nehmen. Um jedoch auch längere Strecken zwischen den einzelnen Mahlzeiten durchhalten zu können, müssten diese Babys jedes Mal von beiden Brüsten trinken beziehungsweise eine Flaschenmahlzeit von 210 bis 240 ml zu sich nehmen. Es ist meine feste Überzeugung, dass sich in diesen frühen Tagen des Milchtrinkens bereits die Grundlage bildet für ein gesundes Essverhalten in der Zukunft. Indem Sie ganz früh bereits jegliche Probleme des Milchtrinkens lösen und diese Mahlzeiten strukturieren, vermeiden Sie langfristige Essprobleme, die auch das Schlafverhalten Ihres Kindes beeinträchtigen können.

Eine zu geringe Milchproduktion, vor allem gegen Ende eines Tages, ist ein häufiges Problem stillender Mütter und einer der Hauptgründe für das Scheitern der Stillversuche. Ich glaube, dass es der Hunger ist, der so viele Babys abends unruhig werden lässt. Wenn das Problem der geringen Milchproduktion nicht in den Anfängen bereits gelöst wird, entsteht ganz schnell ein Muster, nach dem das Baby den ganzen Abend über immer wieder angelegt werden muss, um sein Nahrungsbedürfnis überhaupt ein wenig stillen zu können. Mütter werden damit beruhigt, dass dieses Trinkverhalten völlig normal sei und am besten dazu geeignet, die Milchproduktion zu erhöhen – aber nach meiner Erfahrung hat dies oft die genau gegensätzliche Wirkung. Weil die Milchmenge, die die Brust produziert, gesteuert wird von der Milchmenge, die das Baby trinkt, senden diese häufigen, kleinen Mahlzeiten eher das Signal, wenig und häufig zu produzieren. Die kleinen Mahlzeiten befriedigen das Baby nicht wirklich und es bleibt hungrig, quengelig und reizbar.

Noch dazu glaube ich, dass der Stress, der damit verbunden ist, ein hungriges, unruhiges, quengeliges und oftmals übermüdetes Baby häufig zu füttern, die Mütter völlig auslaugt und so die Milchproduktion noch mehr beeinträchtigt. Erschöpfung und eine geringe Milchproduktion gehen Hand in Hand. Ich bin überzeugt, dass sich durch Abpumpen einer kleinen Menge Milch während der ersten Wochen der Milchproduktion – wenn die Brust noch mehr Milch produziert, als das Baby trinken kann – das Problem einer geringen Milchproduktion vermeiden lässt.

Sollte Ihr Baby jünger als einen Monat sein und am Abend sehr unruhig werden, liegt die Ursache wahrscheinlich in einer geringen Milchproduktion. Indem Sie zu den in der Routine empfohlenen Zeiten abpumpen, sollten Sie das Problem in den Griff bekommen. Die kurze Zeitdauer, die Sie abpumpen, stellt sicher, dass Sie während künftiger Wachstumsschübe Ihres Kindes genug Milch haben, um seinen gesteigerten Appetit befriedigen zu können. Sollte Ihr Baby älter als einen Monat sein und sich am Abend oder nach den Tagesmahlzeiten nicht beruhigen lassen, sollte der folgende sechs-Tages-Plan Ihnen schnell dabei helfen, Ihre Milchproduktion zu erhöhen. Indem Sie die Mahlzeiten ergänzen, stellen Sie sicher, dass Ihr Baby keinem stundenlangen Hungergefühl ausgesetzt ist – was üblicherweise passiert, wenn Mütter „nach Bedarf" stillen, um ihre Milchproduktion anzuregen.

Plan zur Steigerung der Milchproduktion

Der erste bis vierte Tag

6.45 Uhr
• Pumpen Sie 30 ml von jeder Brust ab.
• Ihr Baby sollte nicht später als 7 Uhr wach sein und anfangen zu trinken – egal wie oft es nachts getrunken hat.
• Sie sollten ihm 20 bis 25 Minuten an der volleren Brust anbieten, gefolgt von zehn bis 15 Minuten an der zweiten Brust.
• Füttern Sie nicht mehr nach 7.45 Uhr. Ihr Baby kann nun bis zu zwei Stunden lang wach bleiben.

8.00 Uhr
• Es ist sehr wichtig, dass Sie spätestens um 8 Uhr ein Frühstück bestehend aus Brot oder Müsli und einem Getränk zu sich nehmen.

9.00 Uhr
• Sollte Ihr Baby sich nicht schlafen legen lassen, bieten Sie ihm fünf bis zehn Minuten von der Brust an, von der es zuletzt getrunken hat.
• Versuchen Sie, sich kurz auszuruhen, während Ihr Baby schläft.

10.00 Uhr
• Ihr Baby muss nun vollständig wach sein, egal wie lange es vorher geschlafen hat.
• Geben Sie ihm 20 bis 25 Minuten an der Brust, von der es zuletzt getrunken hat, während Sie ein Glas Wasser trinken und einen kleinen Snack zu sich nehmen.
• Pumpen Sie 60 ml von der zweiten Brust ab und bieten Sie Ihrem Baby diese Brust anschließend für zehn bis 20 Minuten an.

11.45 Uhr
• Geben Sie Ihrem Baby nun die abgepumpten 60 ml um sicher zu gehen, dass es nicht frühzeitig aus seinem Mittagsschlaf aufwacht.

• Es ist sehr wichtig, dass Sie ein gutes Mittagessen zu sich nehmen und sich vor der nächsten Stillmahlzeit ausruhen.

14.00 Uhr
• Ihr Baby sollte wach sein und nicht später als 14 Uhr anfangen zu trinken – egal wie lange es vorher geschlafen hat.
• Geben Sie ihm 20 bis 25 Minuten an der Brust, von der es zuletzt getrunken hat, während Sie ein Glas Wasser trinken. Pumpen Sie 60 ml von der zweiten Brust ab und bieten Sie ihm dann zehn bis 20 Minuten von dieser Brust an.

16.00 Uhr
• Das Baby benötigt nun eine kurze Schlafpause entsprechend der für sein Alter angemessenen Routine.

17.00 Uhr
• Ihr Baby sollte wach sein und nicht später als 17 Uhr anfangen zu trinken.
• Geben Sie ihm 15 bis 20 Minuten an beiden Brüsten.

18.15 Uhr
• Ergänzen Sie die Stillmahlzeit mit abgepumpter Milch aus der Flasche. Für ein Baby, das weniger als 3,6 kg wiegt, reichen wahrscheinlich 60 bis 90 ml aus; größere Babys brauchen womöglich 120 bis 150 ml.
• Sobald Ihr Baby eingeschlafen ist, sollten Sie ein gutes Abendessen einnehmen und sich ausruhen.

20.00 Uhr
• Pumpen Sie von beiden Brüsten ab.

22.00 Uhr
• Es ist wichtig, dass Sie zu dieser Zeit von beiden Brüsten abpumpen, da die Menge, die Sie jetzt durch das Abpumpen erhalten, ein guter Indikator dafür ist, wie viel Milch Sie insgesamt produzieren.

• Richten Sie es ein, dass Ihr Partner oder ein anderes Familienmitglied dem Baby die Mahlzeit um 22.30 Uhr gibt, so dass Sie früh schlafen gehen können.

22.30 Uhr
• Ihr Baby sollte wach sein und spätestens um 22.30 Uhr anfangen zu trinken. Es kann nun eine volle Mahlzeit abgepumpter oder Pulvermilch bekommen. Sehen Sie in der Tabelle auf Seite 81 nach den Mengenangaben.

Nachts
Ein Baby, das um 22.30 Uhr eine volle Flaschenmahlzeit zu sich genommen hat, sollte nun bis 2 / 2.30 Uhr schlafen können. Sie sollten ihm dann 20 bis 25 Minuten von der ersten Brust anbieten, gefolgt von zehn bis 15 Minuten von der zweiten Brust. Um zu vermeiden, dass es nachts ein zweites Mal – um 5 Uhr – aufwacht, ist es wichtig, dass es von beiden Brüsten trinkt.
Sollte Ihr Baby um 22.30 Uhr gut getrunken haben und bereits vor 2 Uhr wieder aufwachen, liegt das möglicherweise nicht am Hunger. Die folgende Checkliste führt andere mögliche Gründe auf:
• Es kann sein, dass Ihr Baby sich selbst aufgedeckt hat, wenn es vor 2 Uhr wieder aufwacht. Ein Baby, das jünger als sechs Wochen ist und aufwacht, weil es zappelt und sich dadurch aufdeckt, muss möglicherweise weiterhin voll eingewickelt werden. Ein Baby, das älter als sechs Wochen ist, sollte möglicherweise zur Hälfte eingewickelt werden – und zwar bis unter die Arme mit einer dünnen Baumwolldecke. Bei allen Babys ist in jedem Alter wichtig, dass ihre Überdecke gut an den Seiten und dem Bettende eingeklemmt ist.
• Ihr Baby sollte zur Mahlzeit um 22.30 Uhr hellwach sein. Wenn Ihr Baby bereits vor 2 Uhr wieder aufwacht, ist es einen Versuch wert, es während der Mahlzeit noch ein wenig länger wach zu halten und ihm dann um 23.15 Uhr noch etwas Milch anzubieten, bevor Sie es wieder schlafen legen.

Der vierte Tag

Am vierten Tag sollten sich Ihre Brüste am Morgen bereits voller anfühlen, und Sie sollten nun die folgenden Änderungen zum bisherigen Plan machen:

• Wenn Ihr Baby zwischen 9 und 9.45 Uhr gut schläft, reduzieren Sie die Zeit an der Brust um 9 Uhr auf fünf Minuten.

• Die Milchergänzung um 11.45 Uhr können Sie um 30 ml reduzieren, wenn Ihr Baby während seines Mittagsschlafes gut schläft oder Anzeichen macht, die Mahlzeit um 14 Uhr abzulehnen oder reduzieren zu wollen.

• Sie sollten um 14 Uhr nicht mehr abpumpen, womit Ihre Brust um 17 Uhr nun voller sein dürfte.

• Wenn Sie das Gefühl haben, Ihre Brüste sind um 17 Uhr voller, stellen Sie sicher, dass Ihr Baby die erste Brust komplett leer trinkt, bevor Sie es an der zweiten Brust anlegen. Sollte es die zweite Brust vor dem abendlichen Bad nicht geleert haben, bieten Sie sie ihm nach dem Baden nochmals an, bevor Sie ihm seine Milchergänzung geben.

• Streichen Sie das Abpumpen um 20 Uhr und ziehen Sie das bisherige Abpumpen um 22 Uhr vor auf 21.30 Uhr. Es ist wichtig, dass beide Brüste beim Abpumpen um 21.30 Uhr komplett geleert werden.

Der fünfte Tag

• Wenn Sie das Abpumpen um 14 Uhr und um 20 Uhr am vierten Tag gestrichen haben, müssten sich Ihre Brüste nun am Morgen des fünften Tages extrem voll anfühlen. Es ist sehr wichtig, dass diese zusätzliche Milch komplett während der ersten Mahlzeit am Morgen geleert wird.

• Zur Mahlzeit um 7 Uhr sollten Sie Ihrem Baby also 20 bis 25 Minuten an der volleren Brust anbieten und dann zehn bis 15 Minuten an der zweiten Brust, nachdem Sie abgepumpt haben. Wie viel Sie abpumpen, hängt vom Körpergewicht Ihres Babys ab. Es ist wichtig, dass Sie genau die richtige Menge abpumpen, damit genug Milch übrig ist, um Ihrem Baby eine volle Mahlzeit zu gewährleisten. Sollten Sie eine Mindestmenge von 120 ml zur

Mahlzeit um 22 Uhr abgepumpt haben, dann sollten Sie nun die folgende Menge abpumpen können:

a) Körpergewicht des Babys: 3,6 – 4,5 kg: 120 ml abpumpen.
b) Körpergewicht des Babys: 4,5 – 5,4 kg: 90 ml abpumpen.
c) Körpergewicht des Babys: über 5,4 kg: 60 ml abpumpen.

Der sechste Tag
Bis zum sechsten Tag sollte sich Ihre Milchproduktion so erhöht haben, dass Sie alle Milchergänzungen zu den Mahlzeiten Ihres Babys streichen können und der Stillroutine für das entsprechende Alter Ihres Babys folgen können, die in Kapitel 6 aufgeführt ist. Es ist sehr wichtig, dass Sie auch den in der Routine angegebenen Hinweisen zum Abpumpen folgen. So stellen Sie sicher, dass Sie den gesteigerten Nahrungsbedarf Ihres Babys während seines nächsten Wachstumssprunges befriedigen können. Ich empfehle auch, dass Sie weiterhin eine Flasche abgepumpter oder Pulvermilch zur Mahlzeit um 22.30 Uhr geben, bis Ihr Baby mit sechs Monaten an die Beikost gewöhnt wird. So kann sich Ihr Partner weiterhin um diese Abendmahlzeit kümmern und Sie können früher schlafen gehen, nachdem Sie abgepumpt haben – und so haben Sie letztlich mehr Kraft für die Mahlzeit mitten in der Nacht.

Ablehnen der Milch

Die Milchmenge, die Ihr Baby zu sich nimmt, wird kontinuierlich abnehmen, sobald Ihr Baby Beikost erhält und diesen Anteil stetig vergrößert. Bis zum Alter von neun Monaten braucht ein Baby allerdings noch 500 bis 600 ml Brust- oder Pulvermilch pro Tag. Dieser Tagesbedarf reduziert sich allmählich auf schließlich 350 ml im Alter von einem Jahr. Sollte Ihr Baby sein Interesse an den Milchmahlzeiten verlieren, einige sogar ablehnen oder weniger als die empfohlene Menge zu sich nehmen, dann sollten Sie genau darauf achten, zu welchen Zeiten Sie Beikost anbieten und welche Sorten von Lebensmitteln Sie zu welcher Zeit anbieten. Die folgenden Hinweise sollen Ihnen helfen, mögliche Ursachen für die Ablehnung der Milch festzustellen:

• Bis zum Alter von sechs Monaten sollte ein Baby tagsüber noch vier bis fünf Milchmahlzeiten zu sich nehmen. Eine volle Milchmahlzeit besteht aus 210 bis 240 ml aus der Flasche oder dem Trinken an beiden Brüsten. Babys, die jünger als sechs Monate sind, aber auf ärztlichen Rat hin schon früher an Beikost gewöhnt wurden, sollten diese feste Nahrung nicht in der Mitte ihrer Milchmahlzeit erhalten. Sie werden die restliche Pulvermilch beziehungsweise die zweite Brust dann um so eher ablehnen. Geben Sie also zuerst den Großteil der Milchmahlzeit und dann erst die feste Nahrung.

• Ein Baby, das jünger ist als sechs Monate, braucht um 11 Uhr immer noch eine volle Milchmahlzeit – auch, wenn es auf ärztlichen Rat hin Beikost bekommt. Wenn Sie das Frühstück zu früh einführen oder morgens zunächst zu viel an fester Nahrung anbieten, kann das dazu führen, dass Ihr Baby seine Milchmahlzeit um 11 Uhr zu schnell reduziert oder ganz und gar ablehnt.

• Die Milchmahlzeit um 11 Uhr sollte im Alter zwischen sechs und sieben Monaten reduziert oder ganz gestrichen werden.

• Der Hauptgrund, aus dem Babys ihre Milch um 18 Uhr zu schnell reduzieren oder ablehnen, ist, dass sie um 14 Uhr das feste Mittagessen und um 17 Uhr das feste Abendessen erhalten. Bis es komplett auf die feste Nahrung umgestellt ist, sollte Ihr Baby sein festes Mittagessen um 11 Uhr bekommen und sein festes Abendessen erst, nachdem es um 18 Uhr seine volle Milchmahlzeit eingenommen hat.

• Wenn ein Baby schwer verdauliche Speisen wie Banane oder Avocado zum falschen Zeitpunkt des Tages bekommt, wird es höchst wahrscheinlich seine nächste anstehende Milchmahlzeit reduzieren. Bis zum Alter von sieben Monaten ist es daher ratsam, diese Lebensmittel nach der Mahlzeit um 18 Uhr anzubieten und nicht tagsüber.

• Babys, die älter als sechs Monate sind und anfangen, ihre Milch abzulehnen, erhalten möglicherweise zu viele kleine Snacks zwischen den Mahlzeiten oder trinken eventuell zu viel Saft. Versuchen Sie, den Saft durch Wasser zu ersetzen und die Snacks zwischen den Mahlzeiten zu streichen.

• Im Alter zwischen neun und 12 Monaten fangen einige Babys

an, ihre Milch zur Schlafenszeit abzulehnen. Das zeigt an, dass sie bereit sind, ihre dritte Milchmahlzeit zu streichen. Sollte das bei Ihnen eintreten, ist es wichtig, die Milchmenge der Mahlzeit um 14.30 Uhr zunächst zu reduzieren, bevor Sie sie vollständig streichen.

Ablehnen der Beikost

Babys, die sechs Monate alt sind oder älter, lehnen die feste Nahrung oft ab, weil sie zu viel Milch trinken – besonders dann, wenn sie nachts immer noch gefüttert werden. Jeden Tag spreche ich mit Eltern von Kindern, die ihre feste Nahrung kaum anrühren, geschweige denn drei Mahlzeiten am Tag zu sich nehmen. In der Mehrzahl der Fälle erhalten diese Kinder ihre Milch noch „nach Bedarf" – manche sogar bis zu zwei oder drei Mal pro Nacht. Obwohl Milch auch im Alter von sechs Monaten noch ein sehr wichtiges Nahrungsmittel ist, kann eine fehlende Struktur der Milchmahlzeiten und deren einzelne Mengen die Einführung der festen Nahrung ernsthaft beeinträchtigen. Sollte Ihr Baby die feste Nahrung ablehnen, können Ihnen die folgenden Hinweise bei der Identifizierung von Ursachen helfen:

• Es wird empfohlen, feste Nahrung im Alter von sechs Monaten einzuführen. Sollte Ihr Baby sechs Monate alt sein und ab der Mahlzeit um 22 Uhr die Nacht durchschlafen, dann sollte diese Mahlzeit schrittweise reduziert und schließlich eingestellt werden.

• Ein Baby ist bereit, sich an feste Nahrung zu gewöhnen, wenn sein Appetit nicht länger mit vier bis fünf vollen Milchmahlzeiten am Tag gestillt werden kann. Eine volle Milchmahlzeit besteht entweder aus einer Flasche Pulvermilch von 240 ml oder dem Trinken von beiden Brüsten. Schauen Sie auf Seite 201 folgende nach Hinweisen, ob Ihr Baby bereit ist für das Zufüttern mit Beikost.

• Sollte Ihr Baby sechs Monate alt sein und mehr als vier bis fünf volle Milchmahlzeiten pro Tag zu sich nehmen, dann könnte seine Ablehnung der festen Nahrung daran liegen, dass es zu viel Milch trinkt. Es ist wichtig, dann sofort die um 11 Uhr angebotene Milchmenge zu reduzieren, damit es zu dieser Mahlzeit mehr feste Nahrung zu sich nimmt. Am Ende des sechsten Lebensmonats sollte ein Baby rund 600 ml Milch zu sich nehmen. Diese Menge sollte sich aus drei Milchmahlzeiten pro Tag zusammensetzen sowie der Milch, die für die Zubereitung der Speisen verwendet wird. Sollte Ihr Baby in diesem Alter die feste Nahrung immer noch ablehnen, obwohl es seinen täglichen Milchkonsum bereits reduziert hat, dann sollten Sie das Problem der Nahrungsablehnung sobald wie möglich mit Ihrem Arzt besprechen.

Der schläfrige Esser

Ein sehr schläfriges Baby neigt dazu, während des Trinkens einzuschlafen. Wenn es jedoch die notwendige Milchmenge nicht zu sich nimmt, wird es innerhalb der nächsten ein bis zwei Stunden wieder trinken müssen. Jetzt ist also ein guter Zeitpunkt, seine Windel zu wechseln, es aufstoßen zu lassen und dann zu ermuntern, weiter zu trinken. Diese Anstrengung der ersten Tage, Ihr Baby wach zu halten, so dass es zu jeder Mahlzeit ausreichend trinkt, wird sich langfristig auszahlen. Einige Babys nehmen möglicherweise die Hälfte ihrer Mahlzeit zu sich, strampeln dann zehn bis 15 Minuten auf der Spieldecke und sind danach in der Lage, den Rest zu trinken. Ich habe festgestellt, dass es wichtig ist, schläfrige Babys nicht durch zu viel Reden oder Herumhantieren mit ihnen wach zu halten. Es ist besser, sie auf die Spieldecke oder unter ein Mobilé zu legen – meistens sind sie dann nach kurzer Zeit bereit, die restliche Mahlzeit zu sich zu nehmen. Erlauben Sie in den ersten Monaten 45 Minuten bis zu einer Stunde für eine Mahlzeit.

Natürlich muss Ihr Baby gefüttert werden, wenn es zu einer Mahlzeit nicht gut getrunken hat und daher früher aufwacht. Versuchen Sie dann nicht, es bis zur nächsten Mahlzeit hinzuhalten, da es bis dahin möglicherweise so müde sein wird, dass es auch die nächste Mahlzeit nicht gut einnehmen wird. Geben Sie ihm lieber eine Ergänzung und behandeln Sie die Mahlzeit wie das nächtliche Füttern. Versuchen Sie, Ihr Baby danach sofort weiter schlafen zu lassen, so dass Sie seine Mahlzeiten bis zum Abend wieder entsprechend der Routine strukturieren können.

Schlafen

Schwierigkeiten beim Einschlafen

Sollte Ihr Baby Schwierigkeiten beim Einschlafen haben, ist es wichtig, dass Sie genau darauf achten, wann Sie Ihr Baby schlafen legen und wie viel Zeit Sie damit zubringen. Die Ursache für das schwierige Einschlafen liegt meistens darin, dass das Baby bereits übermüdet und überreizt ist. Wenn Sie den Eindruck haben, dass Sie die Essens- und Schlafzeiten Ihres Babys im Griff haben, empfehle ich Ihnen, Ihr Baby möglichst früh dabei zu unterstützen, selbstständig einzuschlafen. Auch wenn es Ihnen zunächst schwer fallen wird, Ihr Baby weinen zu hören, wird es doch sehr schnell lernen, von selbst einzuschlafen. Sie sollten Ihr Baby jedoch niemals länger als fünf bis zehn Minuten weinen lassen, bevor Sie zu ihm gehen. Aus meiner Erfahrung in der Arbeit mit Hunderten von Elternpaaren von Babys mit ernsthaften Schlafproblemen kann ich sagen, dass ein Baby, das lernt, eigenständig einzuschlafen, glücklicher, ausgeglichener und entspannter wird. Und sobald das Einschlafen am Tage funktioniert, verbessert sich auch der Nachtschlaf.

Die folgenden Richtlinien sollen Sie dabei unterstützen, Ihrem Baby das selbstständige Einschlafen beizubringen:

• Bei einem Baby, das an der Brust oder mit der Flasche einschläft und dann erst in sein Bett gelegt wird, ist die Wahrscheinlichkeit größer, dass sein Schlaf immer wieder unterbrochen wird. Sobald es nach 30 bis 45 Minuten in eine leichte Schlafphase kommt, wird es ihm schwerer fallen, ohne Ihre Hilfe und ganz selbstständig wieder in den Schlaf zu finden. Sollte Ihr Baby beim Füttern einschlafen, legen Sie es zum Beispiel auf die Wickelkommode und wickeln Sie es. So sollte es zumindest ein wenig aufwachen, und Sie können es dann in halb-wachem Zustand ins Bett legen.

• Die Übermüdung ist eine Hauptursache für Schwierigkeiten beim Einschlafen und einen schlechten Tagesschlaf im Allgemeinen. Ein Baby, das jünger ist als drei Monate und länger als zwei Stunden am Stück wach bleibt, könnte so übermüdet werden, dass es womöglich zwei weitere Stunden gegen den Schlaf ankämpfen wird. Ab dem Alter von drei Monaten sind Babys zunehmend in der Lage, längere Phasen am Stück wach zu bleiben, zum Beispiel bis zu zweieinhalb Stunden. Sie sollten Ihr Baby allerdings gut beobachten, sobald es eineinhalb Stunden am Stück wach ist, um die Signale, dass es bereit ist, zum Schlafen gelegt zu werden, nicht zu verpassen.

• Übermäßige Aufregung für das Baby kurz vor dem Schlafenlegen ist eine weitere Ursache für Schwierigkeiten beim Einschlafen. Jeder möchte nun noch ein wenig kuscheln. Allerdings addiert sich das und das Baby wird gereizt, übermüdet und kann sich nicht beruhigen. Ihr Baby ist kein Spielzeug; haben Sie also kein schlechtes Gewissen, wenn Sie den Umgang mit Ihrem Baby in den ersten Wochen limitieren – besonders kurz vor der Schlafenszeit.

• Überreizung durch ausgedehntes Spielen ist auch ein Grund, warum Babys nur schwer einschlafen können. Für Babys, die jünger als sechs Monate sind, sollten Sie eine Zeitspanne zum „Runterkommen" von rund 20 Minuten einplanen. Bei Babys, die älter als sechs Monate sind, sollten Sie Spiele und Aktivitäten, die sie noch einmal sehr aktiv werden lassen, vermeiden. Egal in welchem Alter Ihr Baby ist, sollten Sie nicht übermäßig viel mit ihm sprechen, bevor Sie es zum Schlafen hinlegen. Sprechen Sie leise und ruhig mit Ihrem Baby und benutzen Sie immer wieder die gleichen Phrasen: „Gute Nacht, Teddy, gute Nacht, Schäfchen. Träumt süß." Wenn Sie den Raum einmal verlassen haben und ihr Baby schläft, gehen Sie nicht immer wieder rein, um nach ihm zu sehen.

• Eine falsche Assoziation zum Einschlafen kann langfristige Schlafprobleme verursachen. Es ist also wichtig, dass Ihr Baby wach in sein Bett gelegt wird und alleine einschläft. Einem Baby, das die falschen Schlafassoziationen bereits gelernt hat, können sie nicht ohne ein gewisses Maß an Weinen und Schreien abgewöhnt werden. Glücklicherweise lernen die meisten Babys innerhalb weniger Tage, selbstständig einzuschlafen – sofern sie die Gelegenheit dazu erhalten.

Frühes Aufwachen am Morgen

Alle Babys und kleinen Kinder erreichen zwischen 5 und 6 Uhr eine Phase des leichten Schlafes. Einige schlafen dann wieder für eine weitere Stunde ein, aber manche tun das nicht. Ich bin der Meinung, dass zwei Faktoren bestimmen, ob ein Baby zum Frühaufsteher wird. Der eine Faktor ist die Dunkelheit im Kinderzimmer. Es wäre eine Untertreibung zu behaupten, ich sei davon besessen, dass es im Kinderzimmer absolut dunkel sein muss. Aber ich bin nun einmal vollkommen davon überzeugt, dass dies der Hauptgrund ist, dass „meine" Babys so schnell wieder in den Schlaf finden, wenn sie einmal aus der leichten Schlafphase um 5 / 6 Uhr erwacht sind. Wenn die Kinderzimmertür geschlossen ist und die Vorhänge zugezogen oder Rollläden heruntergelassen sind, sollte es so stockdunkel sein, dass keine Umrisse von Spielsachen oder Büchern zu sehen sind. Der flüchtigste Blick auf diese Dinge reicht aus, um das Baby vollständig aus seinem leichten Schlafzustand zu wecken und es wird den Tag beginnen wollen.

Außerdem bestimmt der Umgang der Eltern mit dem frühen Aufwachen ihres Babys innerhalb der ersten drei Monate, ob ihr Baby ein Frühaufsteher werden wird. In den ersten Wochen wacht ein Baby, das gegen 2 bis 2.30 Uhr aufgewacht ist und getrunken hat, womöglich gegen 6 Uhr auf und muss tatsächlich gefüttert werden. Es ist aber wichtig, dass Sie diese Mahlzeit wie eine Nachtmahlzeit behandeln. Sie sollten also so ruhig und schnell wie möglich füttern, bei gedämpftem Licht und ohne viel zu sprechen oder Augenkontakt aufzunehmen. Danach sollten Sie das Baby wieder bis 7 oder 7.30 Uhr schlafen legen. Vermeiden Sie das Windelwechseln, wenn möglich, da Ihr Baby dadurch richtig aufwachen könnte.

Sobald Ihr Baby nachts bis 4 Uhr schläft und dann erst aufwacht, um zu trinken, ist sein erneutes Aufwachen gegen 6 Uhr nicht mehr durch den Hunger verursacht. Das ist die einzige Tageszeit, zu der ich Eltern empfehle, Ihrem Baby beim Wieder-Einschlafen zu helfen. Denn zu dieser Zeit ist es besonders wichtig, dass Ihr Baby schnell und ohne große Aufregung wieder einschläft und bis 7 Uhr weiter schläft, selbst wenn das den Einsatz eines Schnullers oder einiger Streicheleinheiten bedeutet. Unten finden Sie meine Hinweise, die vermeiden helfen, dass Ihr Baby ein Frühaufsteher wird:

• Vermeiden Sie die Benutzung eines Nachtlichtes oder das Offenlassen der Zimmertür, wenn Sie Ihr Baby zum Schlafen gelegt haben. Die Forschung hat gezeigt, dass bestimmte Stoffe im Gehirn im Dunkeln anders arbeiten und den Körper auf den Schlaf vorbereiten. Selbst der kleinste Lichtstrahl im Kinderzimmer kann ausreichen, um das Baby vollständig aus seiner leichten Schlafphase zu wecken.

• Babys, die jünger als sechs Monate sind, wachen oft dadurch auf, dass sie sich selbst aufdecken. Nach meiner Erfahrung schlafen alle Babys in diesem Alter besser, wenn sie fest zugedeckt sind. Die Zudecke sollte also großzügig in die Seiten und das Fußende des Bettes geklemmt werden. Das Laken sollte in seiner Länge quer über das Bettchen gelegt werden, damit mindestens 15 cm auf der hinteren Seite unter die Matratze untergeschlagen werden können und mindestens 10 cm an der vorderen Kante. Ich empfehle ferner, ein kleines Handtuch zusammenzurollen und an der vorderen Seite zwischen die Gitterstäbe und die Matratze zu stopfen.

• Für Babys, die sich selbst hoch schieben und so aus der Decke befreien, könnte sich ein leichter Schlafsack aus Baumwolle eignen, der dann wie auf Seite 16 beschrieben festgeklemmt wird. Je nach Jahreszeit sind Überdecken dann eventuell nicht notwendig.

• Sobald Ihr Baby in der Lage ist, sich umzudrehen und zunehmend im Bett zu bewegen, empfehle ich, die Decken und Laken zu entfernen und nur den Schlafsack zu benutzen. So kann sich Ihr Baby frei bewegen, ohne dass Sie Angst haben müssen, dass es sich aufdeckt und nachts friert. Es ist allerdings wichtig, den richtigen Schlafsack für die entsprechende Jahreszeit auszuwählen.

• Geben Sie die Mahlzeit um 22.30 Uhr nicht auf, bevor Ihr Baby sechs Monate alt ist und angefangen hat, Beikost zu sich zu nehmen. Sollte es einen Wachstumsschub durchmachen, bevor es mit der festen Nahrung angefangen hat, dann können Sie zu dieser Mahlzeit ein wenig mehr Milch geben. So vermeiden Sie, dass Ihr Baby morgens früh aufwacht, weil es hungrig ist – was oft passiert, wenn die Mahlzeit um 22.30 Uhr zu früh gestrichen wird.

• Ein Baby, das älter als sechs Monate ist und keine Mahlzeit um 22.30 Uhr mehr erhält, sollte bis 19 Uhr wach bleiben. Wenn es vor dieser Uhrzeit bereits tief einschläft, ist die Wahrscheinlichkeit groß, dass es vor 7 Uhr am Morgen wieder aufwacht.

Übermäßiges Aufwachen in der Nacht

Bis die Milch der Mutter einschießt, wacht das Neugeborene möglicherweise mehrmals pro Nacht auf und muss gefüttert werden. Am Ende seiner ersten Lebenswoche sollte ein Baby, das mehr als 3,2 kg wiegt, in der Lage sein, nach der Mahlzeit um 22 / 23 Uhr vier Stunden am Stück zu schlafen – vorausgesetzt, dass sein Nahrungsbedarf am Tag ausreichend gedeckt wurde. Kleinere Babys müssen eventuell noch rund um die Uhr alle drei Stunden gefüttert werden. Nach meiner Erfahrung schaffen es jedoch alle Babys, die gesund sind und gut trinken, im Alter zwischen vier und sechs Wochen, ein längeres Stück von fünf bis sechs Stunden zu schlafen. Wenn Sie meinen Routinen folgen, dann sollte dieses längere Stück in der Nacht stattfinden. Das hauptsächliche Ziel meiner Routinen ist es, Eltern dabei zu unterstützten, die täglichen Essens- und Schlafzeiten ihres Babys so zu strukturieren, dass ein übermäßiges nächtliches Aufwachen gar nicht auftritt.

Wie lange ein Baby nachts noch aufwacht, um zu trinken, hängt stark vom einzelnen Baby ab. Einige Babys schlafen zwischen sechs und acht Wochen schon nach der Mahlzeit um 22.30 Uhr durch, andere im Alter zwischen zehn und zwölf Wochen. Andere brauchen vielleicht noch länger. Alle Babys werden nachts durchschlafen, sobald sie physisch und mental dazu in der Lage sind – vorausgesetzt, ihre Mahl- und Schlafzeiten am Tag sind richtig strukturiert. Unten finden Sie die Hauptursachen für häufiges nächtliches Aufwachen bei Babys unter einem Jahr:

• Zuviel Schlaf am Tag. Selbst sehr kleine Babys müssen eine Weile lang wach sein. Sie sollten Ihr Baby dabei unterstützen, nach dem Trinken für eine bis eineinhalb Stunden wach zu bleiben. Im Alter zwischen sechs und acht Wochen sind die meisten Babys in der Lage, bis zu zwei Stunden lang wach zu bleiben.

• Nicht genügend Milchmahlzeiten am Tag. Wenn Sie das häufige nächtliche Aufwachen vermeiden möchten, braucht Ihr Baby sechs Mahlzeiten im Zeitraum von 7 bis 23 Uhr. Um so viele Mahlzeiten unterbringen zu können, müssen Sie den Tag um 7 Uhr beginnen.

• Nicht genügend Milch zu jeder Mahlzeit. In den ersten Tagen braucht Ihr Baby mindestens 25 Minuten an jeder Brust. Einem Baby mit mehr als 3,6 kg Körpergewicht sollten Sie immer auch die zweite Brust anbieten.

• Gestillte Babys wachen häufiger nachts auf, wenn sie zur Mahlzeit um 22.30 Uhr nicht genügend Milch erhalten und eine Ergänzung benötigen.

• Bis zum Alter von sechs Wochen haben Babys einen stark ausgeprägten Moro-Reflex (siehe Seite 104) und wachen oft durch ihr eigenes plötzliches Zucken auf. Bei diesen Babys hilft es, sie zum Schlafen in einer leichten Decke einzuwickeln.

• Ältere Babys wachen möglicherweise nachts auf, weil sie sich bewegen, dabei aufdecken und dann anfangen zu frieren. Vielleicht verfangen sich ihre Beine auch in den Gitterstäben. Hier kann schon der Einsatz eines Schlafsacks helfen.

• Das Baby hat die falschen Schlafassoziationen gelernt. Im Alter zwischen zwei und drei Monaten verändert sich der Schlafzyklus des Babys, und es wird mehrmals pro Nacht in eine leichte Schlafphase eintreten. Wenn das Baby dann daran gewöhnt ist, zum Einschlafen gefüttert oder gewiegt zu werden oder einen Schnuller im Mund zu haben, wird es genau diese Unterstützung brauchen, um wieder in den Schlaf zu finden.

• Eltern, die die Tür zum Kinderzimmer offen lassen oder ein Nachtlicht verwenden, werden nachts häufiger von ihrem Baby geweckt.

• Wenn mit Einführung der Beikost die Milchmahlzeiten des Babys zu schnell reduziert werden, wird es anfangen, nachts aufzuwachen, weil es ernsthaften Hunger hat.

Krankheit und das Schlafverhalten

Die Mehrzahl „meiner" ersten Babys schafft es durch ihr erstes Lebensjahr, ohne von den üblichen Erkältungen geplagt zu werden, unter denen „meine" zweiten und dritten Geschwisterkinder häufig leiden. Bis die erstgeborenen Babys ihre ersten Erkältungen bekommen, ist ihr Schlafverhalten meistens schon so gut etabliert, dass sie nachts nur wenig aufwachen. Das trifft bei zweiten und dritten Kindern nicht zu, da sie sich bereits früher mit ihren ersten Erkältungen von ihren Geschwistern anstecken, und nächtliches Aufwachen bleibt hier meistens nicht aus. Ein Baby, das jünger als drei Monate alt ist, braucht nachts üblicherweise Nähe und Hilfe, wenn es krank ist. Ein erkältetes, kleines Baby kann sehr unruhig werden und leiden – besonders beim Trinken, da es noch nicht durch den Mund atmen kann.

Wenn ein krankes Baby am Abend und in der Nacht Ihre Aufmerksamkeit braucht, sollten Sie beruhigend auf das Baby einwirken. Ich bin der Ansicht, dass ein krankes Baby noch mehr Ruhe und Erholung braucht als ein gesundes. Viel Besuch und viel Aktivität im Kinderzimmer – besonders am Abend und in der Nacht – sollten vermieden werden. Wenn ich mich um ein krankes Baby gekümmert habe, das mehrmals pro Nacht aufwacht, habe ich es immer als weniger störend empfunden, wenn ich gleich im selben Zimmer geschlafen habe. Das ermöglicht mir, mich unverzüglich um das Baby zu kümmern und ist nicht so störend für ältere Geschwister, die möglicherweise durch mein häufiges Hin- und Herlaufen geweckt werden würden.

Manchmal stelle ich fest, dass ein älteres Baby, das seine nächtlichen Mahlzeiten bereits aufgegeben hatte, nachts weiterhin aufwacht und die gleiche Aufmerksamkeit sucht, nachdem es sich von seiner Krankheit erholt hat. Die ersten Nächte würde ich dann noch zu ihm gehen und ihm ein wenig kühles, abgekochtes Wasser anbieten. Aber sobald ich überzeugt wäre, dass es wieder völlig gesund ist, würde ich das Baby selbstständig wieder in den Schlaf finden lassen. Nach meiner Erfahrung entwickeln Eltern langfristige Schlafprobleme bei ihrem Kind, wenn sie das nach einer Krankheit nicht durchziehen.

Wenn Ihr Baby einen Husten oder sonstige Erkältung bekommt, sollten Sie es auf jeden Fall zum Arzt bringen – ganz gleich, wie harmlos Ihnen die Krankheit erscheint. Allzu oft kontaktieren mich Eltern von Babys mit ernsthaften Lungenentzündungen, die möglicherweise hätten vermieden werden können, wenn das Baby früher untersucht worden wäre. Zu viele Mütter zögern den Arztbesuch hinaus, weil sie Angst haben, neurotisch zu wirken. Es ist aber wichtig, dass Sie alle Ihre Gedanken hinsichtlich der Gesundheit Ihres Babys mit Ihrem Arzt besprechen – ganz gleich, wie banal sie Ihnen erscheinen mögen. Wenn Ihr Baby krank ist, sollten Sie dem Rat Ihres Arztes genau folgen – besonders im Hinblick auf die Ernährung Ihres Babys.

Der Mittagsschlaf

Der Mittagsschlaf ist ein Kernelement meiner CLB-Routinen. Aktuelle Forschung zeigt, dass Kinder bis zum Alter von zwei Jahren physisch und psychisch von einem guten, regelmäßigen Schlaf in der Mitte des Tages profitieren. Je älter Ihr Baby wird, desto wichtiger wird dieser Mittagsschlaf, damit Ihr Baby sich von den Aktivitäten des Vormittags ausruhen und den Nachmittag mit Ihnen und anderen genießen kann.

Wie viele andere Aspekte der Routine braucht es Zeit, bis der Mittagsschlaf etabliert ist, und Sie müssen geduldig sein und durchhalten, bis Ihr Baby sich daran gewöhnt hat. Sobald der Mittagsschlaf etabliert ist, wird er nicht nur von großer Bedeutung für Ihr Baby sein, sondern auch für Sie selbst. Viele der Mütter, mit denen ich über die Jahre gearbeitet habe, berichteten mir, wie der Mittagsschlaf Ihres Babys sie immer wieder über den Tag gerettet hat. In den ersten Monaten können Sie die Zeit brauchen, um Ihre eigene so sehr benötigte Pause zu machen. Wenn Ihr Baby dann nachts durchschläft, können Sie in dieser Zeit mit der Hausarbeit hinterher kommen, Anrufe tätigen oder sogar ein wenig arbeiten, wie viele Mütter mir erzählen. Dieser Mittagsschlaf kann bis gut ins zweite Lebensjahr anhalten und bei einigen Kleinkindern sogar bis ins dritte Lebensjahr. Sollten Sie ein zweites Baby bekommen, während Ihr Kleinkind immer noch Mittagsschlaf macht, wird er von unschätzbarem Wert für Sie sein.

In den ersten Wochen kann der Mittagsschlaf oft schief gehen, und Ihr Baby weigert sich möglicherweise, wieder einzuschlafen – sogar nachdem es eine Mahlzeit angeboten bekommen hat. Das Baby erreicht üblicherweise 30 bis 45 Minuten, nachdem es eingeschlafen ist, eine leichte Schlafphase. Einige Babys wachen dann vollständig auf, und es ist wichtig, dass sie lernen, wieder selbstständig einzuschlafen, wenn Sie langfristige falsche Schlafassoziationen vermeiden möchten.

Schlafassoziationen

Während der ersten Lebensmonate dösen viele Babys gemütlich im Autositz oder in ihrem Körbchen ein – was bequem ist und den Eltern mehr Flexibilität erlaubt. Leider wird das Baby aber nicht weiterhin so gut und so lange in seinem Autositz schlafen können, je älter es wird. Wenn aber diese Angewohnheit erst einmal gelernt ist, könnte es schwierig werden, das Baby tagsüber in seinem Bettchen zum Schlafen zu bringen. Das Schlafen im Autositz ist jedoch langfristig nicht ausreichend, und je älter Ihr Baby wird, desto mehr wird es immer wieder kurze Nickerchen brauchen und gegen Nachmittag und Abend müde und reizbar werden. Das führt dann wiederum dazu, dass Ihr Baby am Abend nicht gut essen kann oder einschläft, bevor es seine gesamte Abendmilch trinken konnte. Es folgt ein häufiges nächtliches Aufwachen, weil Ihr Baby Hunger hat, die gesamte Familie ist morgens müde und der Teufelskreis geht weiter. Sie sollten also anfangen, Ihr Baby so früh wie möglich für seinen Mittagsschlaf in sein Bett im abgedunkelten Kinderzimmer zu legen. Sollte das wegen des Abholens älterer Kinder von der Schule oder ähnlichem nicht möglich sein, versuchen Sie, das Baby in seinem Kinderwagen oder Buggy schlafen zu legen und in einer ruhigeren Ecke des Hauses zu lassen, so dass es so lange und ungestört wie möglich schlafen kann.

Sollten sich falsche Schlafassoziationen bereits eingeschlichen haben, müssen Sie Ihr Baby trotzdem während dieser Mittagsschlafzeit zum Schlafen bringen – koste es, was es wolle. Das nenne ich „dem Baby beim Schlafen beistehen". Legen Sie es in seinen Kinderwagen oder ins Auto, nehmen Sie es mit zu sich ins Bett oder auf Ihr Sofa und lassen Sie es die zwei Stunden schlafen, die es braucht. Ich habe festgestellt, dass sich so der Schlafzyklus des Babys üblicherweise innerhalb von einer Woche oder zehn Tagen normalisieren ließ und es dann einfacher wurde, das Baby auch mittags in sein Bettchen zu legen und mit nur ein wenig Weinen zum Schlafen zu bringen.

Hunger

Babys, die im Alter von sechs Monaten mit der Beikost anfangen, brauchen eventuell mehr feste Nahrung oder mehr Milch. Ein Baby braucht bis zum Alter von neun Monaten mindestens 600 ml Milch pro Tag. Ab neun Monaten braucht es täglich immer noch 500 bis 600 ml. Im Alter von sieben Monaten sollte es drei Mahlzeiten am Tag essen und die feste Nahrung sollte gut etabliert sein. Schauen Sie im *Contented Little Baby Book of Weaning* nach den empfohlenen Mengen. Wenn Sie nach sechs Monaten mit der Nahrungsumstellung angefangen haben, müssen Sie sich schnell durch den Essensplan arbeiten, damit Ihr Baby die korrekten Mengen erhält.

Kleine Babys können ihre Mahlzeit schon um 10.30 Uhr erhalten anstatt um 11 Uhr, so dass Sie diese Mahlzeit aufteilen können und dem Baby eine Ergänzung geben können, direkt bevor Sie es zum Schlafen legen. So können Sie sicher gehen, dass Ihr Baby nicht hungrig ist, wenn es einschläft.

Ältere Babys sollten ihr Mittagessen um 11 Uhr bekommen. Sie können auch dem älteren Baby eine kleine Ergänzung – entnommen von der Mahlzeit um 14.30 Uhr – geben, kurz bevor es schlafen gelegt wird. Versuchen Sie das eine Woche lang und schauen Sie, ob es hilft. Sollte nach einer Woche klar sein, dass Hunger das Problem ist, müssen Sie die täglichen Portionen fester Nahrung erhöhen, das Mittagessen wieder zur empfohlenen Zeit geben und die Ergänzung vor dem Einschlafen streichen. Tun Sie dies schrittweise über den Verlauf einer Woche.

Wenn die Beikost gut etabliert ist und Ihr Baby keine Milch mehr zu dieser Mahlzeit erhält, braucht es weiterhin Wasser oder gut verdünnten Saft zu seinem Mittagessen und auch ein Getränk am Vormittag. Durst kann nämlich auch ein Grund dafür sein, dass Ihr Baby frühzeitig vom Mittagsschlaf erwacht – vor allem in der heißen Jahreszeit.

Tagsüber schlafen

Prüfen Sie das Nickerchen am Vormittag: Schläft Ihr Baby zur richtigen Zeit und die richtige Dauer? Stellen Sie bei einem jungen Baby sicher, dass es nicht vor 9 Uhr einschläft; ein älteres Baby sollte nicht vor 9.15 / 9.30 Uhr einschlafen. Wenn Ihr Baby um diese Zeit ein sehr langes Nickerchen macht, ist das möglicherweise die Ursache dafür, dass es seinen Mittagsschlaf zu früh beendet. Der Mittagsschlaf ist letztlich der wichtigere Schlaf des Tages. Er ist länger und fügt sich in den natürlichen Schlafzyklus des Babys. Irgendwann im Alter zwischen neun und zwölf Monaten wird die Mehrheit der Babys den Schlaf am Vormittag reduzieren und einige werden ihn sogar völlig aufgeben – vor allem, wenn sie bis 7.30 / 7.45 Uhr durchschlafen. Wieder andere Babys brauchen am Vormittag eventuell ein kurzes Nickerchen von zehn bis 15 Minuten. Wenn Sie den

Vormittagsschlaf reduzieren möchten, wecken Sie Ihr Baby alle drei bis vier Tage zehn Minuten früher auf, bis ein Baby im Alter von weniger als neun Monaten nur noch 20 bis 25 Minuten schläft. Vielleicht müssen Sie dann das Mittagessen ein wenig vorverlegen, sollte Ihr Baby mittags zu müde werden, und es etwas früher zum Mittagsschlaf hinlegen.

Was zu tun ist, wenn es schief läuft
Ihr Baby wird den Nachmittag kaum überstehen, wenn es mittags nur 40 bis 60 Minuten geschlafen hat. Ich habe festgestellt, dass sich damit am besten umgehen lässt, indem Sie Ihr Baby noch einmal eine halbe Stunde lang nach seiner Mahlzeit um 14.30 Uhr schlafen lassen und dann noch einmal eine halbe Stunde lang um 16.30 Uhr. So können Sie vermeiden, dass Ihr Baby übermüdet und reizbar wird, und Sie können die Routine ab 17 Uhr wieder durchhalten, so dass Ihr Baby um 19 Uhr gut schlafen geht. Sollte ein sehr junges Baby zwischen 15 und 16 Uhr geschlafen haben, als es mit Ihnen unterwegs war, das Geschwisterchen von der Schule abzuholen, ist es möglicherweise schon um 18 Uhr bereit für seine Bettzeit. Bei einem sehr jungen Baby müssen Sie das einfach akzeptieren. Ich empfehle dann, die für 17 Uhr vorgesehene Abendmahlzeit auf 16.30 Uhr vor zu verlegen und das Baby um 18 Uhr schlafen zu legen. Ein älteres Baby schafft es vielleicht bis 18.15 / 18.30 Uhr und Sie werden das Abendessen und Baderitual entsprechend vorverlegen müssen. Je älter das Baby wird, desto eher kann es auf das Nickerchen am Nachmittag verzichten, und Sie können es wieder um 19 Uhr zum Schlafen legen – vorausgesetzt, es hat mittags lange genug geschlafen.
Wenn Sie meine Routinen etwas adaptieren möchten, um einen zu kurzen oder fehlenden Mittagsschlaf Ihres Babys zu kompensieren, dann können Sie meinen Angaben zu Beginn einer jeden Routine folgen bezüglich des maximalen Schlafbedarfs pro Tag. Stellen Sie immer sicher, dass Ihr Baby um 17 Uhr wach und aktiv ist, wenn Sie möchten, dass es um 19 Uhr einschläft.

Eine Checkliste

• Schließen Sie Hunger als Ursache für ein frühes Aufwachen aus.

• Stellen Sie sicher, dass Ihr Baby nicht durstig ist, indem Sie ihm direkt vor dem Mittagsschlaf ein wenig Wasser anbieten.

• Korrigieren Sie alle falschen Schlafassoziationen, wie zum Beispiel das Einschlafen im Autositz, und stellen Sie sicher, dass Ihr Baby möglichst immer in seinem Bett im abgedunkelten Kinderzimmer schlafen kann, nachdem es gut getrunken beziehungsweise gegessen hat. Berücksichtigen Sie, dass es seine Zeit braucht, um Ihrem Kind gute Schlafgewohnheiten anzugewöhnen, und haben Sie daher Geduld.

• Stellen Sie sicher, dass das Kinderzimmer wirklich dunkel ist und kein Lichtstrahl zu sehen ist. Sollte das Abholen von Geschwisterkindern vom Kindergarten oder von der Schule gegen 12 / 12.30 Uhr verhindern, dass Ihr Baby in seinem dunklen Kinderzimmer einschlafen kann, dann lassen Sie es zumindest in seinem Autositz oder dem Kinderwagen in einer ruhigen Ecke des Hauses schlafen.

• Stellen Sie alle weiteren möglichen Ursachen für zu frühes Aufwachen ab, wie zum Beispiel Lärm oder das selbstständige Aufdecken Ihres Babys. (Bedenken Sie, dass der Moro-Reflex bei Babys unter sechs Monaten noch sehr stark ausgeprägt sein kann. Es ist also wichtig, sie gut mit der Bettdecke einzuwickeln, damit sie sich nicht selbst durch ihr plötzliches Zucken aufwecken.)

Sollten alle oben aufgeführten Ursachen ausgeschlossen und allen Veränderungen genügend Zeit eingeräumt worden sein, dann wird es immer noch eine handvoll Elternpaare geben, die mit Problemen zu kämpfen haben. Deren Babys werden höchstwahrscheinlich älter als sechs Monate sein und ernsthafte Probleme mit Schlafassoziationen haben. In diesem Fall wird ein Maß an Schlaftraining die einzige Lösung darstellen, und in meinem Buch *The Complete Sleep Guide for Contented Babies and Toddlers* finden Sie Details dazu. Ich muss betonen, dass dies die letzte Lösungsmöglichkeit darstellt und nicht leichtherzig begonnen werden sollte – und schon gar nicht ohne Konsultation Ihres Arztes, der Sie möglicherweise an ein Schlafzentrum verweisen kann.

Zahnen und das nächtliche Aufwachen

Meiner Erfahrung nach haben Babys, die die Routine von einem sehr jungen Alter an gewohnt sind und ein gesundes Schlafverhalten etabliert haben, selten Probleme mit dem Zahnen. Von den 300 Babys, um die ich mich bisher gekümmert habe, litt nur eine Handvoll unter nächtlichen Schmerzen beim Zahnen. Diese traten dann meistens erst auf, wenn die Backenzähne durchkamen und hielten auch nur ein paar Nächte an. Ich habe festgestellt, dass Babys, die während des Zahnens nachts oft aufwachen, eher an Koliken gelitten und aufgrund dessen schlechte Schlafgewohnheiten entwickelt haben.

Sollte Ihr Baby zahnen und in der Nacht aufwachen, aber sich schnell durch einen Schnuller oder einige Streicheleinheiten beruhigen lassen, dann ist das Zahnen sicherlich nicht die Ursache für sein Aufwachen. Ein Baby, das ernsthaft unter den Schmerzen des Zahnens leidet, würde sich nicht wirklich beruhigen lassen. Außerdem würde es auch tagsüber seine Zahnungsschmerzen signalisieren, nicht nur nachts. Ich empfehle Ihnen in diesem Fall, die Abschnitte zum übermäßigen Aufwachen in der Nacht sowie dem frühen Aufwachen am Morgen zu prüfen und so mögliche andere Gründe für das nächtliche Aufwachen Ihres Babys zu identifizieren.

Wenn Sie davon überzeugt sind, dass Ihr Baby nachts wegen starker Zahnungsschmerzen aufwacht, dann sollten Sie Ihren Arzt wegen des Gebrauchs von Paracetamol befragen. Echte Zahnungsschmerzen können zwar einige schlaflose Nächte verursachen, sollten aber niemals über mehrere Wochen anhalten. Wenn Ihr Baby völlig durch den Wind zu sein scheint, Fieber bekommt und sogar unter Durchfall oder Appetitlosigkeit leidet, sollten Sie auf jeden Fall mit ihm zum Arzt gehen. Nehmen Sie nicht einfach an, diese Symptome seien alle dem Zahnen zuzuschreiben. Ich

habe oft feststellen müssen, dass das, was Eltern für die Anzeichen des Zahnens gehalten haben, tatsächlich Symptome einer
Ohren- oder Halsentzündung waren.

9. Anhang

Hilfreiche Adressen

Bund Deutscher Hebammen e.V.
Gartenstraße 26
76133 Karlsruhe
Telefon 0721 / 981890
Fax 0721 / 9818920
www.bdh.de

Bund Freiberuflicher Hebammen
Deutschlands e.V. (BFHD)
Am Alten Nordkanal 9
41748 Viersen
Telefon 02162 / 352149
Fax 02162 / 358592
www.bfhd.de

Geburtshaus
Netzwerk der Geburtshäuser
in Deutschland
c/o Elke Löffler
Tizianstraße 23b
53844 Troisdorf
Telefon + Fax 02241 / 395767
www.geburtshaus.de

La Leche Liga Deutschland e.V.
Postfach 650096
81214 München
Telefon + Fax 06851 / 2524
oder: Dannekamp 15
32479 Hille
Telefon 0571 / 48946
Fax 0571 / 4049480
www.lalecheliga.de

Nationale Stillkommission
Geschäftsstelle BgVV
Thielallee 88 – 92
14195 Berlin

www.bgvv.de
Deutscher Caritasverband e.V.
Referat Familie, Frauen, Kinder
Karlstraße 40
79104 Freiburg
Telefon 0761 / 200452
www.caritas.de

Diakonisches Werk e.V.
Stafflenbergstraße 76
70184 Stuttgart
Telefon 0711 / 21590
www.diakonie.de

GEPS-Gesellschaft zur Erforschung
des Plötzlichen Säuglingstods
Deutschland e.V. (*Bundesverband*)
Rheinstraße 26
30519 Hannover
Telefon 0511 / 8386202
www.sids.de

Gesellschaft für Geburtsvorbereitung, Familienbildung und
Frauengesundheit e.V.
Antwerpener Straße 43
13353 Berlin
Telefon 030 / 45026920
www.gfg-bv.de

Initiative Regenbogen
Glücklose Schwangerschaft e.V.
Hillebachstraße 20
37632 Einem
Telefon 05565 / 1364
www.initiative-regenbogen.de

Mütterzentren-Bundesverband e.V.
Müggenkampstraße 30 a
20257 Hamburg
Telefon 040 / 40170606
www.muetterzentren-bv.de

Pro Familia – Deutsche
Gesellschaft für Familienplanung,
Sexualpädagogik und Sexual-
beratung e.V. (*Bundesverband*)
Stresemannallee 3
60596 Frankfurt am Main
Telefon 069 / 63 90 02
Fax 069 / 63 98 52
www.profamilia-online.de

Verband alleinerziehender Mütter
und Väter e.V.
Beethovenallee 7
53173 Bonn
Telefon 0228 / 352995
Fax 0228 / 358350

Aktionsgruppe Babynahrung e.V.
Untere Machstraße 21
37073 Göttingen
Telefon 0551 / 531034
www.babynahrung.org

Arbeiterwohlfahrt –
Bundesverband e.V.
Oppelner Straße 130
53119 Bonn
Telefon 0228 / 66850
www.awo.de
www.vitawo.de

Der Paritätische Wohlfahrts-
verband – Gesamtverband e.V.
Heinrich-Hoffmannstraße 3
60528 Frankfurt am Main
Telefon 069 / 67060
www.paritaet.org

Das frühgeborene Kind e.V.
Malplaquetstraße 38
13347 Berlin
Telefon 01805 / 875877

Deutsche Gesellschaft für
Ernährung e.V.
Godesberger Allee 18
53175 Bonn
Telefon 0228 / 3776600
www.dge.de

Zentralverband der Ärzte für
Naturheilverfahren e.V.
Am Promenadenplatz 1
72250 Freudenstadt

Nabelschnurblutbanken
www.knochenmarkspende.de

GfG Gesellschaft für Geburtsvorbereitung / Bundesverband e.V.
Dellestraße 5
40627 Düsseldorf

Gesetz & Familie
(*kostenlose Broschüren zu
Erziehungsgeld, Erziehungsurlaub,
Mutterschutzgesetz u.a.*)
Bundesministerium für Familie,
Senioren, Frauen und Jugend
Taubenstraße 42 / 43
10117 Berlin
Telefon 030 / 20655–0
Fax 030 / 20655–1145
www.bmfsfj.de

Schatten und Licht –
Krise nach der Geburt e.V.
Postfach 1106
67355 Lingenfeld
Telefon 06344 / 939173

ÖSTERREICH

Bundesministerium für soziale
Sicherheit und Generationen
Familienservice
Franz-Josefs-Kai 51
1010 Wien
Servicetelefon 0800 / 240262
www.bmsg-gv.at

Bundesministerium für Umwelt,
Jugend und Familien
Franz-Josefs-Kai 51
1010 Wien
Telefon 01 / 515220

Familienhilfe der Caritas
Lassallestraße 2/4
1020 Wien
Telefon 01 / 72850630

Österreichische Plattform für
Alleinerziehende
Carneriegasse 34
8010 Graz
Telefon 0316 / 675344

ÖGE Österreichische Gesellschaft
für Ernährung
Zaunergasse 1 – 3
1030 Wien

Institut für Ehe und Familie
Spiegelgasse 3.8
1010 Wien

ÖGTCM – Österreichische
Gesellschaft für Traditionelle
Medizin
Wickenburg 4/1
1080 Wien

La Leche Liga Österreich
Postfach
6240 Rattenberg
www.telecom.at/lalecheliga

Lesehinweise – Bücher, die weiterhelfen

Dagmar von Cramm, Eberhard Schmidt: Unser Baby.
Das erste Jahr. Gräfe und Unzer 2006

Annette Kast-Zahn, Hartmut Morgenroth: Jedes Kind
kann schlafen lernen. Oberstebrink, 2004

Remo H. Largo: Babyjahre. Piper 2005

Hannah Lothrop: Das Stillbuch. Kösel 2002

Hetty van de Rijt, Frans X. Plooij: Oje, ich wachse.
Von den acht „Sprüngen" in der mentalen Entwicklung Ihres Kindes
während der ersten 14 Monate und wie Sie damit umgehen können.
Mosaik. München 1998

Clare Byam-Cook: What to Expect Wehn You're Breast-feeding.
Vermilion 2006

Richard Ferber: Solve Your Child's Sleep Problems.
Dorling Kindersley 1985

Beatrice Hollyer / Lucy Smith: Sleep: The Secret of Problem-free Nights.
Cassell 2002

Aric Sigman: Remotely Controlled. Vermilion 2005

John Pearce / Jane Biddler: The New Baby and Toddler Sleep Programme.
Vermilion 1999

Marc Weissbluth: Healthy Sleep Habits, Happy Child. Vermilion 2005

Und von Gina Ford:
Gina Ford's Music for Contented Babies, 2 CDs
Ihre weiteren Titel finden sich auf der Website *www.contentedbaby.com*

Informieren Sie sich bitte über unser Verlagsprogramm unter

www.dielmann–verlag.de

oder in Ihrer Buchhandlung oder aber direkt bei uns

axel dielmann — verlag
Donnersbergstraße 12
60528 Frankfurt am Main
069 / 94359000
neugier@dielmann–verlag.de